図書館・表現の自由・サイバースペース

知っておくべき知識

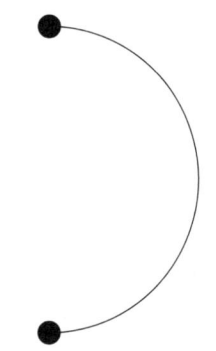

ロバート・S．ペック著　川崎良孝・前田稔 訳

日本図書館協会

Libraries, the First Amendment, and Cyberspace :
what you need to know
Robert S. Peck

Copyright © 2000 by the American Library Association.
All rights reserved except those which may be granted by Sections 107
and 108 of the Copyright Revision Act of 1976.

Japanese translation rights arranged with
American Library Association, Chicago, Illinois
through Tuttle-Mori Agency, Inc., Tokyo

図書館・表現の自由・サイバースペース ： 知っておくべき知識 ／ ロバート・S.ペック著 ； 川崎良孝, 前田稔訳. －東京 ： 日本図書館協会, 2001. － 20, 211p ; 21cm. － Libraries, the First Amendment, and Cyberspace : what you need to know の翻訳. － ISBN4-8204-0211-0

t1. トショカン ヒョウゲン ノ ジユウ サイバースペース a1. ペック, ロバート・S. (Robert S. Peck)　a2. カワサキ, ヨシタカ　a3. マエダ, ミノル
s1. 図書館と自由　①015

修正第1条とアメリカの図書館−読者への橋渡し−

はじめに

　公立図書館は長年にわたり利用者の知的自由を実現させる場を提供すべく活動してきた。このため，公立図書館は情報や思想の広場として，表現の自由と密接な関係を有する。アメリカ図書館協会の図書館の権利宣言もこのことを明文で表現している。

　もっとも，日本はもちろんのことアメリカにおいても，公立図書館において表現の自由が，法的に十分に保障されているとは言いがたいと思う。これは，著者が本書序文において「言論の自由については，あまりにもしばしば誤った見方が，あたかも権威であるかのようにまかり通っている」と述べていることに端的に現れている。著者は図書館員というよりも，むしろ法律家の側に責任があると考え，一般の図書館員の観点に立って表現の自由を解説している。本書では，表現の自由について連邦最高裁判所が下した判決を多数とりあげ，具体的な事件の内容を分析し，公立図書館と表現の自由の関係を考察している。

　このように本書は，アメリカの公立図書館員向けに書かれたものである。取り上げられている判例もアメリカの事件であるため，一見すると日本の公立図書館とは縁遠いようにも思える。しかし，判例は将来の紛争にたいする解決案としての側面を有している。特に，人間としての権利である人権にかかわる判例については，国や人種を問わずに妥当しうるものが多い。さらに，日本の憲法は，合衆国憲法を手本に作られ，現在でも多くの憲法解釈はアメリカの議論を参考にしている。ペックが序文で述べているように，「憲法の知識に基づく方針の作成は，起こりうる対立への対処を容易にする」のであるから，たとえアメリカ憲法の議論であるとしても，日本の公立図書館にとっても，おおいに参考になるのである。

そうではあっても，日本の読者にとっては，おそらく難解な点もあろう。とくに，合衆国憲法の構造に関しては，日本人にとってなじみが薄い点も多い。これは「日本国憲法第9条と自衛隊の関係」がアメリカ人になかなか通じないことと同様である。ここで若干の説明を加えたのは，日本の読者のためにアメリカ憲法のことを補説する必要があると考えたからである。

修正第1条の意味

本書を手にした読者は，アメリカにおける表現の自由条項は，なぜ「第1条」ではなく，「修正第1条」なのかと最初に感じるかもしれない。実は，合衆国憲法は成立当初，人権に関する条項を一切有しておらず，あとから付け加えられたのである。歴史をさかのぼれば，アメリカはイギリスの植民地としての歴史からはじまり，イギリスからの課税紛争を機に，独立革命を経て，ひとつの国となった。もっとも，新しい国の形態をどのようにするかについては，2つの勢力が存在した。ひとつは，アメリカ各州の独立性を主張する勢力である。そして，さらに有力であったのは，単一国家としての連邦の強い権限を主張する勢力であり，この勢力を中心に合衆国憲法が作成された。その際，連邦が人権を侵害する恐れはなく，不完全な人権の規定は有害であると考えられたため，合衆国憲法には人権規定は不必要とされた。しかし，反対勢力からは，連邦もまた人権の侵害者となりうるのであり，当初の憲法は非民主的な憲法であると強く批判され，政治的妥協の結果，第1回連邦議会において，修正第1条から第10条までの権利章典が付け加えられたのである。修正第1条という名前であるものの，連邦憲法成立と，ほぼ同時期に成立したのであり，修正という言葉をことさら強調する必要はない。

なお，連邦と州の二重構造は，日本の読者にとっては理解しにくい部分ではある。連邦と州にそれぞれ，憲法が存在し，議会・行政府・裁判所が存在する。州は，日本の県よりも，むしろ国に近い権限を有している。類似の機関が両者に存在する以上，権限配分の問題を常に伴い混乱に拍車をかける。合衆国憲法に限定的に定める事項以外は，連邦に一切権限が存在しないものの，解釈によ

り連邦の権限は拡大されてきた。連邦と州の権限関係については法技術的側面が多い点を注意すべきである。

判例

　修正第1条は，次のように規定している。
　　修正第1条　連邦議会は法律により，国教の樹立を規定し，もしくは宗教の自由なる礼拝を禁止することを得ない。また言論及び出版の自由を制限し，あるいは人民の平穏に集会をし，また苦痛事の救済に関し政府に対して請願をする権利を侵すことはできない。
　ここで注意すべき点がある。それは修正第1条が「言論または出版の自由」のみならず，他の権利についても定めている点である。特に，本書でも多くの紙面が割かれている宗教関係の権利は一見すると表現の自由とは無関係のようにも思える。しかし，歴史的に，表現の自由と，信教の自由は表裏一体の関係に進展した。それは，多数派である宗教と，その他の宗教との対立という点において表れる。宗教活動は多くの場合，表現活動を伴うのであり，多数派からの少数派への表現活動への規制というかたちで紛争が数多く巻き起こってきた。実際，アメリカの公立図書館における図書排除事例には，しばしば宗教問題が関わっている。
　いずれにせよ，条文上の文言からだけでは，表現の自由の具体的内容と限界は不明である（むしろ無制約・絶対的なものと読める）。合衆国憲法は改正の要件が厳格であり，改正により内容の補充を行うことも難しい。このため，歴史的に連邦最高裁判所が大きな役割を果たしてきた。それはあたかも議会が法律を作るのにも似ている。裁判所が法形成機能を果たすことに異論もあるものの，日本と比べればかなり政治的な判決が下されている。執筆した裁判官の名前が記され，個性的な判決文も多い。連邦最高裁判所の裁判官に欠員が生じた場合には，大統領が登用するしくみなので，その候補者および選定には社会的な注目が集まる。本書において，連邦最高裁判所の判例が裁判官の名前とともに数多く引用されているのは，連邦最高裁判所判決における個々の裁判官の思

想の重要性を反映したものといえよう。

　また，憲法の判例では，合憲か違憲かが重要な意味合いをもつ。議会の制定した法律や，行政府の行為が憲法に違反して無効であるかを決する強力な権限は，最高裁判所のみならず，すべての下級裁判所も有する。ただし，個人が具体的な権利侵害を受けている場合にのみ出訴することができ，権利侵害を受けていない者が，抽象的に法律の違憲性を争うことは原則としてできない。権利の救済を求める者と，国家機関とが真剣に争う過程こそが民主主義の本来の姿を浮き彫りにする。訴訟という性質のため，合憲・違憲の結論には，訴えでた当事者のみが拘束される。ただし，結論に至る理由は事実上その後の事件を拘束するので，法形成の一般的効果をもつものである。第三者が先例の理由付けを援用する場合は，裁判所は先例の射程範囲内か否かを判断することになる。本書でも著者は連邦最高裁判所判例の射程範囲を注意深く論じ，図書館の事例への適合性を示している。

民主主義

　「人民の，人民による，人民のための政治」とリンカーンはかつて演説した。それ以来，個人が自分で決めたこと以外には拘束されることはないという思想を反映して，民主主義は重要な原則のひとつとしてアメリカ国民に強く意識されている。多民族国家社会であるアメリカにおいては，意見の鋭い対立がしばしば見受けられ，その場合には多数決により意思決定が行われる。多数決で負けた側も，多数決の結果には従わなければならない。これは，意見表明の機会が存在し，意見を戦わせたうえで，自由競争に負けたからである。したがって，すべての個人，すべての思想について，思想の自由市場参加の機会が与えられることが民主主義の基盤となる。その意味で，表現の自由は最大限保障される必要があり，他の人権よりも優越的な地位にあると考えられている。

　このような少数者の側の権利は，多数派が占める議会では不当に無視されがちである。そのため，権利の救済にあたっては，裁判所が重要な役割を果たす。議会は数の機関であるのにたいし，裁判所は理の機関として多数者支配を是正

することが期待されている。具体的には，表現行為を制約する側が，厳格な基準をクリアすることを証明できなければ，違憲となるという準則が裁判所により形成されてきた。表現の自由にたいする厳格な基準と，それ以外の事例にたいする緩やかな基準という2つの基準が存在することは，本書でも随所に見受けられる。また表現の自由の優越的地位に基づき，表現の自由の核心部分のみならず，周辺部分までもが強く保護される。特に裁判所は，あいまいな文言を使用した規制にたいしては強い態度で望んでいる。規制範囲が不明確である場合には，立法者が意図した以上に表現者は萎縮し，結果として表現の自由への侵害が不当に大きくなってしまう。本書でも，公立図書館の指針に明確性を強く要求しているのはそのためである。

　また，それ以外にもさまざまな表現の自由に関するルールが存在する。それらが公立図書館にどのように影響するのかが本書では示されているのである。たとえばアメリカでは日本よりも手続の適正が重視される。本書でもペックは公立図書館利用者へ不利益処分を行う場合における適正手続の重要性を述べている。ここでいう手続とは，不利益を受ける個人への告知・聴聞の機会を中心とした広い概念である。つまり手続のルールを定めることが要求され，そのルールに違反したか否かが重視される。多民族国家のアメリカでは，当事者の基盤とする思想的基盤が大きく異なることも多く，当事者双方に納得できる判決を下すことが難しい場面が多々ある。宗教的な問題はとくにそうである。そこで手続に違反したか否かを問う方が紛争の解決に適している場面がおそらく日本よりも多いものと考えられる。

　これらの考え方は，日本の憲法裁判にも大きな影響を与えている。しかし，アメリカほどには徹底しているとはいえない。アメリカでは少数者の意見を尊重することが，民主主義の前提であるという点が強く社会に浸透している。すなわち，物事を決するためには，可能な限り多様な見解が存在することが不可欠であると考えられている。多様な見解が土台となっていること自体が，決定にたいする信頼性を高めるため，少数意見は歓迎される。反対に日本では，全員一致が尊ばれ，少数意見は敬遠されがちである。少数意見が存在してい

と自体が，アメリカとは逆に，決定にたいする信頼性を低めてしまう。このような違いが背景にあることから，読者からするとアメリカでは表現の自由が過剰に保護されているという印象を受けるかもしれない。しかし，アメリカにくらべると日本の判例は少数者よりも全体の利益を重視しているとしばしば批判される点に留意すべきである。

表現の自由への戦い

注意しなければならないのは，表現の自由に関する諸ルールが憲法制定当初からルールとして存在したのではなく，表現の自由を求める市民の戦い・運動の軌跡のなかから浮き出てきた諸成果によって織り成された構造物であるという点である。人びとの挑戦的な営みの成果を事後的に表現したものにすぎない。それぞれの事件の背後には，かならずその背景をなす歴史があるのであり，生々しい事実を数多く含んでいる。表現の自由に関するルールを学ぶ際にはしばしば，この人間的な部分を大胆に切り捨て，抽象化してしまう。修正第1条には表現の自由が定められているものの，制定当初から長期にわたって，表現の自由は出版前の検閲禁止を意味し，出版後の規制は範疇外であると考えられていた。支配体制にたいして批判を行った者が，治安妨害行為として数多く逮捕され，この弾圧に裁判で戦ってきた歴史がある。戦いの成果こそが表現の自由に関する準則を生み出してきた。そして，生み出された準則の抜け道を通っては弾圧が繰り返される。この過程で表現の自由に関する諸ルールの輪郭が浮かび上がってきたのは，実に20世紀中盤以降というアメリカの歴史からすると最近の出来事なのである。著者のペックが数多くの判例を事件の概要とともに紹介しているのは，ルールが市民の戦いの成果である点を反映している。さらに，著者は，本書読者の図書館員こそが，利用者の知的自由を創り上げる戦いの当事者であることを示唆しているものと訳者は考えるのである。日本の図書館員が図書館の自由，表現の自由を考えるときに，本書は必ず役立つだろう。

(前田　稔)

目 次

修正第1条とアメリカの図書館－読者への橋渡し－　*iii*
序　文　*xiii*

第1章　修正第1条に関する問答集：性，嘘，サイバースペース …………*1*
　1節　修正第1条の基礎　*1*
　2節　喧嘩言葉　*8*
　3節　名誉毀損　*9*
　4節　その他の言論の範疇：ハラスメント　*10*
　5節　言論にたいする政府の他の権限　*12*
　6節　サイバースペース　*21*

第2章　修正第1条の基本原則と図書館への適用 ……………………………*27*
　1節　修正第1条の発展　*29*
　2節　州法も言論の自由を保障している　*31*
　3節　言論の自由の範囲　*32*
　4節　言論の自由への例外　*32*
　5節　特別な言論の範疇　*34*
　6節　言論規制への憲法上のテスト　*35*
　7節　許される言論規則　*38*
　8節　パブリック・フォーラムの法理　*40*
　9節　曖昧さと過度の広範性　*42*
　10節　図書館の脈絡　*44*
　11節　結論　*45*

第3章　性についての難問 ……………………………………………………*49*
　1節　猥褻の定義　*51*
　2節　性的表現を守る　*55*

3節　手続上の保護手段を保障する　56
4節　未成年者に有害との基準　56
5節　図書館の脈絡　58
6節　チャイルドポルノという特別の範疇　59
7節　ポルノグラフィーと女性　60
8節　成人の権利　61
9節　子どもの権利　62
10節　性と公立図書館　64
11節　結論　65

第4章　不快にする権利 …………………………………… 68
1節　虚偽を示す思想はいけない　70
2節　安全弁としての言論と，早期警告システム　72
3節　図書館は礼儀の警察ではない　73
4節　思想の市場としての図書館　76
5節　結論　76

第5章　宗教的動機と図書館利用 …………………………… 79
1節　政教分離の原則　79
2節　レモンテスト　82
3節　宗教的な展示　84
4節　パブリック・フォーラムでの宗教的利用　86
5節　宗教の自由な礼拝　87
6節　結論　88

第6章　利用者と図書館員の関係：図書館の秘密性に関する法律 ……… 92
1節　図書館記録の秘密性に憲法上の権利はない　93
2節　ヴィデオ・プライヴァシー法　94
3節　州情報自由法からの免除　96
4節　図書館の秘密性に関する法律　98
5節　結論　99

第7章　職場の問題：職員の言論の自由とハラスメント　……………………… *101*
1 節　職員の言論の自由の権利　*101*
2 節　ハラスメント　*104*
3 節　結論　*110*

第8章　子ども，学校，修正第1条　…………………………………………… *114*
1 節　子どもも修正第1条上の権利を有する　*115*
2 節　公立学校での生徒の表現の自由　*117*
3 節　生徒の権利と学校図書館の図書　*118*
4 節　カリキュラム上の資料や活動をめぐる学校の権限　*120*
5 節　宗教とカリキュラム　*124*
6 節　結論　*131*

第9章　サイバースペース：最後のフロンティア　…………………………… *135*
1 節　「通信の品位に関する法律」　*136*
2 節　職場の問題　*144*
3 節　フィルターソフトと修正第1条　*148*
4 節　「肩たたき」，およびその他の利用の監視　*155*
5 節　結論　*157*

訳者付録　判例の説明　*161*

訳者あとがき　*203*

索　引　*206*

凡　例

1　本書はロバート・S. ペック（Robert S. Peck）著, *Libraries, the First Amendment, and Cyberspace: What You Need to Know* (Chicago and London, American Library Association, 2000) の全訳である。
2　原文中の引用符" "は「　」で示した。
3　書名や雑誌名, さらに新聞名は『　』で, 図書や雑誌に収録された個々の論文や作品は「　」で表記した。また固有名詞などのうち, 普通名詞とまぎらわしいものに限って「　」に入れた。
4　必要と思われる場合は（　）内に言語を補記した。
5　原文中の普通名詞などでイタリックになっているものには傍点を付した。
6　前後の文脈上必要と思われる, 訳者の補足は［　］内に補記した。
7　原著に索引はあるが, 本書ではその索引を参考にしつつ新たに作成した。なお索引には用語対照の側面を持たせている。
8　訳者付録として「判例の説明」を加えて, 内容を理解しやすくした。

序　文

　言論の自由については，あまりにもしばしば誤った見方が，あたかも権威であるかのようにまかり通っている。私の忍耐の限度を超えて本書執筆に向かわせたのは，州図書館協会の大会でのパネル討論であった。私は聴衆の1人だったが，修正第1条の公立図書館への適用について，ねじ曲げられた説明が，自信を持ってふるまわれたのである。そのパネリストは，法律でいう猥褻とは各自が見ればわかるようなものだと述べていた。この発言は法律的には決定的に誤っていた。この日の後の方で私自身が話すことになっていたが，私はその時間まで待てなかった。そのため質問時間に立ち上がって，合衆国最高裁判所が実際に猥褻について述べていることを説明した。また憲法は手続の適正さを実質的にも保障することを要求しており，図書館員が資料を猥褻と判断し，裁判所に持ち込む前にそれに従わねばならないと説明した。パネリストは法律家ではなかったが，自分の発言は市の検察官から聞いたと弁解し，正当化した。

　もちろん，ほとんどの市の検察官は修正第1条について，たいして精通していない。検察官の忠誠は地元の支配的権力になびくほどには，市民的自由に傾かないかもしれない。そのような場合，図書館は法律よりも政治的助言に固執する。この種の助言を与える大部分の人は，論争の回避が法律への忠誠よりも上回っている。しかしそうした政治的な考慮が，憲法上の考慮に入り込んではならない——というのは検閲志願者に降参する理由は無数にあり，譲歩を重ねるごとにそのような理由が増大の一途をたどるからである。このような行いが通常の運営手順になれば，知識の普及を助けるという図書館の目的や使命を放棄する結果となろう。

　法律への無知や法律の複雑性への不満が，法の設定した原則の遵守を阻害してはならない。たとえ法律が，裁判所自体が適用に苦労する微妙な基準，指針，それに3要件からなるテストに満ちていても，だれもが理解と行動できる教え，

基礎的にして侵害できない教えがある。図書館員や図書館の方針作成者は，情報へのアクセスの提供に尽力している。その場合，賢明で法にかなった適切な方針を据えるに際して，正確な基盤を持つ必要がある。これは図書館がしばしば直面する問題にも，インターネットへのアクセスにもあてはまる。本書の目的はそうした基盤の提供にある。

　憲法の知識に基づく方針の作成は，起こりうる対立への対処を容易にする。対立は決してなくならないであろう。というのは言論，書かれた言葉，画像は論争を生み，それを抑制できないからである。いかなる方針を最終的に採択しようとも，方針は常に大きな争いの的である。コミュニティに提供する資料の是非に関して，異議を申し立てるグループを活性化させる。明白なことだが，図書館は言論の自由をめぐる現代の戦いの第一線に立ってきた。それでも巧みな方針は，不幸な現実に伴う苦しみをいくらか和らげるし，引き続いて生じる裁判の行方を変えることができる。

　図書館は全国での知的自由をめぐる闘いの中心に位置し，この役割はなじみ深く長期にわたっている。公立図書館の成立とほぼ同時に，誰かが不適とみなす資料の配架をめぐって激論を展開してきた。合衆国で最も長く論争が続いている図書の1つに，マーク・トウェインの『ハックルベリー・フィンの冒険』〔西田実訳，岩波書店，1977〕がある。早くも1885年にマサチューセッツ州コンコードの公立図書館は，今や古典となっている同書を「最低のくず」，「知的で立派な人よりもスラムの住民に適した」[1]本として排除した。そして『ハックルベリー・フィンの冒険』は，現在でも大きな論争の的になっている。

　1998年10月19日，第9巡回区連邦上訴裁判所は『ハックルベリー・フィンの冒険』の除去を認めるよう求められた──この事件はアリゾナ州テンプで生じ，高校1年生の必修読書一覧からの除去を求めるものであった。判決によると，同書を必修として課することは平等保護という憲法上の権利を侵害しない。それに人種的に敵対的学習環境を創り出すとの理由によっても，この本を除去できない[2]。『ハックルベリー・フィンの冒険』については1世紀以上にわたって論争が続いているのだが，論争の減じるきざしはない。

いまやサイバースペースが図書館にさらなる挑戦を持ちかけている。「情報スーパーハイウェイ」によって可能となった今日のコミュニケーション革命は，過去の全論争を改めて浮上させ，法廷で決着済の事柄について，いくつかの興味ある展開も示している。サイバースペースについての住民の関心，特に無制限のアクセスについての住民の関心は，性的表現，憎悪に満ちたグループの資料，監督を及ぼせない場合の未成年者の扱いといった使い古された問題を焦点にしがちである。論争の種になるようなアクセス論議は，図書館——および他の公的機関——が成立時から格闘してきた難問に照応する。ポルノグラフィーや不快な資料は検閲の要求を常に生んできたが，検閲は裁判所で拒絶されるべきものである。今日，同じ問題がインターネットとの脈絡で，従来とは相違する難問として浮上したりする。こうした新しい論争の場合，検閲者は裁判所にたいして，既存の修正第１条の教え，修正第１条の基底となっている原則の再検討を強いるであろう。

　本書はサイバースペースへのアクセスを利用者に提供する図書館にたいして，修正第１条の下で生じる問題を扱う手引書になることを意図している。一般の人が容易に理解できる語句を用いているが，法的問題の詳述とともに，信頼できる見解を十分に組み込んでいる。各事件の典拠を明示しているので，図書館の法律顧問が問題を理解したり，公立図書館や学校図書館で日常的に生じる要求や圧力に対処したりする助けになろう。現在の法をあるがままに伝えるよう努力した。したがって，筆者やアメリカ図書館協会による法への期待を記しているのではない。手加減せずに，問題の在りかを明示するとともに，少なくとも解決できる点については，先行判例がどのように適用できるか示している。

　しかしながら，本書を具体的な法的助言への代用物に用いてはならない。いかに本書が実用的でも，法的問題についての一般論を現在の全国的関心に適用したにすぎない。各州の法律は異なるし，裁判所は管轄区が相違すれば具体的問題に異なる結論を下したりしている。表面的には類似の事件であっても，事実の小さな相違が憲法上の相違を生み，それが異なる判決となる大きな要因であったりする。そうした相違は限りなく多種多様なので，１冊の本で扱いきれ

ない。明白なことだが，いかなる図書も図書館が直面する状況を正確に予測できない。また環境の変化の結果として生じる法律の新しい方向についても，予期することはできない。

　しかしながら修正第1条の発展過程を吟味することは，サイバースペースという強力で新しいコミュニケーション・メディアへの法の適用を理解する上で，現実に役立つ手立てとなる。そしてサイバースペースは，すでに多くの期待に応えて存在している。現在はワールド・ワイド・ウェブへのアクセスをとおして，莫大な量の役立つ情報や知識を入手できる。これには未熟な利用者か洗練された研究者かを問わない。家であれ図書館であれコンピュータ端末に向かうことで，政府刊行物，裁判での判決，世界中の多くの情報源からの最新ニュース，多種多様な団体および団体の課題や関心についての情報，人生の諸問題についての思慮深い助言，ほとんどの物品についての消費者向け比較データ，世界中のほぼすべての人の住所と電話番号を入手できる。従来はたとえ情報が伝達されていても，新聞，雑誌，図書，入手しにくい政府刊行物や小冊子，パンフレット，報告書をとおしてであったが，それらは今や電子形態で即座かつ広範に入手できる。

　ヴィデオスクリーンの最前列から我々が目撃し続けるであろう情報爆発は，未曾有の大きな影響を生活に与えるだろう。そして印刷術の発明以降，最も深遠な影響を与えよう。仕事の習慣，家族関係，社会化をはじめとして，いたる所で変容が生じるだろう。複雑な世界の全側面について，迅速，詳細，そして具体的な知識を獲得できるようになるが，これは未曾有のことである。私たちの関心，それに美術，文学，音楽での好みが何であろうと，インターネット上で情報を獲得でき，遠方の国，博物館，行事，それにもちろん図書館を旅することができる。

　さらに否定しがたいことであるが，インターネットには多くの人が対面したくない陰気で厭がられる裏街道もあり，それらは急所になっている。もちろんこの種の嫌悪感が高揚するのは，子どもに関してのことがらである。年少の形成期に，従来なら決して経験しなかった事柄にさらされるというのである。当

然ながら，親は自分の家で決して許さない内容のサイトを子どもから隠そうとする——さらに公立図書館員を含む公務員に，この願いを実施する助けを求める。

　しかしこの最後の願いは，家庭では生じない障害に直面する。すなわち修正第1条は言論の自由を保護しており，公立図書館員も学校管理者も，親が家庭内で下せるような主観的決定を読書資料にたいしてできない。修正第1条は言論および出版の自由を保障しており，住民に提供するコミュニケーション資料の幅を縮めることについて，政府の介入を幅広く禁じている。親が反対する資料へのアクセスを子どもが求めた場合でも，例外とはなりえない。本書で取り上げるが，子どもを情緒的，心理的に傷つける資料から子どもを保護することに，政府はやむにやまれない利益を持っている。しかし親の特別な個人的見解は，成人のアクセスの保障，ときには親の反対にもかかわらず子どものアクセスを保障するという修正第1条の考察に勝ることはできない。また法律上の原則を脇におくこともできない。法的原則はやむにやまれない利益が政府の規制を正当化する場合であっても，最も非制限的でかつ高度に特定的な規制のみを許している。

　親を卑劣や不敬に扱ったり，他者を差別する行動を示したり，粗野で問題ある言葉を用いる資料がある。親はそうした思想を促進する資料に正当に反対できる。さらにセクシュアリティ，暴力，残忍猟奇にも反対できる。家庭では親の断言だけで正当化できる。自分の小さな子どもが家で読める本——あるいはコンピュータでアクセスできるもの——に関して，親の決定は最終的で裁判所に上訴できない。政府でさえも親の選択を覆せない。とはいうものの，親には己の目的に向けて政府に手助けを求める権限はない。政府の立場について，コミュニティの価値や親の権限に不必要に敵対しているとか，ときには積極的に敵対していると考える親もいる。しかし歴史の教えと合衆国憲法の理論は，たとえ親に奉仕する場合でも，公務員が住民に適する思想を権威づけて選ぶよりも，思想の自由市場から導かれた人びとの自由な思想の方が，——どれほど卑しむべき思想であっても——すぐれているとの考えを支持してきた。

インターネットという新しいメディアは，21世紀における言論の自由の思想を試すことになる。ここでも図書館は，言論の自由の問題について第一線に立つだろう。アメリカ図書館協会と全国図書館情報学委員会は1998年11月に合同調査を実施した。そこでは全国の公立図書館のうち利用者に基礎的なインターネット・アクセスを提供しているのは73パーセントであった[3]。ほんの2年前には28パーセントにすぎなかったのである。連邦政府の教育用割引料金 (E-rate) によって，いっそう多くの公立図書館や学校がインターネットに接続できるようになった。そのためこの素晴らしい電子世界にアクセスする便法として，人びとは図書館を知るようになるだろう。

　電子世界をマドヴィルに持ち込む喜びとともに，最も強烈な苦情や抗議も生じるだろう。憲法の保護下にある資料へのアクセスを制限するために，苦情や要求が出される。そのとき肝に銘じるべきは，合衆国最高裁判所が「修正第1条は何にもまして，メッセージ，思想，主題，内容を理由に，表現を制限する権限を政府に授けていない」[4]と述べている点である。これは修正第1条の主目的の1つを説明しており，「政府が人びとの精神の守護者になることを前もって封じる」[5]ことにある。したがって政府は，親が自分の子どもに用いる権限を行使できない。政府が人びとに提供する表現資料，多くの場合は子どもに供する表現資料に保護的な態度を行使することは，全般的に禁止されている。さらに図書館員は親の代役をつとめるべきではない。図書館員は，親が自分の子どもに不適とあらかじめ指定した資料へのアクセスだけを削ってよい。

　以上の事柄は，修正第1条の絶対性を述べているのではない。修正第1条は政府やその職員にいかなる言論も大目に見る態度を求めていると言っているのでもない。言論にたいする修正第1条の保護には，狭くて明瞭な例外がある。しかし規則が飲み込まれるほど大きな例外を許諾してはいない。図書館に資料を検査させて，誰をも不快にさせないように圧力をかけるグループがある。こうした圧力グループは，ずっと昔にアメリカで拒否された態度に後退している。1671年にヴァージニア植民地の総督ウィリアム・バークレー卿は，次のような温情主義的な発言をしたが，これは好例となる。

［ヴァージニアには－原書－］自由な学校も印刷もなく，このことを神に感謝する。この状態が100年間続くことを期待する。というのは学習はこの世に不服従，異端，党派を持ち込んできたし，印刷はそれらを暴露し，最善の政府をも中傷する。神は我々から自由な学校と印刷を遠ざけて下さっている[6]。

　今日，最も問題となるのは性にまつわることである——インターネットは他の全主題と同じように，すべての人に性へのアクセスを容易にした。従来から道徳への関心が，性を図書館の対処すべき問題としていた。英語で書かれた最もすぐれた作品であるウィリアム・シェイクスピアの劇は，猥褻（risque）と考えられていた。そのためトマス・バウドラーは，こうした古典を部分的に削除して刊行し，そのことで歴史に名を残したのである。また道徳運動家アンソニー・コムストックは野卑で性を扱う図書に聖戦を挑んだ。そうした図書は，男女や子どもをそそのかして堕落させるというのである。1873年に連邦議会は法律を採択し，コムストックの運動は成功した。そしてコムストックは熱心に法を執行したのである。コムストック法がほこ先を向けた多くの図書には，次のような定評ある古典があった。アリストファネス『女の平和』［高津春繁訳，岩波書店，1994］，ラブレー『ガルガンチュア物語』［渡邊一夫訳，白水社，1995］，ジェフリー・チョーサー『カンタベリ物語』［桝井迪夫訳，岩波書店，1995］，ボッカチオ『デカメロン』［柏熊達生訳，河出書房，1955］，それに『アラビアン・ナイト』［坂井晴彦訳，福音館書店，1997］など。

　さらにコムストックはダイム小説も標的にした。情欲，犯罪，流血に満ちたぞっとする物語で，「害毒の種を宿し」，若者の「道徳を堕落させ」，「若者に仕掛けられた悪魔のわな」とみなしている[7]。コムストックが鼓舞した法は，こうした本を未成年者に売ることを禁じていた。しかしコムストック法が合衆国最高裁判所に持ち出された1948年頃になると，最高裁判所は言論の自由という憲法上の口約束に新風を吹き込んでいた。俎上にのぼったのは，犯罪実話雑誌を若者に売る商人にたいして，ニューヨーク州はコムストック法を執行できるかという問題であった。この雑誌は「死体の安売り」，「愛の教団に身をゆだねる

女性」といった刺激的記事を掲載していた。合衆国最高裁判所は「こうした雑誌には一片の社会的価値もない」と判断した。それでも,「最善の文献と同じように言論の自由の保護を受ける」と結論したのである[8]。

コムストック時代が終了しても,問題は消滅しなかった。大恐慌期の全国調査によると,大多数の子どもが最初に性について知るのは,広く出回っている多くの図書からであった。この調査結果を用いて,ある連邦下院議員は下院の議場で,そうした本の入手が容易なことを非難した。しかし連邦議会は何らの法も採択しなかった。おそらくその理由は,全国調査が子どもに性的情報を伝える最も罪深い図書として指摘したのが,回答の多い順に聖書,辞書,百科事典,チャールズ・ディケンズの小説,それにシェイクスピアの劇となっていたからであろう。

誰もインターネット上の多くの情報とこうした名作とを混同しないだろうが,底にある問題は同じである。知的,政治的な自由という思想を抱いて尽力する国が,ある人びと,さらには過半数の人が何らかの点で不都合とみなす情報へのアクセスを,制限できるのかという問題である。アメリカの歴史はこの問題に否と教えているし,全般的にアメリカの司法も否と答えている。そうであっても,具体的な問題になると問題はいっそう複雑になる。

注

1. Mark I. West, *Children, Culture, and Controversy* (Hamden, Conn.: Archon Books, 1988), 21-22.
2. *Monteiro* v. *Tempe Union High Sch. Dist.*, 158 F.3d 1022 (9th Cir. 1998).
3. ALA Public Information Office, "New Report Shows More Libraries Connect to the Internet; Access Still Limited" (press release, Nov. 1998).
4. *Police Department* v. *Mosley*, 408 U.S. 92, 95 (1972).
5. *Thomas* v. *Collins*, 323 U.S. 516, 545 (1945) (Jackson, J., concurring).
6. Robert S. Peck, *The Bill of Rights and the Politics of Interpretation* (St. Paul, Minn.: West Publishing, 1992), 99.
7. West, *supra* note 1, at 12-13; Margaret A. Blanchard, *The American Urge to Censor* 33 William & Mary L. Rev. 741, 757 (1992).
8. *Winters* v. *New York*, 333 U.S. 507, 510 (1948).

第1章
修正第1条に関する問答集：
性，嘘，サイバースペース

　第1章では法律用語を使わずに，修正第1条とその図書館への適用について，基礎となる情報を示していく。大多数の回答は全般的な性格を持つが，中核となる問題への法廷の見解を理解するのに役立つだろう。関係諸法に関する詳説は，第2章以下で提示する。

　本章の各質問は全般的な主題名の見出し［節］の下に並べている。それは読者が，最も頻繁に生じる問題領域での基本的な法を容易に理解するためである。

1節　修正第1条の基礎

　質問1　修正第1条は「連邦議会は法律により，……言論および出版の自由を制限し，あるいは人民の平穏に集会をし，また苦痛事の救済に関し政府に対して請願をする権利を侵すことはできない」と定めている。私たちは連邦議会ではない。なぜ修正第1条は，公立図書館，公立学校図書館，あるいは公費で雇われている図書館員に適用されるのか。

　修正第1条を起草，［州議会により］承認したときの最初の意図は，連邦政府が表現の自由の権利に干渉しないよう保障することにあった。しかし1868年に修正第14条が追加されて，修正第1条の展望は広がった。修正第14条第1節に関する合衆国最高裁判所の諸判決は，『権利章典』が定める基本的権利の擁護を，州および州の下位政治部門にも義務とした。公立図書館と公立学校は政府機関であり，合衆国憲法に従わねばならない。裁判所が公立図書館の資料への制限を修正第1条違反と判示したとき，裁判所は簡便な省略法を用いて，修正第1条の保障を修正第14条を通して組み込んでいるのである。

　質問2　修正第1条は，言論の自由を制限する法律の採択を禁じている。私たちの図書館理事会は，法律（laws）ではなく規則（rules, regulations）や指針

(guidelines)を採択している。そうしたものにも,修正第1条は適用されるのか。

　法律というのは非常に広い語で,単に制定法(statutes)や条例(ordinances)だけでなく,規則,指針,裁判所の判決,それに公的活動さえ含む。そうでなければ,公務員は言論制限を単に法律以外の扱いにすることで,合衆国憲法が禁じていることを実行できるだろう。図書が示す思想に同意しないとの理由で,公務員が職権で図書館の本を除去するとしよう。この場合,「法律」は関係していなくても,修正第1条違反になる。

　質問3　私の州には州憲法がある。州憲法は修正第1条の権利を持っているのか。持つとすると,その規定は憲法典のどこに位置するのか。

　各州は州憲法を持ち,州憲法は各州の統活形態を定めている。各州憲法は権利の宣言を有し,そうした権利は合衆国憲法が保障する権利を超える場合もある。こうした権利の宣言は,例外なく言論の自由の保障を盛り込んでいる。憲法典についていえば,州での言論の自由の保障は,合衆国憲法修正第1条が定める保障よりもゆるやかであってはならない。すなわち修正第1条は,各州が守るべき下限を示している。各州は州憲法をとおして,言論の自由に干渉する州の権限を,〔修正第1条よりも〕いっそう厳しく制限できる。したがって州憲法での言論の自由の保障は修正第1条に対応するといえるが,修正第1条よりも大きな自由を認めている州最高裁判所も存在する。

　この観点からみて,最も先んじているのはオレゴン州である。合衆国最高裁判所の判断によると,猥褻は修正第1条が保護する言論の枠内にない。しかしオレゴン州最高裁判所は,州憲法での言論の自由の保障のなかに,猥褻な言論さえ入ると認めている[1]。

　質問4　憲法が言論の自由を保障するというのは,いったい何を意味するのか。

　2世紀以上にわたって,憲法が保障する言論の自由の範囲について検討され,言論の自由は大いに強調されている。というのは1937年にベンジャミン・カドーゾ裁判官が書いたように,言論の自由は「ほとんどすべての他の形態の自由

に欠かせない前提条件」[2]であると信じられているからである。知識や情報への抑制のないアクセスによってしか，立憲共和制の市民としての義務を果たしえない。すなわち競合する公共政策から選択し，政治指導者を選び，知識や情報がなければ見過ごされる問題や課題に注目するといった義務である。

　修正第1条の中核は精神の自由の保障にある。精神の自由によって，罰せられる恐れなしに，どのような思想でも考えることができ，そうした思想の多くを他者に伝えることができる。合衆国最高裁判所は次のように述べている。「自分の考えを話す自由は，個人の自由の1つの側面——したがってそれ自体として善きもの——であるだけでなく，真理の追究や社会全体の活力にとって不可欠である。修正第1条はこのことを前提にしている」[3]。

　合衆国憲法が保障する表現の自由のシステムは，最高権威者による公務の正当性を疑問視したり，自分の見解を他者に説得することを可能にしている。また「思想の［自由］市場」を創出する。そこでは他者による広範囲の表現を自由に試すことができ，表明された思想の有効性，適否，魅力について自力で決定できる。

　現在では古典的な言い回しになっているが，合衆国最高裁判所は言論の自由について次のように示している。「公共問題への討論は禁じられてはならず，力強く，広く開かれていなくてはならない。またここには政府や公務員への激烈で辛らつな，ときには不愉快なほどに厳しい攻撃も含む。［修正第1条は］この原則への国としての深い献身」[4]を作り上げている。最高裁判所によるこの言明は，政治的言論の領域における意思決定を意識している。しかし「禁じられない，力強く，広く開かれている」表現という考えは，人間の思考の全領域にあてはまる。「知識の付与と娯楽との境界線は捕まえどころがない」ので，保護する言論と保護されない言論に分けることはできない[5]。

　さらに合衆国最高裁判所は，「修正第1条は何にもまして，メッセージ，思想，主題，内容を理由に，表現を制限する権限を政府に授けていない」[6]と判断している。この判断の土台には，「ある思想を不快とする聞き手が存在するという理由だけでは，そうした思想の公表を合衆国憲法の下では禁止できない」[7]と

の基本原則がある。

質問5 修正第1条は，情報へアクセスする権利を含むのか。

合衆国最高裁判所は，「思想の受取り人が自らの言論，出版，政治的自由という諸権利を有意義に行使するためには，思想を受け取る権利が当然に含まれなくてはならない」[8]と述べている。したがって，「修正第1条は情報を受け取るという国民の利益を保護している」[9]。

質問6 修正第1条の権利に関して，子どもは成人よりも少ない権利を持つのか。

そのとおり。しかし子どもも実質的な権利を有している。合衆国最高裁判所は次のように判断している。「立法府が子どもに不適切と考えるだけでは，単に子どもをそうした思想や画像から保護する目的で，言論を……抑圧できない。大多数の場合，修正第1条により保護される利益は，政府が未成年者への情報の流れを統制しようとするときでも，[成人の場合と] 同じように適用できる」[10]。

それでも合衆国最高裁判所は，「政府が有害な資料から子どもを保護することに利益を持つと繰り返し認めてきた」[11]。こうした2つの司法判断は，単に不適切とみなされる資料と，有害と決定された資料とを明確に区別している。前者の場合，未成年者は資料にアクセスする修正第1条の権利を有し，後者の場合は規制される。一般的にみて，有害とされる資料は未成年者にとって猥褻と判断される資料である。

有害な資料への未成年者のアクセスを制限できる。しかしこの権限には重要な限界がある。第1に，すべての未成年者を同一に扱ってはならない。未成年者の成熟度についての明確な相違を視野に入れねばならない。したがって5歳よりも17歳の未成年者の方が大きなアクセスの権利を持つ。合衆国最高裁判所は，「未成年者の保護という政府の利益」は，子ども「全体にたいして同等の強さではない」[12]と表明している。政府の規制にたいする第2の限界は，制限があまりに広範なために，修正第1条の保護下にある資料への成人のアクセスの権利に悪影響を与えることがあってはならないということである。成人のアクセ

スを「砂場に適したもの」[13]に減じれば，これは不幸にも憲法に反する結果になる。

　公立学校では，未成年者の言論の自由の権利はさらに制限されうる。たしかに合衆国最高裁判所は，生徒の「言論や表現の自由という憲法上の権利を，校門の外に追い払っては」[14]いけないと認めている。また生徒を「州が伝達するために選んだ情報だけを受け取る，閉鎖した回路の受け手と把握してはならない」[15]と判断している。そうであっても最高裁判所は，学校の外では有効ではなくとも，校内で生徒の権利を制限できるいくつかの理由を認めている。第1に，授業，規律，他者の権利に実体的，実質的な妨害になる場合，そうした妨害を避けるために必要に応じて生徒の言論を制限できる[16]。妨害は現実的にして実質的でなくてはならず，単に不快であるとか，論争の火種を作るといったことではいけない[17]。第2に学校当局は，「正当な教育的配慮と合理的に関連している」[18]場合，生徒の言論を制限しうる。最後に，生徒の言論が学校のお墨付きを受けていると考えられかねない場合，当の言論と学校自体を断ち切るために，生徒の言論を制限できる[19]。

質問7　憲法が保障する言論の自由について，どのような例外があるのか。
　合衆国憲法は言論の自由を保護しているが，裁判所は3つの基本的例外を認めている。すなわち猥褻，喧嘩言葉，それに名誉毀損である。それに加えて，裁判所は行為（conduct）と言論（speech）の区別を認めている。
　猥褻の場合，合衆国憲法と異なる態度の州もある。オレゴン州最高裁判所は，州憲法が保障する言論の自由の枠内に猥褻を組み込んだ。そのため人間のセクシュアリティの把握法と描写法について一律の見解を押しつけるために，猥褻を罰するということをしていない[20]。それでもオレゴン州の裁判所は，見たくない人，捕われの聴衆，未成年者，苦悩する隣人の利益に照らして，猥褻を規制できるとしている。ハワイ州最高裁判所も，州憲法を用いて猥褻に関する刑法を無効にした[21]。5つの州——アラスカ，メイン，ニューメキシコ，サウスダコタ，ヴァーモント——には，猥褻を罰する法律はない。

質問8　合衆国憲法は猥褻を憲法の保護下から除外しているが，これはあら

ゆる裸体（nudity）の表示に適用されるのか。

いいえ。猥褻と裸体は同義ではない。猥褻資料とはハードコアの性行為を示す非常に狭い範疇のもので、激しい情欲を刺激しがちなものをいう。そうした猥褻資料は法律違反になる。しかし裸体を含む資料の配布や展示を禁じる法律は、憲法に違反する。ドライヴイン・シアターのスクリーンが街路から見える場合、映画での裸体を禁じる法律があった。しかし1975年に合衆国最高裁判所は同法を憲法違反とした[22]。

合衆国最高裁判所の判決は、赤ん坊のお尻や、好色な関心をそそらない裸体の露出といった罪とはならない表示があること、そうしたものは猥褻でないことを認めている。それ以上に、例えば裸体画については従来から高次の芸術形態と考え、修正第１条の保護下に入ると判示してきた。それがゆえに猥褻を構成するにたる好色性や明白な不快さを持つ性的表現形態であっても、当の資料が重要な価値を持つのであれば、猥褻とはみなされない。

質問9 猥褻を［憲法の保護下から］除外するということは、すべてのポルノグラフィーを禁止できるのか。

いいえ。法律用語として猥褻とポルノグラフィーは同義ではない。ポルノグラフィーは憲法で保護される言論の１つの形態である。合衆国最高裁判所は、エロティックなメッセージは修正第１条の保護下に入ると認めている[23]。合衆国最高裁判所の猥褻判決は、性は定評ある文学や芸術の主題であり、人間の大きな注目を引く神秘的な力であると理解している。したがって、猥褻への社会的関心が真面目な芸術的、科学的な取り組みを妨害してはならないと結論している。

質問10 猥褻を［憲法の保護下から］除外するということは、下品（indecent）な語にも適用できるのか。

合衆国最高裁判所は、「下品ではあるものの猥褻ではない性的表現は、修正第１条で保護される」[24]と明示している。とはいうものの公立学校と放送の場合、公の抗議活動や出版よりも、いっそう大きな規制権限を政府に与えている。

質問11 裁判所は，猥褻をどのように定義しているのか。

猥褻であるためには，裁判所や陪審は以下を決定しなくてはならない。

1．「平均人が，その時のコミュニティの基準に照らして」，その作品を全体としてみた場合に，好色的興味に訴えているか否か。

2．州法が［違法なものとして］明示的に定義しているような形で，性行為を明らかに不快な仕方で描写しているか否か。

3．その作品が，全体としてみて，真面目な文学的，芸術的，政治的，科学的な価値を欠いているか否か[25]。

質問12 図書館資料について猥褻との非難が出され，私たちも猥褻に近いと信じる場合，当の資料を除去できるのか。

ポッター・スチュアート裁判官は，「私はそれを見ればわかる」と述べた。この言は公務員が猥褻を判断する場合の妥当な方法として，しばしば誤って引用されてきた。この言明は，猥褻を定義づける試みのなかで，同裁判官が感じた挫折感を示したものにすぎない。スチュアート裁判官は，猥褻に法律上の定義を与えるのは不可能ではないかという疑いを表明したのであり，合衆国最高裁判所でそういう発言をした唯一の裁判官である。憲法の原理をふまえれば，公務員が憲法の保護下にあるか否かを場当たり的に決定すれば，言論の自由が危機に瀕する。もし資料が州猥褻法に違反すると決定されるならば，適正手続の原理が裁判所でのすみやかなヒアリングを求める。そこで公務員は当の資料が実際に猥褻であることを立証せねばならず，配付者や創作者には防御の機会がある。資料が猥褻で除去できるとの決定は，司法判断を経る場合に限る[26]。

学校図書館の場合，図書を除去する前に猥褻との確証を裁判所に求めることは，先行判例をみる限り不必要なようである。一般的にいって，選ばれたカリキュラムの学習に役立つ環境を維持するために，学校管理者にはいっそう大きな権限が与えられている。教育委員会が「反アメリカ的，反キリスト教的，反ユダヤ主義的，それに明らかに卑猥」として学校図書館から図書を除去した事件で，合衆国最高裁判所は除去を違憲とした。その理由は，教育委員会は図書の表明する思想内容自体に反対したという点にあった。しかし教育委員会によ

る除去の決定が偏向のない正当な手続に従っていて，野卑の浸透とか教育的不適性といった理由であれば，憲法上の問題はないと示唆している[27]。

質問13 いっそう公式の決定が下されるまで，図書を一時的に除去できるのか。

憲法に関する判例からすれば，修正第1条の権利を一時的にでも侵害するのは好ましくない。しかし一時的な除去ののちに公式の手続が速やかに続く場合，一時的な除去が許される場合もある[28]。

質問14 チャイルドポルノに関する法律は，特別な扱いがされているのではないのか。

合衆国最高裁判所によれば，チャイルドポルノは性的資料の特別な範疇に属する。チャイルドポルノは，子どもをポルノグラフィーの対象物として搾取する営利事業を行うことを防止するという利益から禁止できる[29]。

質問15 「未成年者に有害」と記す法律は，猥褻／ポルノグラフィーの問題のいずれに位置するのか。

「未成年者に有害」という猥褻における範疇は，もっぱら子どもを対象としたものである。したがって標準的な猥褻の定義は修正される。その資料が子どもの好色的な興味に訴えるか，子どもにとって明らかに不快であるか，子どもにとって社会的，文学的，科学的，政治的な価値を欠くかといったことを判断することになる。

2節　喧嘩言葉

質問16 ［憲法の保護下にない］例外として，裁判所は「喧嘩言葉」をどのように定義しているのか。

「喧嘩言葉」とは，「単に叫んだだけで侮辱となったり，ただちに治安妨害を引き起こしがちな」語をいう[30]。そうした言葉は，相手の面前で直接的に個人に向けられた侮辱として発せられるとともに，ただちに暴力に訴えるといった相手の反応を故意に生じさせるもの，あるいはそうした反応が生じる可能性が高いものでなくてはならない。

質問17 喧嘩言葉という例外は，憎悪に満ちた言論を禁止できることを意味するのか。

いいえ。政府は，私たちが考える思想，私たちが唱導する政治思想を公定することはできない。したがって憎悪に満ちた言論は，十分に憲法の保護を受ける。結果として「喧嘩言葉」の法理は，狭い範囲の言論にのみ適用される。すなわち相手の面前における侮辱的発言が，暴力を引き起こす明白かつ現在の危険がある場合に限る。合衆国最高裁判所によれば，「喧嘩言葉」の法理は社会における議論を浄化する道具でも，不快な語を規制する手段でもない[31]。

3節　名誉毀損

質問18　［憲法の保護下にない］例外として，裁判所は「名誉毀損」をどのように定義しているのか。

文書あるいは口頭での名誉毀損により個人の名誉は低下し，その結果，当人の評判，コミュニティでの地位，あるいは他者との交際関係を破壊してしまう。いわれのない非難により当人に経済的損失が生じたことを理由に，裁判所は中傷された個人への金銭補償で損害を塡補させることができる。対照的に真実ではあるが傷つける非難の場合は，相手は同じような損害を受けないし，訴訟にはなりえない。

質問19　名誉毀損のなかには，多かれ少なかれ憲法の保護下にあるような，特別の範疇が存在するのか。

合衆国最高裁判所は公務員が相手の場合には異なる基準を認めてきた。政府の活動と方針に異議を唱える権利が，民主的な共和制の中核にある。したがって合衆国最高裁判所は次のように述べている。「公の行為の批判者にたいして，すべての事実の主張に真実性の保障を強いる規則——そして保障ができないと実際上は無数ともいえる名誉毀損の罰を受ける規則——は，……自己検閲を導く」[32]。その結果，合衆国最高裁判所が名誉毀損を主張する公務員にたいして求めたのは，当の発言者が虚偽の発言であると知っていたこと，あるいは明らかに発言の真偽に無頓着であると知っていたことの立証である。

公務員と類似の基準が公的人物にもあてはまる。合衆国最高裁判所の理由づけによれば，公的人物はマスメディアへのアクセスが容易で，自分の見解や活動への批判に反駁できるからである。

4節　その他の言論の範疇：ハラスメント

質問20　人種や性へのハラスメントを規制する法律は，言論の自由への侵害となるのではないのか。

一般的に言えば，反ハラスメント法は言論の枠外にある行為を扱っている。したがって「ののしることで，単に……職員を不快にさせ」たとしても，不法なハラスメントにはならない[33]。

人種や性でのハラスメントは，連邦や州の公民権法に反する違法な差別を構成する。一般に口頭でのハラスメントは，人種やジェンダーを理由とした個人攻撃であるとともに，個人の仕事や学生の学業への理不尽な妨害を目的や結果にするとき，または脅嚇的，敵対的，不快なひどい環境，それらが浸透する環境を創出したときに生じる。そうした敵対的環境の構成要素について，裁判所は次のように考えている。「差別的行為の頻度と悪質の程度。そうした差別的行為は身体に脅威を与えるものなのか，屈辱感を与えるものなのか，それとも単なる不快な発言なのか。その差別的行為は職員の職務能率を不当に妨害するものなのか」[34]。

敵対的環境の立証には高い敷居をまたがねばならない。問題となる言葉や写真が単に不快な場合，または人種や性の観点から嫌悪をもよおす政治的な思想を表明している場合，反ハラスメント法への違反は生じていない。ハラスメントを構成するには，被害者の主観面に加えて，客観的な基準を用いる。さらに全記録とあらゆる事情を検討する[35]。客観的にみて敵対的，虐待的な職場環境——すなわち通常の人が敵対的，虐待的と考える環境——を創出することが確実なほど苛酷な行為，浸透した行為でなければ，公民権法に抵触しない。

質問21　図書館利用者が机で読んだり，コンピュータの画面で見たりしているものが，図書館職員へのハラスメントになりうるのか。

先例によると，図書館利用者が読んだり見たりするものは，場合によっては図書館職員へのハラスメントになりうる。一般的にハラスメントであるためには，行為が広範囲にして繰り返されることで職場に浸透し，そのために職場が敵対的になるとともに，雇用者が敵対的環境の存在を知っても改善措置を取らなかった場合である。それでも一定の要件がある。第1に単発的な行為や散発的な行為は，職場環境を変えて敵対的にしたとは判断されない[36]。利用者が図書館のインターネット端末で不快とされるようなものをときどき見る場合は，この要件にあてはまるだろう。特に職員は見なくてもすむからである。こうした場合ではなく，利用者が職員を手元に呼び寄せつづけた場合であったとしても，まずは，その表示画面を見てもハラスメントを受けない職員に交代させるのが適切である。

第2に，一般的にいって写真が不快なだけでは足りず，他の性的差別行為を伴っていなければならないことが要件となるようである[37]。最後に苦情が出された資料が雇用主の事業と密接な場合である。裁判所の判断によると，こうした従業員によるハラスメントの主張は，修正第1条の保護下にある資料の販売，配布，アクセスの提供という修正第1条の権利に優先できない[38]。

とはいえ法的責任を負うことがないように，苦情を訴える職員の便宜をはかるのがよい。例えばプライヴァシー・スクリーンの導入である。この措置によって，苦情を訴える職員が不快な資料にさらされることを減じ，その種の資料が図書館に浸透する機会を少なくする[39]。さらに各館は反ハラスメントの方針を文書で持たねばならず，同僚職員や利用者に方針を明確に周知させねばならない。

質問22 裁判所が「営利的言論」という場合，何を意味するのか。

「営利的言論」とは，広告宣伝といった「営利的取引を提示する」メッセージからなる[40]。営利的言論と非営利的言論が「分かちがたく結びついている」場合，そのコミュニケーションは全体として非営利的言論に入れられる[41]。営利的言論への修正第1条の保護は若干低い。政府に商業の規制と消費者保護の取り組みを許していることが主な理由である。

基本的に営利的言論は，合法的な活動で，受け手を惑わすようなものでない言論であれば，修正第1条の保護を受ける。

5節　言論にたいする政府の他の権限

質問23　修正第1条の保護下にある言論であっても，絶対無制約ではないという。政府は言論の自由にどのような種類の制限を課することができるのか。政府は言論の制限についてどの程度に強い権限を持っているのか。

修正第1条という憲法の保障を乗り越えて，修正第1条の保護下にある言論を規制するには，やむにやまれない利益の増進のためであって，この明確な利益の促進のために最も制限的でない手段を選んでいることを，政府は立証しなくてはならない[42]。これは非常に厳しいテストで，容易には充足できない。政府の裁量を押しひろげ合法化するときには必ず使われねばならない。

さらに言論が公共の場で行使されるとき，政府は「時間，場所，態様」での制限ができる。この種の権限は，政府が「治安を維持し，市民社会の他の利益を保護」[43]するために存在する。

質問24　政府が言論の自由を制限するに足る，やむにやまれない利益とは何なのか。

国家安全保障，暴力の予防，未成年者の肉体的・精神的な福祉は，州によるやむにやまれない利益の例で，言論の自由への優越を正当化する十分な理由になる。それでもやむにやまれない利益の存在は，政府が何ら障害なしに，憲法上の無制限の権限を持つのではない。国家安全保障という利益の主張によっても，『ニューヨーク・タイムズ』と『ワシントン・ポスト』による『ベトナム秘密報告』[杉辺利英訳，サイマル出版会，1972]の掲載を禁止できなかった[44]。暴力の予防という利益の主張は，白人至上主義者のデモ行進にたいして，警備経費増大の一助として許可料金を課することを正当化しなかった[45]。それに子どもの福祉という利益の主張は，「ダイアルポルノ」の電話メッセージの禁止を正当化するのに不十分であった[46]。

また，たとえ政府がやむにやまれない利益を立証できたとしても，さらにそ

の利益を促進するために最も制限的でない手段を用いていることが示されねばならない。

質問25　「最も制限的でない手段」とは何を意味するのか。

政府が基本的権利への規制を試みる場合,「修正第1条の自由を不必要に妨げてはならず,政府の利益に役立つ狭く設定された規制でなくてはならない」[47]。規制の土台をなす同じ目的を達成するために,より制限的でない手段があれば,たとえ政府の主張する利益が完全には達成されないとしても,より制限的でない他の手段を利用せねばならない。例えば「ダイアルポルノ」の禁止を無効としたときに合衆国最高裁判所が述べたのは,クレジットカードの提示や利用者番号の確認を求めることで,成人の権利をそのままにして若者の利用を制限できるということであった。こうした障壁を乗り越える未成年者もあろう。それでも子どもの福祉を保護するにあたり,この代替手段は全面的な禁止よりも憲法が定める言論の自由をいっそう考慮した措置であり,したがってより制限的でない[48]。

質問26　「時間,場所,態様での制限」とは何を意味するのか。

これらはメッセージを伝える時間,場所,態様での制限である。例えば学校や病院がある地域の場合,そこでの活動を妨害しないように,法律で拡声器の音量を制限することは正当である。時間,場所,態様での規制は,「内容中立で,政府の重大な利益に役立つように狭く設定され,さらにコミュニケーションのための代替手段が十分に開かれている」[49]場合に認められるだろう。そうした制限の他の例として,交通混乱の元となる行進の許可証を1日に1度に限り発行するという規制がある。

質問27　規制が「内容中立」とは,何を意味するのか。

「内容中立」の規制とは,表現の主題や見解に関わらず,すべての言論に等しく適用する規制をいう。討議の主題や見解に依拠して言論を区別する規制は中立ではなく,時間,場所,態様での制限であっても,「やむにやまれない利益のテスト」に合格しなければ制限はできない。内容中立が重要なのは,「修正第1条は,政府が特定の観点や思想をひいきにするようなやり方で,言論を規制

することを禁じている」[50]からである。政府が内容中立の規制という義務に違反したか否かを決める1つの重要なテストは，「［規制された表現－原書－］が伝えようとしたメッセージに，政府が不賛成という理由で言論の規制を用いたのか否か」[51]である。

質問28 政府の規制を可能とする副次的効果とは，どのような場合をいうのか。

副次的効果の概念は，政府の規制を正当化する目的で援用されるもので，「特定の種類の言論にたまたま関係してはいる［が－原書－］」，当の言論の「内容とは無関係なもの」である[52]。例えば公開の場所での裸体を違法とするインディアナ州法を，ヌードダンスを呼び物にしたいとするバーへ適用することは合憲とされた。それは当のバーの周辺に誘発される犯罪要素を除去するためである[53]。合衆国最高裁判所は，ヌードダンスを「エロティシズムとセクシュアリティ」を伝える表現形態の1つであると認めつつも，州法が要求するバタフライやスパンコールの着用は，「メッセージの写実性を若干低めるにすぎない」[54]と判断したのである。したがって副次的効果へ向けた規制として許される範囲は，表現活動そのものの禁止ではなく，メッセージの流通を維持しつつ，望ましくない影響（この場合は犯罪誘発要因）を減じることにある。

質問29 表現の自由は伝統的パブリック・フォーラムで最高潮に達する。「パブリック・フォーラム」とは，何を意味するのか。

伝統的パブリック・フォーラムについての最良の説明は，1939年に合衆国最高裁判所により次のように書かれた。「街路や公園は記憶にないほど古い昔から住民の使用に委ねられ，かつ大昔から集会，市民の思想伝達，公共問題についての議論といった目的に使われてきた」[55]。演説のための伝統的な場や，政府がそうした目的に指定した場では，政府の言論規制は以下の2つの場合に限る。(1)州のやむにやまれない利益を達成するために，狭く設定された規制を用いる。あるいは(2)必ずしもやむにやまれない利益ではなくとも，州の重大利益を達成するために，内容中立の時間，場所，態様での規制を用いる。この規制は狭く設定するとともに，コミュニケーションのための代替手段を十分に

開いておく[56]。

　パブリック・フォーラムの利用を支配する最も神聖な規則の1つは、「政府が許容できる見解を持つ人びとだけにフォーラムの使用を認め、好まれない見解や論争的見解の表明を願う人へは使用を拒否することをしてはならない」[57]という規則である。

　すべての政府の財産が、一律に伝統的パブリック・フォーラムというわけではない。政府の財産は、さらに「制限的」("limited" or "designated") パブリック・フォーラム、非パブリック・フォーラムに分類される。

質問30　制限的パブリック・フォーラムとは何なのか。

　公有財産が伝統的に住民の表現活動に使われていない場合であっても、政府はそうした財産を積極的に公開して、住民の表現活動の場にすることができる。政府がそうした場を住民の表現活動の場と指定する限り、制限的パブリック・フォーラムには伝統的パブリック・フォーラムと同じ憲法上の規則が適用される。一般の利用に貸し出される市民会館は、制限的パブリック・フォーラムの例である。政府は気に入らない見解を持つグループだとか、反社会的な催し物といった理由では、会館の利用を拒否する権限を持たない。

　しかしながら、政府はそうした施設をパブリック・フォーラムの指定から外す権限を持っている。しかし気に入らないメッセージや話し手だけに適用する目的で、この権限を使うことはできない。

質問31　非パブリック・フォーラムでも、言論の自由は存在するのか。

　はい。非パブリック・フォーラムとは、住民の表現活動の伝統的な場でも、政府がそうした場として指定した場でもない場のことである。非パブリック・フォーラムにおいても、コミュニケーション活動は生じる。しかしながら「言論の規制が合理的であり、かつ単に公務員が話し手の見解に反対するという理由だけで表現を抑制しようとするのではない限り」[58]、特定の利用に留保、限定してよい。こうした限界のなかで、適格性のある話し手は自由にコミュニケーションができる。非パブリック・フォーラムの例として、学校の学内便がある。こうした学内便は公式業務のコミュニケーションに制限できる。

質問32 制限が「過度に広範」とは，何を意味するのか。

アメリカの憲法制度は，修正第1条の自由に根本的な重要性を認めている。したがってたとえ政府が規制力を持つ場合でも，「狭く特定した方式でのみ」[59] 規制を行わねばならない。すなわち規制に服さない保護された言論と，正当に規制できる言論とを慎重に分離しなくてはならない[60]。過度に広範な制限はこうした憲法上の規則に違反する。というのは過度に包み込むことで，保護下にある多くの言論に影響するからである。

質問33 制限が「曖昧」とは，何を意味するのか。

「法律は普通の判断力の人にたいして，禁止の内容を知る合理的な機会を提供する。そのことで人は法律に従って行動できる」[61] というのが，基本的な法原則である。この原則は曖昧な法律を禁じ，言論の自由の問題では厳格に適用される。なぜなら曖昧さは言論への萎縮効果を生じがちで，話し手は境界が明確な場合と比較して，「不法な領域を拡大解釈」するためである[62]。規制違反や法律違反の言論を明示しないと，人びとを「問題なく安全な言論」[63] に押し込める結果となり，これは憲法に違反する。言論の自由というシステムは，このような結果を嫌う。

質問34 図書館は憲法上でどのような位置を占めるのか。

図書館が我々の社会で本質的機能を果たすとしても，市やカウンティは公立図書館設置について憲法上の義務を持つのではない。とはいえ裁判所は図書館の重要性を認めてきた。例えば1966年に合衆国最高裁判所は，公立図書館を「静寂，知識，美に捧げられた場」[64] と記している。多くの人はこの夢想に安らぐだろうが，ある裁判所は公立図書館を「思想の全領域を扱う固有で神聖な場」[65] と的確に把えている。

それでも政府の他の事業と同じように，ひとたび政府がサービスや活動を行うと，憲法の定めに従う義務がある。第3巡回区連邦上訴裁判所による影響力ある判決は，公立図書館を制限的パブリック・フォーラムとしている。そこでは「モリスタウン公立図書館の性格と軌を一にし，同館をパブリック・フォーラムと指定する政府の意図に合致する」[66] 限り，情報を受け取る権利をも含め

て，住民による言論の自由の権利の行使を認めなければならないとした。

　最後に，学校図書館も公立図書館と同じように扱われている。合衆国最高裁判所は学校図書館を，生徒が「教室の内外で……提示された思想を試し，拡張する」場としている。また「教室という強制的環境」での抑制を受けることなしに，生徒の「完全に自由な自己教育と自己向上に」資する場としている[67]。

質問35　資料が利用者，奉仕するコミュニティ，あるいは特定のグループを不快にする場合，そうした資料を除去，制限できるのか。

　合衆国最高裁判所によると，「憲法の下では，思想の公表は単に不快に感じる聴者がいるとの理由だけでは禁止できない」[68]。さらに政府当局は，「不快な語［や画像－原書－］を社会の語彙集から除去する公衆道徳の守護者」[69]ではない。図書館は，「──いかに品位の点で不快であっても──，……思想の単なる普及を『品位という慣習』だけで」[70]取り締まることはできない。異議を申し立てるグループのために何らかの措置を取れば，検閲という権力を行使することになるが，それは禁じられている。

質問36　宗教の自由には，図書館資料への宗教的な反対にたいして，特別な憲法上の地位を与えるのか。

　合衆国憲法は，政府が「宗教の自由な礼拝」に不当干渉してはならないと保障している。政府の方針は宗教的な反対に依拠してはならず，「宗教の理論，教義，実践の面で中立」[71]でなくてはならない。合衆国最高裁判所によると，宗教的反対が政府の中立的な方針やプログラムに勝ることを許せば，あらゆる宗教的な反対「自体が独自な法」[72]になってしまう。

質問37　宗教的な祝日に関する展示は政教分離の問題を提起するとされる。合衆国憲法は現実にそうした分離を求めているのか。

　はい。1879年以降，それに修正第１条の起草の時代やその直後の言明にもとづいて，合衆国最高裁判所は「政教分離」の適用を，本質的に「修正第１条の範囲と影響についての権威ある言明」[73]と把握している。確かに修正第１条には政教分離という語は用いられていない。しかし，これは「権力の分立」という語句が憲法上明示されていないのと同じであり，合衆国憲法が提供するものが

何であるかを簡潔に示すものである。国教禁止条項は，政府が宗教の促進や禁止に積極的役割を果たすことを禁じている。また政府機関が，宗教の保護をめぐって闘いの場にならないよう意図している。

　宗教的な祝日に関する展示についていえば，国教禁止条項は図書館が宗教的行事を祝賀，記念できないことを意味する。しかしながら宗教の比較研究に関する教育的展示や，宗教的性格に限定せずに休暇期に関する教育的展示をすることまでは禁じられない。

　質問38　政教分離は，宗教グループによる図書館集会室の利用について，何かを意味するのか。

　裁判所は図書館集会室の礼拝使用について明確な判断をしていないが，礼拝使用は憲法上問題になるとは示している。しかし集会や行事が宗教的な性格や展望を持つという理由だけでは，コミュニティのグループの集会室利用を拒否できない。そして他の私的なグループの利用許可と同じ条件で提供しなくてはならない。集会室の提供で鍵になるのは，そこでの言論は私的な言論であって，公立図書館は何らの承認も支持もしておらず，このことを明示することである。

　質問39　合衆国憲法や法律は，図書館記録の秘密性を保護しているのか。

　修正第１条が図書館記録の秘密性に一定の秘匿特権を与えるかについては議論がある。言論の自由の権利にそのような特権を与える判決は存在しない。それでも立法府は，図書館利用記録が開示されれば，自由な探求に萎縮効果をもたらすと認識してきた。そしてほとんどすべての州が，図書館記録の秘密性を保護する法律を採択している。それらは図書館記録の秘密性に関する法律の形をとるか，州情報自由法の例外規定という形をとるかである。こうした法律は，図書館記録の開示を非常に限定している。一般的には当の利用者が許可しているか，法廷命令があるときにだけ開示される。

　さらに連邦はヴィデオ・プライヴァシー法を採択しており，ヴィデオテープの貸出やレンタルに同じような保護を与えている。

　質問40　子どもの修正第１条の権利は，削減されているのか。

　子どもの修正第１条上の権利は，成人と同一の広がりを持たない。政府は

「未成年者の肉体的,精神的な福祉の保護」[74]に,やむにやまれない利益を持っている。たとえそうであっても,政府は子どもの言論や子どもがアクセスする表現について,無制限の規制力を持たない。未成年者は「かなり大きな修正第1条の保護」[75]を有する。そして子どもを保護するためだけに,「立法府が不適とみなす思想や画像」[76]を遮蔽してはならない。最後に,合衆国最高裁判所は,未成年者に提供する資料の規制について,年少の子どもと成人に近い子どもに適切な区別を認めている。そうした区別は,成人に近い子どもの権利と成熟度を重視するものである[77]。

質問41 子どもが図書館で見る資料に関して,親はどのような権利を持つのか。

家庭の場合,親は子どもに適切な資料について,己の考えを決定して実行する完全な権限を持つ。しかし家庭とは異なり,公立図書館は親の好みを満足させる必要はない。もし図書館が親が不快とする資料の制限を決定すれば,修正第1条違反という実質的な危険を負いかねない[78]。結局のところ,図書館は親の代わりにはなれない。親が問題視する資料があり,自分の子どもをそうした資料に触れさせたくなければ,近づかないように自分の子どもを教育するか,図書館に同伴して直接的に指導するかである。親が館内にいないあいだ,親は図書館に子どものデイケアセンターの機能を期待することはできない。

質問42 言論の自由は,すべての形態のコミュニケーションに等しく適用されるのか。

合衆国最高裁判所は,「言うまでもなく表現の各メディアは,各メディアに適した基準によって,修正第1条の諸目的に照らして評価されねばならない。というのは各メディアに独自の問題があるからである」[79]と述べている。すなわち言論の自由の一般原則は政府による規律を禁止してはいるが,ときには言論の形態を理由にして,他の利益のために譲歩しうるということである。例えば,政府は公園を1人の私人の言論活動のために7年間も明け渡したり,公園で演説したい人にそのような許可証を出したりできない。しかし放送事業の場合,放送が混信して不協和音になるのを防ぐ唯一の方法は,特定の周波数を個々の

放送局のみに認可し,割り当てることである。したがっていっそう直接的で純粋な形態の言論と比較した場合,放送への修正第1条の保護は少ない。すなわち,実質的な水準の修正第1条の保護を受けてはいるものの,結果として放送は他の形態の言論よりも政府の大きな規制に服している。

　このような分析でわかるのは,単なる言論,図書,新聞,その他の活字資料は,修正第1条の最高度の保護を得るということである。この形態の言論への侵入は,「厳格審査」のテストで評価される。厳格審査は規制にたいして,やむにやまれない政府の利益を促進し,かつこうした目標を達成するために最も制限的でない手段の使用を求める。コミュニケーションが象徴的行為という形態で伝えられる場合がある。例えば国旗の焼却とか人間の鎖の形成である。こうしたとき,行為の非言論的な側面の規制についての政府の利益は,たとえやむにやまれない利益でなくとも,十分に重要な政府の利益であれば,言論の自由への付随的な制限を正当化できる[80]。合衆国最高裁判所は国旗焼却を禁じる法律を無効とした。なぜなら同法は表現される見解自体を目的にしているからである。一方,ピケの対象になっている店に顧客が安全に出入りすることを保障する利益の場合は,通行できないように妨害した者を政府が逮捕することを許容している[81]。

　一方,ケーブルテレビはその固有の特徴によって,放送よりも少しばかり大きな言論の自由を受ける。もっとも両者の相違は定義づけられてはいない[82]。放送の場合,テレビやラジオを持つ人なら,だれもが即座にあらゆるプログラムを利用できる。一方,ケーブルテレビは消費者がロックボックスといった機器を用いて受け取るチャンネルを選び,その分だけ料金を支払うサービスである。それに放送での周波数帯域の狭さはケーブルテレビでは問題にならないので,メディア割当ての規制は放送ほど必要ではない。規制の必要性が小さいことは,ケーブルテレビが放送よりも大きな表現の自由を得ていることを意味する。

　インターネットの興隆につれて,修正第1条の保護の水準が中核的な問題になってきた。1997年に合衆国最高裁判所はこの問題に答えを出し,インターネットは修正第1条の最高水準の保護を受けると判断した[83]。

6節　サイバースペース

質問43　合衆国最高裁判所はインターネットの修正第1条上の扱いについて，どのように述べているのか。

合衆国最高裁判所によると，インターネットは放送と類似せず，修正第1条の最高水準の保護を受ける[84]。

質問44　公立図書館は，インターネット・アクセスを提供せねばならないのか。

公立図書館の設置が義務でないように，インターネットへのアクセスを提供する義務はない。しかし伝統的な図書館サービスであれインターネットへのアクセスであれ，ひとたびサービスや活動を提供すれば，修正第1条の定めに従う義務が生じる。

質問45　公立図書館がインターネットへのアクセスを提供している場合，電子メールやチャットも提供しなくてはならないのか。

いいえ。法的見地からすると，公立図書館は利用者に提供するインターネット・アクセスの水準や度合いを自由に選択できる。図書館はウェブサイトへのアクセスをサイトの内容を理由に選別できないものの，例えばワールド・ワイド・ウェブだけを提供すると選択してよい。もちろん現実問題として，アクセスをそのように限定するのは難しいかもしれない。ウェブページから多くの電子メール番号やチャットにアクセスできるし，無料の電子メール番号，それにチャットへのリンクを提供しているサイトもある。

質問46　利用者がコンピュータ端末で見ている内容について他の利用者から苦情が出た場合，図書館はどのように対応すべきなのか。

インターネットを通してアクセスする資料が憲法の保護下にある場合，いかなる利用者の反対もインターネットへのアクセスを検閲，制限する正当化の理由になりえない。そうした制限を認めれば，特定のイデオロギーや主張を持つ利用者が端末の側に立ち，その利用者に「妨害的な拒否権」の行使を許してしまい，修正第1条で保護された権利を覆すことになる。合衆国最高裁判所は

「通信の品位に関する法律」を憲法違反とすることで、このような結果になることを非難した[85]。利用者の感受性を満たすいっそうすぐれた解決策は、プライヴァシー・スクリーンの装備である。この措置によって、ある1人の利用者のインターネット上の内容の選択が、他の利用者に迷惑をかけることをなくす[86]。

質問47 図書館は、未成年者がインターネットへのフィルターのないアクセスをする前に、親の許可を得るという条件をつけることができるのか。

フィルターソフトのないインターネット・アクセスをするために親の許可を求めることは、憲法の観点からみて問題がある。子どもが親の許可なく図書館の端末を利用すれば、図書館は責任を問われかねない。既述のように、子どもは成人ほどには修正第1条上の権利を保護されていないものの、それでも実質的な権利を持っている。フィルターソフトは非常に不精確で、プログラマーが実際にブロックを意図したサイトとともに、しばしば完全に良性のサイトをも遮断する。フィルターソフトで未成年者の利用を制限することで、図書館は未成年者が受け取るべき憲法の保護下にある情報に関して、実際には未成年者の言論の自由の権利に負荷をかけていることになる。その結果、学校のレポートのために調べている生徒は、アクセスの遮断に気づくかもしれない。憲法上の分析という目的に照らすと、生徒がフィルターのない端末を利用するために許可申込書を入手して、親の署名を得るために家に戻り、申込書を戻すといった措置は大して重要でない。公的機関は、そうした遅滞や修正第1条の権利行使のために許可を必要とするといったことを強制できない。

親の許可という措置を取っている図書館は、文書による親の許可がなければ未成年者にフィルターなしのインターネット・アクセスを許可しない。これはコミュニティの親と一種の契約を結んだとみなされる危険性がある。ただし、子どもがフィルターなしの端末を利用してしまうことも十分にありえ、このとき親を驚かすことはまちがいない。こうした場合、親の許可なしには子どもにアクセスを許さないという約束を図書館が侵害したとして、親が契約違反（promissory estoppel, 約束的反禁言）との理由で図書館を提訴するかもしれない。図書館にとって賢明な措置は、だれもがフィルターなしのインターネッ

ト・アクセスを利用できるとの方針を掲示しておくことである。

　大多数の図書館は，子ども用図書館カードの発行時に親の署名を求め，子どもの読書資料に責任を持つよう求めている。この免責は，子どもが館内にいる間，図書館職員は親代わりにならないと通知しているのである。この免責事項をインターネット利用にも同じように適用すべきである。

　質問48　未成年者を含んでだれもが主閲覧室でフィルターのないインターネット・アクセスを利用できる場合，児童室にフィルターのあるインターネット・アクセスを提供することは合憲なのか。

　アメリカ図書館協会(ALA)の方針はこの措置を禁じているが，この解決法に憲法上の問題はないと思える。図書館は児童室の資料選択の際，年齢での適性などを考慮してきた。と同時に，子どもが図書館の他の部分を利用するのに何の制限もない。子どもはそうした場で，児童室では決して選択されない強力な資料に出会う。この質問が示す方式は，現在の図書館が図書，雑誌，その他の資料で実行している現実を反映するに過ぎない。

　児童室でフィルターつきのアクセスを提供することで，図書館は心配する親をなだめるとともに，年少の子どもはやさしい環境の下でインターネットを探索できる。未成年者のインターネット・アクセスをフィルターで制限すれば憲法上の非難が提起されようが，この非難は館内の他所でフィルターなしのアクセスが可能なことで弱まるだろう。

　このようにして，フィルターがブロックしている情報を必要とする未成年者は，情報を受け取る権利をさらに行使できる。と同時に子どもにいっそう制限的なアクセスを希望する親は，子どもをフィルターのある端末に向かわせうる。

　質問49　猥褻やチャイルドポルノの資料を含んでいるとの疑いを理由に，公立図書館員は手動でそうしたサイトをブロックできるのか。

　インターネット上の猥褻やチャイルドポルノは不法である。図書館がそうしたサイトの存在を知れば，そしてコンピュータ端末からアクセスできるなら，図書館は既定の指針に従うべきである。そうした指針は，サイトの一時的な遮断について，サイトが不法な内容を含んでいそうなことを直ちに検討，裁定す

るとなっていよう。

注
1. *State* v. *Henry*, 302 Or. 510, 732 P.2d 9 (1987).
2. *Palko* v. *Connecticut*, 302 U.S. 319, 327 (1937).
3. *Bose Corp.* v. *Consumers Union*, 466 U.S. 485, 503 (1984).
4. *New York Times* v. *Sullivan*, 376 U.S. 254, 270 (1964).
5. *Winters* v. *New York*, 333 U.S. 507, 508 (1948).
6. *Police Department* v. *Mosley*, 408 U.S. 92, 95 (1972).
7. *Street* v. *New York*, 394 U.S. 576, 592 (1969).
8. *Island Trees Union Free School District No.26* v. *Pico*, 457 U.S. 853, 867 (1982).
9. *Pacific Gas & Electric* v. *Public Utilities Comm'n*, 475 U.S. 1, 8 (1986).
10. *Erznoznik* v. *City of Jacksonville*, 422 U.S. 205, 211 (1975).
11. *Reno* v. *ACLU*, 117 S.Ct. 2329, 2346 (1997).
12. *Id.* at 2348.
13. *Bolger* v. *Youngs Drug Products Corp.*, 463 U.S. 60, 74 (1983).
14. *Tinker* v. *Des Moines Independent Community School Dist.*, 393 U.S. 503, 507 (1969).
15. *Id.* at 511.
16. *Id.* at 508.
17. *Id.*
18. *Hazelwood School Dist.* v. *Kuhlmeier*, 484 U.S. 260, 273 (1988).
19. *Id.*
20. *State* v. *Henry*, 302 Or. 510, 732 P.2d 9 (1987).
21. *State* v. *Kam*, 748 P.2d 372 (Ha. 1988).
22. *Erznoznik* v. *City of Jacksonville*, 422 U.S. 205 (1975).
23. *Barnes* v. *Glen Theatre, Inc.*, 501 U.S. 560 (1991).
24. *Sable Communications* v. *FCC*, 492 U.S. 115, 126 (1989).
25. *Miller* v. *California*, 413 U.S. 15, 24 (1973).
26. *See Freedman* v. *Maryland*, 380 U.S. 51 (1965).
27. *Island Trees Union Free School District No.26* v. *Pico*, 457 U.S. 853, 871, 874 (plurality op.).
28. *See Elrod* v. *Burns*, 427 U.S. 347, 373-74 (1976).
29. *See New York* v. *Ferber*, 458 U.S. 747 (1982).
30. *Chaplinsky* v. *New Hampshire*, 315 U.S. 568, 572 (1942).
31. *See Cohen* v. *California*, 403 U.S. 15, 25 (1971).
32. *New York Times* v. *Sullivan*, 376 U.S. 254, 279 (1964).
33. *Harris* v. *Forklift Systems, Inc.*, 510 U.S. 17, 22 (1993).
34. *Id.* at 24.
35. *See id.* at 21, 69.

第1章 修正第1条に関する問答集:性,嘘,サイバースペース　*25*

36. *Baskerville* v. *Culligan Int'l Co.*, 50 F.3d 428, 430-31 (7th Cir. 1995).
37. *See, e.g., Robinson* v. *Jacksonville Shipyards, Inc.*, 760 F.Supp. 1486 (M.D. Fla. 1991).
38. *Stanley* v. *The Lawson Co.*, 993 F.Supp. 1084 (N.D. Ohio 1997).
39. *See Mainstream Loudoun* v. *Board of Trustees*, 24 F.Supp.2d 552 (E.D. Va. 1998).
40. *Virginia Pharmacy Bd.* v. *Virginia Citizens Consumer Council, Inc.*, 425 U.S. 748, 762 (1976).
41. *Riley* v. *National Federation of the Blind of North Carolina, Inc.*, 487 U.S. 781, 796 (1988).
42. *Sable Communications* v. *FCC*, 492 U.S. 115, 126 (1989).
43. *Niemotko* v. *Maryland*, 340 U.S. 268, 273-74 (1951) (Frankfurter, J., concurring).
44. *New York Times* v. *United States*, 403 U.S. 713 (1971).
45. *Forsyth County* v. *Nationalist Movement*, 505 U.S. 123 (1992).
46. *Sable Communications* v. *FCC*, 492 U.S. 115 (1989).
47. *Schaumburg* v. *Citizens for a Better Environment*, 444 U.S. 620, 637 (1980).
48. *Sable Communications* v. *FCC*, 492 U.S. 115 (1989).
49. *United States* v. *Grace*, 461 U.S. 171, 177 (1983) (citation omitted).
50. *City Council of Los Angeles* v. *Taxpayers for Vincent*, 466 U.S. 789, 804 (1984).
51. *Ward* v. *Rock Against Racism*, 491 U.S. 781, 791 (1989).
52. *Boos* v. *Barry*, 485 U.S. 312, 320 (1988).
53. *Barnes* v. *Glen Theatre, Inc.*, 501 U.S. 560 (1991).
54. *Id.* at 571.
55. *Hague* v. *CIO*, 307 U.S. 496, 515 (1939) (Roberts, J., concurring).
56. *Perry Educational Ass'n* v. *Perry Local Educators' Ass'n*, 460 U.S. 37, 45 (1983).
57. *Police Dep't* v. *Mosley*, 408 U.S. 92, 95 (1972).
58. *Perry Educational Ass'n* v. *Perry Local Educators' Ass'n*, 460 U.S. 37, 46 (1983).
59. *NAACP* v. *Button*, 371 U.S. 415, 433 (1963) (citations omitted).
60. *Blount* v. *Rizzi*, 400 U.S. 410, 417 (1971).
61. *Grayned* v. *City of Rockford*, 408 U.S. 104, 108 (1972).
62. *Speiser* v. *Randall*, 357 U.S. 513, 526 (1958).
63. *Baggett* v. *Bullitt*, 377 U.S. 360, 372 (1964).
64. *Brown* v. *Louisiana*, 383 U.S. 131, 142 (1966).
65. *In the Matter of Quad/Graphics, Inc.* v. *Southern Adirondack Library System*, 664 N.Y.S.2d 225, 227 (Super. Ct. Saratoga Cty. 1997).
66. *Kreimer* v. *Bureau of Police*, 958 F.2d 1242, 1262 (3d Cir. 1992).
67. *Island Trees Union Free School District No.26* v. *Pico*, 457 U.S. 853, 869 (1982).
68. *Street* v. *New York*, 394 U.S. 576, 592 (1969).
69. *Cohen* v. *California*, 403 U.S. 15, 25 (1971).
70. *Papish* v. *Board of Curators of the University of Missouri*, 410 U.S. 667, 670 (1973).
71. *Epperson* v. *Arkansas*, 393 U.S. 97, 103-04 (1968).
72. *Employment Division* v. *Smith*, 494 U.S. 872, 890 (1990).
73. *Reynolds* v. *United States*, 98 U.S. 145, 164 (1879).

74. *Sable Communications, Inc.* v. *FCC*, 492 U.S. 115, 126 (1989).
75. *Erznoznik* v. *City of Jacksonville*, 422 U.S. 205, 212 (1975).
76. *Id.* at 213-14.
77. *See, e.g., Reno* v. *ACLU*, 117 S.Ct. 2329, 2348 (1997).
78. *See Island Trees Union Free School District No.26* v. *Pico*, 457 U.S. 853 (1982).
79. *Southeastern Promotions, Ltd.* v. *Conrad*, 420 U.S. 546, 557 (1975) (citing *Joseph Burstyn, Inc.* v. *Wilson*, 343 U.S. 495, 503 (1952)).
80. *United States* v. *O'Brien*, 391 U.S. 367, 376 (1968).
81. *Texas* v. *Johnson*, 491 U.S. 397 (1989).
82. *See Denver Area Educational Telecommunications Consortium, Inc.* v. *FCC*, 116 S. Ct. 2374 (1996).
83. *Reno* v. *ACLU*, 117 S.Ct. 2329, 2343 (1997).
84. *Id.*
85. *Id.* at 2349.
86. *Mainstream Loudon* v. *Board of Trustees*, 24 F.Supp.2d. 552 (E.D. Va. 1998).

第2章
修正第1条の基本原則と図書館への適用

　1791年，合衆国は言論の自由の概念を正式に憲法に記入した。このとき自治と個人の権限に関して，危険性のある未曾有の実験に乗り出したのである。もはや政府は市民に提供する情報を統制できず，政治，宗教，芸術，文学，文化，あるいは意見について，正統なるものを支配できない。合理的な見解か否かを問わず，だれもが自由に見解を表明できる。修正第1条は優勢となる見解の決定を住民の意向に委ねている。かつてロバート・ジャクソン裁判官が記したように，修正第1条は「政府当局が世論の守護者にならないように」[1]考案されたのである。

　我々が表明する思想への政府の規制権限は，ことのほか限られている。政府や世論が「愚か，不公正，虚偽，危険」[2]との理由で言論制限の必要性を決定しても，言論の自由はそうした決定に優越する。許可される話の内容を温情的，「権威的に選択」することは禁じられている。こうした禁止は，「多くの人にしてみれば愚行であるし，今後も愚行とされ続けるであろう。しかし我々はそれに賭けてきた」[3]のである。言論の自由は現状維持にとって危険であり，権力者にとっては政府の影響下にない情報や思想の交換を住民に許すので危険である。しかしこのことがアメリカ民主主義の本質的特徴である。住民が表現の自由の権利を行使し，自己満足を避け，権力者の主張に健全な懐疑を示す限り，住民は責任を持ち続け，本当に自由な人間であるとの主張を強固にする。

　修正第1条は表現の自由を保障している。合衆国最高裁判所はこの保障について，多くの異なった語句，それでいて立派な語句で説明している。かつて合衆国最高裁判所は次のように述べている。「自分の考えを話す自由は，個人の自由の1つの側面──したがってそれ自体として善きもの──であるだけでなく，真理の追求や社会全体の活力にとって不可欠である。修正第1条はこのことを

前提にしている」[4]。また，合衆国最高裁判所は修正第1条の制定目的について，「住民が望む政治的，社会的変化を生むために，思想の自由な交換を保障することにあった」[5]と注意している。したがって表現の自由は，「ほとんどすべての他の形態の自由に欠かせない条件や基盤」[6]になる。

フェリックス・フランクファーター裁判官は，この概念の背後にある原理を巧みに説明している。それはオリヴァ・ウェンデル・ホームズ・ジュニア裁判官の言論の自由論の特徴を示したときで，次のように書き込んだ。「文明の進展は，多分に過ちをなくすことで生じる。そうした誤ちはかつて信念によって公式な真実として君臨したが，その信念は他の信念に取って代わられる。……表現の自由がなければ，思想は抑制され衰退する」[7]。我々はこうした理由で，話す内容や思想の是非について，政府が決定権を持つことを拒否する。そうした権限は正しく行使できるはずはなく，必然的に「立法府，裁判所，支配的な政治グループやコミュニティのグループによる思想の標準化に向かう」[8]からである。

したがって「修正［第1条－原書－］の中核目的は，政治問題に関する自由な討論の保護にあり」[9]，この点に疑問の余地はない。しかし表現の自由の権利を，そうした狭い領域に限定するのは大きな誤りである。かつてウィリアム・ブレナン裁判官は，「イデオロギーと非イデオロギーの言論の境界を確定するのは不可能である」[10]と記している。その結果，「政治的，イデオロギー的な言論はもちろん，娯楽的な言論も保護される。映画，ラジオやテレビの番組，音楽や劇作の生演出も，修正第1条の保障のなかに入る」[11]。結局のところ，「たとえある人にとっては娯楽であったとしても，他の人の思想を伝えている場合もある」[12]。

修正第1条は精神の自由をこのように広範に保障することで，自治，自己認識，自己実現の過程を助け，「思想の市場」の創出に貢献する。そこでは表明された多種多様な思想を自由に調べ，思想の有効性を自力で決定し，自分の判断で受容や拒否を決定する。「市場」との類推は，オリヴァ・ウェンデル・ホームズ・ジュニア裁判官の定式化が最初である。すなわちホームズ裁判官は，「望む

べき最終的な善は，思想の自由交易によっていっそううまく到達できる——真実を決める最善のテストは，当の思想が市場競争で獲得する強さである」[13]と述べている。

ホームズはそのような「思想の市場」が機能するには，自由な言論の結果にたいするのっぴきならない恐怖を，克服せねばならないと気づいていた。そして次のように書いている。「我々が憎む意見や，極悪に満ちていると信じる意見がある。そうした意見の表現を抑制する企てにたいして，常に注意して反対せねばならない。もっとも意見表明によって，合法的で重要な法律上の目的をただちに妨害する差し迫った脅威があり，国を救うためにただちに抑制すべき場合は別である」[14]。ホームズとともに修正第1条の現代的解釈を形成したルイス・ブランダイズ裁判官は，この点を次のように表現している。

> アメリカの独立を勝ち得た人びとは，……違反すれば罰せられるとの恐怖だけでは，秩序を維持できないと悟っていた。思想，希望，想像をくじくことが危険であると考えていた。恐怖は抑圧をはぐくみ，抑圧は憎しみとなり，憎しみは政府の安定に脅威になると知っていた。安全への道は，不満や救済を自由に議論する機会の提供にあると認識していた。悪い意見を正すのに適した対処は，すぐれた意見にあると知っていた。……
>
> 重大な害という恐怖だけでは，言論，集会の自由の抑圧を正当化できない。人間は魔女を恐れ，女性を火刑にした[15]。

1節 修正第1条の発展

修正第1条には，人間が生まれながらにして有する固有の権利や自然権として存在すると考えられていた権利を確認する意図があった。フィラデルフィアで起草された元の合衆国憲法は，言論や出版の自由の保障を盛り込んでいなかった。なぜなら憲法制定会議の代議員は，そうした保障を不必要と考えたからである。新しい連邦政府は言論に関する何らの権限も持たなかった。それでも人びとは，独立革命を鼓舞した諸々の権利に甚大なる関心を抱いていたので，新憲法の承認に際しては『権利章典』の追加を約束せねばならなかった。1789

年の第1回連邦議会のとき，ジェイムズ・マディソンは『権利章典』を提案して約束を果たした。『権利章典』は表現の自由の広範な保障を含み，合衆国憲法が創出した強力な新中央政府から表現の自由を守るものであった。1791年，現在では『権利章典』として知られる10の修正条項が，成立に必要な4分の3の州の承認を獲得して，合衆国憲法の一部となった。修正第1条は，人びとの言論，良心，刊行物，それに人びとが同胞市民や政府自体に影響を与える手段に，新しい中央政府が介入しないよう保障することを意図していた。

政府の主たる権力である立法権は連邦議会に属している。そのため修正第1条は連邦議会への制限と考えうる（「連邦議会は，……法律を制定してはならない」）。行政府も司法府も，連邦制定法が認めた例外はともかく，言論の自由を妨げる何らの絶対的権限も有しないとされた。連邦制定法の実施についても，法制定の権限は連邦議会にあるので修正第1条の禁止事項に属することとなる。たとえ連邦議会の介入がなくても，大統領，より広くは行政府，それに裁判官も，修正第1条に従わねばならない。

南北戦争の結果，1868年に合衆国憲法に修正第14条が追加された。修正第14条第1節は，合衆国で出生したり帰化した人に，合衆国および居住する州での市民権を保障するとともに，次のように定めていた。「いかなる州も合衆国市民の特権あるいは免除を損う法律を制定し，あるいは施行することはできない。またいかなる州といえども正当な法の手続によらないで，何人からも生命，自由あるいは財産を奪ってはならない。またその管轄内にある何人にたいしても法律の平等なる保護を拒むことができない」。

多くの合衆国最高裁判所判決は，合衆国憲法は適正手続を州の行為にたいして保障しており，さらに適正手続条項は『権利章典』が定めるいくつかの権利を守っていると示唆してきた。そののち合衆国最高裁判所は1925年のギトロー対ニューヨーク事件[16]で，この考えを法に組み込んだ。この事件で合衆国最高裁判所は次のように判示している。「現在の目的からして，――修正第1条が連邦議会による侵害から守っている――言論と出版の自由は，修正第14条の適正手続条項が州の侵害から守っている基本的な個人的権利と個人的自由に含まれ

ると把えうるし，そのように把握する」[17]。この概念は組み込み理論と呼ばれている。というのは，修正第14条の適正手続条項が，『権利章典』の保障する大多数の基本的権利を組み込んでいると判断するからである。

　州内にある公立図書館や公立学校も含めて，市政府をはじめとする公的機関は州の創造物である。したがって言論の自由への侵害の禁止は，そうしたすべての機関に同じ強さで適用される。

2節　州法も言論の自由を保障している

　合衆国憲法による言論の自由の保障とは別に，各州は州憲法で独自に権利の宣言を規定しているが，例外なく言論の自由条項を含んでいる。州憲法は州政府の権限と限界を定めており，［合衆国憲法の］規定よりも言論への侵害にたいして手厚い保護ができる。しかし合衆国憲法より薄い保護は許されない。州最高裁判所は多くの事件で，州憲法は言論の自由に関して合衆国憲法よりも大きな自由を与えていると解釈してきた。

　例えばカリフォルニア州では，所有者の反対にもかかわらず，私営ショッピングセンターで言論の自由と請願の権利を行使する是非が問題になった。この事件でカリフォルニア州最高裁判所は，州憲法がこうした自由や権利を保障していると判断した。しかし合衆国最高裁判所は修正第1条の下で反対の見解に達している[18]。合衆国最高裁判所の判決によると，修正第1条は私有財産には適用できない。しかしこの合衆国最高裁判所判決が，カリフォルニア州や同州に追随する諸州の決定を覆すことはない。州憲法上の判決は連邦の判決に影響されない。もっとも州の判決が連邦憲法による権利の保護よりも薄い場合は別である。

　この観点からみて，最も先んじているのはオレゴン州である。合衆国最高裁判所の判断によると，猥褻は修正第1条が保護する言論の枠内にない。しかしオレゴン州最高裁判所は，州憲法での言論の自由の保障のなかに，猥褻な言論さえ入ると認めている[19]。同じようにハワイ州も猥褻に関する刑法を無効とするために，［州憲法が定める］言論の自由の原則を用いた[20]。

3節　言論の自由の範囲

　一般的にいって連邦による言論の自由の保障とは,「ある思想を不快とする聞き手が存在するという理由だけでは,そうした思想の公表を禁止できない」[21]ということを意味する。さらに政府が「思想警察」になれないことも意味する。たとえ表明する思想の選択を話し手に許すとしても,語や画像の選択を規制するといったことはできない。合衆国最高裁判所によれば,礼儀正しさを求める権限や,口汚い語の使用禁止を求める権限を政府に与えることは,無制限の検閲を認めることになる。一方,合衆国最高裁判所は,「公務員は［表現の領域で－原書－］原理に依拠した区別ができないので,合衆国憲法は好みや様式の問題のほとんどを個人に留保している」[22]と判示している。こうした明言の結果,憲法上は「修正第1条の保護下にある自由に『十分な息つぎの場』を与えるために,侮辱的な言論や激怒に満ちた言論にも寛容であらねばならない」[23]となる。

　合衆国最高裁判所判決の最も古典的な定言の1つになっているが,言論の自由への献身は,「激烈で辛らつな,ときには不愉快なほどに厳しい攻撃も含む」ような討論,「禁じられない,力強い,広く開かれた」討論を予期している[24]。ここには,「修正第1条は何にもまして,メッセージ,思想,主題,内容を理由に,表現を制限する権限を政府に授けていない」[25]との概念が組み込まれている。この概念の重要性は,「私たちに同意する人への思想の自由ではなく,私たちが憎む思想への自由」[26]を保護することにある。この概念は次のように展開する。「思想を受け取る権利は,受取り人が己の言論,出版,政治的自由という権利を有意義に行使するについて,必要な条件である」[27]。したがって話し手の権利の保護に加えて,「修正第1条は情報を受け取るという国民の利益を保護している」[28]。

4節　言論の自由への例外

　とはいうものの,言論の自由は絶対ではない――すなわち表明されたすべて

の思想や言葉が合衆国憲法の保護下にあるというわけではない。憲法の「保護下にない」狭い範疇の言論には，猥褻，喧嘩言葉，名誉毀損がある。猥褻とはハードコアの性行為を示す非常に狭い範疇のもので，激しい情欲を刺激しがちなものをいう。法律用語としての猥褻については後の章で少々詳しく説明するが，裸体，ポルノグラフィー，下品と同義ではない。もっともチャイルドポルノは猥褻と結びついた概念である。

次に言論の自由の例外である喧嘩言葉とは，「単に言葉を発するだけで侮辱となったり，ただちに治安妨害を引き起こしがちな」[29]語をいう。そうした言葉は，相手の面前で直接的に個人的侮辱として発せられるとともに，ただちに肉体的暴力といった反応を生じるように計算されたもの，あるいはそうした反応が生じる可能性が高いものでなくてはならない[30]。合衆国最高裁判所は1942年に「喧嘩言葉」の法理を提出して以来，修正第1条の保護下にない「喧嘩言葉」に入る特定の語や表現行為を定めたことはない。こうした理由で，一般的に喧嘩言葉の法理は実態のない概念と考えられている。もっとも暴力の誘発行為は，合衆国憲法の言論の自由の保護下にない言論と範疇としては類似している。

憲法の保護下にない最後の言論は名誉毀損で，名誉を傷つけるコミュニケーションをいう。そうしたコミュニケーションは，当人の評判，コミュニティでの地位，あるいは他者との交際関係を破壊してしまう。いわれのない非難により当人に経済的損失が生じたことを理由に，裁判所は中傷された個人への金銭補償で損害を塡補させることができる。対照的に真実ではあるが傷つける非難の場合は，相手は同じような損害を受けないし，訴訟にはなりえない。

政府の活動への公的批判が抑制を受けることのないように，合衆国最高裁判所は公務員が相手の場合には異なる名誉毀損の基準の適用を認めてきた。政府の活動と方針に異議を唱える権利は，民主的な共和制の中核にある。したがって合衆国最高裁判所は次のように述べている。「公の行為の批判者にたいしてすべての事実の主張に真実性の保障を強いる規則——そして保障ができないと実際上は無数ともいえる名誉毀損の罰を受ける規則——は，……自己検閲を導

く」[31]。その結果，合衆国最高裁判所が名誉毀損を主張する公務員にたいして求めたのは，当の発言者が虚偽の発言であると知っていたこと，あるいは，明らかに発言の真偽に無頓着であると知っていたことの立証である。こうした目的のため，口頭での名誉毀損の「発行者」(publisher) は発話者であり，一般にス・レ・ン・ダ・ー・と呼ばれる。

　公務員と類似の基準が公的人物にもあてはまる。合衆国最高裁判所の理由づけによれば，公的人物はニュース性が高いがゆえにマスメディアへのアクセスが容易で，自分の見解や活動への批判に反駁できるからである[32]。とはいえ政府の資金を得ているとか，新聞に名前が掲載されたことが，必ずしもその人物を公的人物にするわけではない[33]。最後に，社会的関心が高い事柄は，名誉毀損との非難について修正第1条の保護を高める[34]。

5節　特別な言論の範疇

　同じように特別な扱いを受ける言論の形態がある。例えば営利的言論は修正第1条の保護を受けるが，他の形態の言論に比べて保護の度合いは若干少ない。それは政府による商業の規制と消費者保護の取り組みを許すためである。営利的言論は，宣伝や勧誘といった「営利的取引を提示する」メッセージだけからなる[35]。合衆国最高裁判所の先例によれば，営利的言論が憲法の保護を受けるには，合法的な活動，受け手を惑わすようなものでない言論でなければならない[36]。一方，非営利的言論は，たとえ不法活動の唱導，真実についての誇張や誤りがあっても，修正第1条の保護を受ける[37]。

　政府は営利的言論に正当な権限を行使できる。そうした規制は政府の重要な利益を促進せねばならないが，政府の利益を直接的に促進すると同時に，言論規制は利益の促進に必要最低限でなくてはならない[38]。営利的言論と非営利的言論が「分かちがたく結びついている」場合，そのコミュニケーションは全体として非営利的言論に入り，修正第1条の完全な保護を受ける[39]。

　修正第1条の上で，チャイルドポルノはいま1つの特別な範疇に属する。合衆国最高裁判所によれば，性的に思わせぶりな姿勢を取っていたり，性行為を

している子どもの画像を禁止できるのは、子どもをポルノグラフィーの対象物として搾取する営利事業を行うことを防止するという利益が存在するからである[40]。合衆国最高裁判所は、家のなかで猥褻資料を私的、非営利的に所有することを禁じてはいない。しかしながら、チャイルドポルノ作成のために子どもを虐待することを防ぐため、チャイルドポルノの私的所有に刑事罰の適用を認めている[41]。

さらに独立した範疇があり、それは「未成年者に有害」とみなされる資料からなる。「未成年者に有害」は猥褻の下位分類で、子どもに準拠して資料への規制の是非を決定する。したがって伝統的な猥褻の定義を修正して、その資料が子どもの好色的興味に訴える、子どもにとって明らかに不快である、ほとんど成人に近い未成年者も含めて、いかなる子どもにとっても社会的、文学的、科学的、政治的な価値を欠くといったことを決定することになる。

いくつかの形態の言論は、修正第1条の保護領域にない。しかし合衆国最高裁判所によれば、修正第1条の保護下にあるか否かにかかわらず、言論の規制には適正手続が手続的保障として要求される。したがって検閲者は、当の資料が保護下にないことを証明するために、時機にかなった司法手続を踏む義務を持つ。もし法廷での決定のために係争中で、当の資料を提供できないとする。この場合、資料の一時的な撤退が短期間であること、および、検閲的行為の司法審査が迅速に進んでいる間の利用は現状維持を限度とすることが、修正第1条により要求される[42]。

6節　言論規制への憲法上のテスト

修正第1条の保護の中核に位置する言論——したがって文句なく「保護下にある」範疇の言論——でさえも、政府の規制を完全に免がれるわけではない。規制が合憲か否かの決定に際して、裁判所は一般的にいわゆる「厳格審査」のテストを用いる。政府による言論への干渉は多種多様で、厳しい検閲や禁止から、問題となる言論の伝達を遅らせるといったことまである。また望ましいやり方で話させるために負荷や障害を設けたりする。すなわち、話し手の身元確

認,特別な許可証の発行,権利を行使する前に料金を徴収するといったことである。しかし厳格審査に合格するには,やむにやまれない利益の増進のためであって,この明確な利益の促進のために最も制限的でない手段を選んでいることを政府は立証しなくてはならない[43]。これは非常に厳しいテストで,容易には充足できない。その結果,多くの規制の試みが憲法のテストに合格していない。

厳格審査の適用に関する好例として,合衆国最高裁判所によるセイブル・コミュニケーションズ対連邦通信委員会事件判決[44]がある。1988年に連邦議会は,「ダイアルポルノ」,要するに下品な営利的電話メッセージの州際通信を禁じる法律を採択した。しかし合衆国最高裁判所は同法を無効にした。同法は猥褻でない言論を標的にしているので,憲法の保護下にある言論,すなわち成人のアクセス禁止が原則としてできない言論に適用される基準,要するに厳格な基準の下で審査されねばならなかった。連邦議会での法の提案者は,未成年者の福祉の保護手段として同法を正当化した。しかし合衆国最高裁判所は,未成年者の福祉の保護がやむにやまれない利益か否かを取り上げなかった。同法を無効にしたのは,正当な目的を達成するについて,最も制限的でない手段を用いていないからであった。

最も制限的でない手段という条件は,政府は「修正第1条の自由を不必要に妨げてはならず,[政府のやむにやまれない]利益に役立つ狭く設定された規制」[45]だけを用いねばならないというのと同義である。規制の土台をなす同じ目的を達成するために,より制限的でない手段があれば,たとえ政府の主張する利益が完全には達成されないとしても,より制限的でない他の手段を利用せねばならない。例えば合衆国最高裁判所はダイアルポルノ事件判決[セイブル事件判決]で十分に機能する他の手段として,クレジットカードの提示や,顧客がメッセージを解読するために利用者番号を受け取るといった方式を指摘した。こうした措置で成人の権利を保持しつつ,子どものアクセスを大いに制限できるとしたのである。たしかに子どものアクセスを完全には禁止できず,新しい方法をみつけてポルノ的な電話メッセージにアクセスする子どももいよう。し

かし合衆国最高裁判所の分析によれば，そのことは重要ではない。成人の権利[への侵害]という心配が，子どものアクセスの問題へのいっそう完全な解決策よりも優越したのである。

　憲法によって十分に保護されている言論を不当に制限しているか否かを調べる際，合衆国最高裁判所は問題となる法が同種の言論を内容や見解に依拠して差別しているか否か検討する。「内容中立」の規制とは，表現の主題や見解に関わらず，すべての言論に等しく適用する規制をいう。内容中立が重要なのは，「修正第1条は，政府が特定の観点や思想をひいきにするようなやり方で，言論を規制することを禁じている」[46]からである。政府が内容中立の規制という義務に違反したか否かを決める1つの重要なテストは，「[規制された表現が－原書－]伝えようとしたメッセージに，政府が不賛成という理由で，言論の規制を用いたのか否か」[47]である。

　内容差別的な規制は非常に重大な規制であると受け取られている。したがって内容に依拠する規制は厳格審査に服する。合衆国最高裁判所が述べるように，「修正第1条は何にもまして，メッセージ，思想，主題，内容を理由に，表現を制限する権限を政府に授けていない」[48]。合衆国最高裁判所はこの引用の典拠となる事件で，当該学校の労働問題にまつわるとき以外は，学校周辺での静かなピケを禁じる市条例を憲法違反とした。この条例は被雇用者の権利を配慮してはいたが，それでも内容に依拠する差別なのである。教育委員会が賃上げを据え置く決定をしたとき，教師はプラカードを持って抗議できる。しかし生徒や親がカリキュラムをはじめとして方針に反対しても，プラカードで抗議できない。こうした公平性の欠如は，条例全体を無効にするのに十分であった。

　同じように，のちになって合衆国最高裁判所は，連邦議会の制定した公共テレビ放送で論説を禁止する法律を，内容による差別として無効にした。連邦議会は禁止の理由として，政府補助金を得ている放送業者による論説意見は，住民にたいしてある種の見解に肩入れすることになりかねないとした。しかし合衆国最高裁判所は，「『修正第1条は内容に依拠する規制を嫌悪しており，このことは特定の見解への制限のみならず，トピック全体の禁止』」，この場合は論

説意見にもあてはまると判示した[49]。

7節　許される言論規則

　一般的に政府が実行できる規制の形態の1つとして、「時間，場所，態様」での制限がある。この種の政府の権限は，自由な言論がとりとめもない騒音になるのを防止し，政府が「交通巡査」の役割を果たすことを許す。要するに実質的には自由を制限するのではなく，奨励する。規制によって，人は他の話し手にかき消されることなく話すことができる。これは全員が聞けるように，教師が生徒に一度に1人ずつ話すよう求めるのと同じである。この権限の下で，例えば交通を混乱させる行進は，1日につき1回，そして1つのグループに制限できる。放送事業者には特定の周波数の専有使用権を付与する。ある種の事業，病院，学校の地域——それに夜間の住宅地域——には，特別に静けさが必要である。この静けさを維持するために，一定の音量以上の言論活動を禁止できる。

　これらはメッセージを伝える時間，場所，手段での制限である。裁判所は時間，場所，態様での規制について，「内容中立で，政府の重大な利益［必ずしもやむにやまれない利益とは限らない－原書－］に役立つように狭く設定され，さらにコミュニケーションのための代替手段が十分に開かれている」[50]場合に限り認めるだろう。また制限された言論のために，代替となる十分な時間，場所，態様での表現を許さなくてはならない。

　［内務省］国立公園部の規則は，ワシントン・D.C.の公園の深夜使用を禁じていた。1984年に合衆国最高裁判所は，この規制を時間，場所，態様に関する適切な権限の使用と判断した[51]。抗議グループは貧しい人やホームレスの窮状を訴えるために，ホストハウス前のラファイエット公園に「テント村」を設けようとしたのである。最高裁判所判決によれば，規制はあらゆる主題や見解に公平に適用されているとともに，昼間に同公園で抗議するという十分な代替手段が用意されているとした。

　時間，場所，態様での規制が有効であるための肝要な要件は，制限の実施に

際して，公務員に止めどのない裁量権を持たせないことである。諸判決はこうした裁量権に濫用の可能性を認めている。公務員が人気ある話し手をひいきにし，政府やコミュニティの嫌う話し手には制限を厳格に実施するということは，容易に生じうる[52]。とはいえ判決はすべての裁量権を公務員から奪ってはいない。裁量権の違憲な適用と判断されるには，「表現内容や表現にまつわる行為と，検閲の明白な危険性という現実的かつ実質的な脅威との間に，十分な関連性」[53]がなくてはならない。

　同じように，政府はいわゆる「副次的効果」を規制できるが，これは規制の真の目的が言論自体の抑圧でない限りにおいてである。副次的効果による制限の対象は，政府がすでに規制権限を持つ活動でなければならず，その言論が「特定の種類の言論にたまたま関係してはいる［が－原書－］，当の言論の内容とは無関係なもの」に適用できる[54]。

　例えば公開の場所での裸体を違法とするインディアナ州法を，ヌードダンスを呼び物にしたいとするバーへ適用することは合憲とされた。合衆国最高裁判所によると，州は当のバーの周辺に犯罪や犯罪的な行動の誘発を防ぐという，正当な目的を持っていた[55]。合衆国最高裁判所は，ヌードダンスを「エロティシズムとセクシュアリティ」を伝える表現形態の1つと認めつつも，裸体の違法性を取り去るために最小限の一片の布を着用させることは，「メッセージの写実性を若干低めるにすぎない」[56]と判断したのである。合衆国最高裁判所は，ヌードダンサーにこのようなバタフライやスパンコールを強制することが，周辺の犯罪行為の抑止に有効か否かは検討せず，犯罪行為を誘発するとの州の主張を，額面通りに採用したのである。この判決では，副次的効果を理由とする規制は，表現活動そのものを禁止するのではなく，望ましくない影響を減じるという目的に用いうることを示している。そうした場合，当の規制が政府の主張する利益を増進しているか否かについて，裁判所が立法府をあとから批判することはない。

8節　パブリック・フォーラムの法理

パブリック・フォーラムの法理は，公立図書館といった政府財産における表現活動を支配している。この法理の下では，伝統的パブリック・フォーラム，制限的パブリック・フォーラム，それに非パブリック・フォーラムという3種のフォーラムが認められている。パブリック・フォーラムについての現在の主導的判決はペリー教育組合対ペリー地方教職員組合事件判決で，合衆国最高裁判所はこの法理を次のように説明している。

> 長い伝統や政府の命令で集会や討論に捧げられてきた場では，表現活動を制限する政府の権利は著しく制限される。一方の極には街路や公園がある。「街路や公園は記憶にないほど古い昔から住民の使用に委ねられ，かつ大昔から集会，市民の思想伝達，公共問題の議論といった目的に使われてきた」。こうした本質的なパブリック・フォーラムの場合，政府はいかなる伝達的な活動をも禁止できない。……

> 第2の範疇の公有財産は，州が表現活動の場として，住民の使用に公開したものである。……州はそうした施設について，永久に公開の性格を保持する必要はない。しかし公開の性格を保持している限り，伝統的パブリック・フォーラムと同じ基準に縛られる。……

> 住民のコミュニケーションのための伝統的でも制限的でもない公有財産には異なる基準が用いられる。……伝達的か否かに関わらず，州は言論の規制が合理的で，単に公務員が話し手の見解に反対するとの理由だけで，表現の抑圧を試みない限り，［こうした公有財産を］所定の目的のために留保できる[57]。

伝統的パブリック・フォーラムの例としては，話し手が演台にのぼり，交通妨害なしに政治的見解を表明できる街角がある。またグループが立法に抗議するためにプラカードなどでピケをはる州議事堂前の広場がある。制限的パブリック・フォーラムの例として，一般の利用に貸し出される市民会館がある。政府は気に入らない見解を持つグループだとか，反社会的な催し物といった理由

では，会館の利用を拒否する権限を持たない。制限的パブリック・フォーラムは物理的な場所である必要はない。

合衆国最高裁判所は最近の判決で，州立大学が学生の課外活動に資金を出しているとき，大学は制限的パブリック・フォーラムを創出したと判示した。したがって，キリスト教の観点から学生生活の問題を検討する学生新聞に，資金の提供を拒否できないというのである。学生新聞への資金提供を拒否した理由は，憲法の規定する宗教的中立に違反するという点にあった。合衆国最高裁判所は，この考えを見解による差別と判断したのである。このプログラムの資金を用いる刊行物の場合，特定の宗教的観点から宗教について書くと明言している場合は資金を差し控えられるが，それ以外は宗教について自由に書いてよかった。合衆国最高裁判所によると，キリスト教新聞は他の学生新聞と同じように，学生活動費を受け取る資格がある[58]。

伝統的パブリック・フォーラム，制限的パブリック・フォーラムのいずれにしても，政府の言論規制は以下の2つの場合に限る。(1)州のやむにやまれない利益を達成するために，狭く設定された規制を用いる。あるいは(2)必ずしもやむにやまれない利益ではなくとも，州の重大利益を達成するために，内容中立の時間，場所，態様での規制を用いる。この規制は狭く設定するとともに，コミュニケーションのための代替手段を十分に開いておく[59]。

非パブリック・フォーラムの1つの例は刑務所である。学生の公民権活動家が刑務所内での人種隔離に抗議して，フロリダ州の刑務所で座り込みをした。学生は修正第1条の権利を主張したのだが，1966年に合衆国最高裁判所はこの事件を審理している。そして伝統的パブリック・フォーラムや制限的パブリック・フォーラムとは異なり，刑務所の目的は言論ではなく，警備にあるとした[60]。同じような理由づけは，政治的な抗議行動を禁じる軍用基地にも用いられた[61]。

以上のことは，非パブリック・フォーラムがまったく修正第1条の定めから解放されていることを意味しない。しかし，政府は見解中立の制限を当のフォーラムに適した表現活動に課せることを意味している。例えば，郵便箱は多種

多様なコミュニケーションの伝達手段である。しかしながら有効な切手の貼付がない「郵便物」(mailable matter) を，非パブリック・フォーラムの1つの形態である指定 (designated) 郵便箱に置くことを禁止しても，修正第1条上の問題を提起しない[62]。ペリー事件の場合，対立する教員組合が学内便と郵便箱の利用を求めた。一方の既存の組合は団体交渉によって，組合活動との関わりで学内便と郵便箱の排他的使用を得ていた。合衆国最高裁判所は，対立する組合への制限は見解による差別ではないと判断した。すなわち単なる地位による相違で，これは許容できるのである。

公立図書館は図書館の存在目的に照らして，制限的パブリック・フォーラムと考えられている[63]。そのため，図書や利用者が図書館における既定の内容中立規則に反していないのであれば，図書館は，表現された思想内容を理由に配架に適した本を差別したり，施設の利用にふさわしい利用者を差別したりできない。

この原則は，女性宗教グループの図書館集会室利用に適用された。このグループは，海軍徴兵隊，水泳クラブ，連邦退職職員の団体，退役軍人グループと同じように，集会室の利用を求めたのである。連邦地方裁判所によると，同館は集会室をパブリック・フォーラムとして創出したので，宗教的，政治的な内容を理由に利用を制限できないのである[64]。宗教的，政治的グループを排除するとの図書館の方針は，論争を回避するためであった。図書館の方針を無効とする判決は，こうしたグループの排除を内容や見解に依拠する差別と把握した。さらに判決は，修正第1条は論争を回避しないと確認した。

9節　曖昧さと過度の広範性

曖昧さと過度の広範性という2つのテストも，修正第1条の問題の評価に重要である。「法律は普通の判断力の人にたいして，禁止の内容を知る合理的な機会を提供する。そのことで人は法律に従って行動できる」[65]というのが，基本的な法原則である。法律が言論の自由の権利を侵害するとき，裁判所は曖昧性という厳格なテストを用いる[66]。こうした厳しいテストの背後には，修正第

1条の「自由は社会にとってかけがえのないものであるが，同時に微妙にして傷つきやすい」との認識がある。「制裁の恐怖は，あたかも実際に制裁が適用されるのと同じ程度に，自由の行使を抑止する。修正第1条の自由が生き残るには息つぎの場が必要なので，政府は狭く特定した領域においてだけ規制できる」[67]。

　政府が有効な言論規制をするには，法律や規制自体が「運用者に明確な基準を提供せねばならない。許されないことだが，曖昧な法律は基本的な方針の問題の解決を警察官，裁判官，陪審に委ねる。そこではその時どきに主観的な基準で判断され，恣意的にして差別的な適用という危険性が付随する」[68]。俎上に上っている法律が「包含と排除を選別する明確な基準」[69]を持つことが，明白でなくてはならない。明確な基準を欠いているとき，その法は違憲にも言論への萎縮効果を生じがちで，話し手は境界が明確な場合と比較して「不法な領域を拡大解釈」する[70]。そして人びとの言論を「問題なく安全な言論」[71]に押し込める結果となる。

　例えば数年前にミズーリ州とテネシー州は，未成年者に「暴力的な」ヴィデオテープの配布を禁じる法律を採択した。これは若者を暴力に向かわせる影響を防止するためであった。両州法とも憲法違反とされたが，それは同法の対象とする言論を定義づけるにあたり，暴力という語がまったく曖昧であったからである[72]。両判決とも，合衆国最高裁判所が1948年に下したウィンターズ対ニューヨーク事件に依拠していた。ミズーリ州法とテネシー州法は，このニューヨーク州法と類似していた。ウィンターズ事件判決は，「主に……犯罪行為の説明，流血，情欲，犯罪の写真や物語で構成される」[73]刊行物の未成年者への配布禁止を違憲とした。この種の法が直面する難問として，聖書，歴史的ドキュメンタリー，ニュース，古典文学といった多様な資料をおおってしまうということがあろう。事実，ある研究者は，最古から現在までの世界の文学のうち，80パーセントが悪や暴力を中心にすると評している。刊行物やヴィデオテープが立法府の心配する類の暴力を含んでいるか，あるいは合法的に未成年者に配布できるかの決定を，配布者に求めるのは行きすぎである。

過度の広範性は曖昧性と関連するテストである。他の点は正当な規制が，合法的には制限しえない言論に影響することをいう。エルツノツニック対ジャクソンヴィル市事件で問題になったのは，ドライヴイン・シアターで上映する映画での裸体を禁じる市条例であった[74]。この条例は子どもを不適な映画から保護するために採択されたのだが，すべての裸体を本質的に有害と扱っていた。合衆国最高裁判所はこうした飛躍を嫌い，「赤ん坊のお尻，戦争犠牲者の裸の死体，裸体が生来の文化である光景」[75]といった明らかに無害な裸体の形態があると指摘した。この害のない憲法の保護下にある言論をも禁止することで，同条例は致命的に過度に広範で，憲法違反であるとされた。

10節　図書館の脈絡

こうした修正第１条の原則は，ただちに公立図書館に適用できる。重要なことは，図書館は蔵書の選択と除去について中立的規準を設けねばならないという点である。公立図書館は決定の基盤を，政治的，イデオロギー的な配慮や，表明された見解の是非に置いてはならない。それに子どもの福祉という関心から，子どもに不適な資料への成人のアクセスを制限したり否定してはならない。

1992年に（ペンシルヴァニア，ニュージャージー，デラウェアを管轄する）第３巡回区連邦上訴裁判所は，公立図書館を伝統的パブリック・フォーラムではなく，制限的パブリック・フォーラムと位置づけた[76]。この判決は他の管轄区にも影響すると思われる。判決の土台になったのは，モリスタウン公立図書館が住民による「文字コミュニケーション」[77]の最大限の利用のために設置されたという点である。それでも判決は，制限的パブリック・フォーラムとしての同館の義務は，「モリスタウン公立図書館の性格と軌を一にし，同館をパブリック・フォーラムと指定する政府の意図に合致する住民の権利だけを許し，他の活動に寛容である必要はない」[78]とした。

図書館主催ではない催しのために住民に施設を提供する場合，修正第１条は公平な扱いを求めている。修正第１条の「国教禁止条項」に違反せずに，宗教グループは制限的パブリック・フォーラムを宗教的儀式や祈りに使えるであろ

うか。この点について合衆国最高裁判所は結論を下しておらず,問題として残っている。そうではあるが他のコミュニティ・グループと明らかに同じような活動に従事している場合,宗教的な価値を動機とするグループにフォーラムへのアクセスを否定できない[79]。

11節　結論

　社会が圧倒的に嫌悪する内容を説く言論がある。またある人びとを不愉快にさせる言論もある。歴史の教訓によると,検閲は何ら長期的な利益をもたらさない。一方,我々の責任は,悪い傾向をもたらすと思われる言論にたいして,対抗的な言論を配することにある。すなわち悪性の唱導と議論し,よりよい道を提示する言論である。この理由がために,修正第1条は我々の表現の選択に驚くほど広い自由を授けている。合衆国最高裁判所によれば,このことによってのみ,我々は「究極的にいっそう有能な市民,いっそう完全な政治形態を創り出すことができる」[80]。

　図書館は修正第1条が定める多くの目的の貯蔵庫である。言論が論争になることも,図書館が論争に巻き込まれることも回避できない。肝要なのは,図書館が知的自由の管理人であることを認識し,図書館が提供する図書,資料,アクセスへ厳しい批判が出されても,こうした自由を常に用心して守ることである。

注
1. *Thomas* v. *Collins,* 323 U.S. 516, 545 (1945) (Jackson, J., concurring).
2. *Home Box Office, Inc.* v. *FCC,* 567 F.2d 9, 47 (D.C. Cir. 1977) (citations omitted).
3. *United States* v. *Associated Press,* 52 F.Supp. 362, 372 (S.D. N.Y. 1943) (Hand, L., J.), aff'd, 326 U.S. 1 (1945).
4. *Bose Corp.* v. *Consumers Union,* 466 U.S. 485, 503 (1984).
5. *Roth* v. *United States,* 354 U.S. 476, 484 (1957).
6. *Palko* v. *Connecticut,* 302 U.S. 319, 327 (1937).
7. *Kovacs* v. *Cooper,* 336 U.S. 77, 95 (1949) (Frankfurter, J., concurring).
8. *Terminello* v. *Chicago,* 337 U.S. 1, 4 (1949).
9. *Mills* v. *Alabama,* 384 U.S. 214, 219 (1966).

10. *Lehman* v. *City of Shaker Heights*, 418 U.S. 298, 319 (1974) (Brennan, J., dissenting).
11. *Schad* v. *Borough of Mount Ephraim*, 452 U.S. 61, 65 (1985) (citations omitted).
12. *Winters* v. *New York*, 333 U.S. 507, 510 (1948).
13. *Abrams* v. *United States*, 250 U.S. 616, 630 (1919) (Holmes, J., dissenting).
14. *Id.*
15. *Whitney* v. *California*, 274 U.S. 357, 375-76 (1927) (Brandeis, J., concurring).
16. *Gitlow* v. *New York*, 268 U.S. 652 (1925).
17. *Id.* at 666.
18. *Robins* v. *Pruneyard Shopping Center*, 592 P.2d 341 (1979), *aff'd sub nom. Pruneyard Shopping Center* v. *Robins*, 447 U.S. 74 (1980); *Lloyd* v. *Tanner*, 407 U.S. 551 (1972).
19. *State* v. *Henry*, 302 Or. 510, 732 P.2d 9 (1987).
20. *State* v. *Kam*, 748 P.2d 377 (Ha. 1988).
21. *Street* v. *New York*, 394 U.S. 576, 592 (1969).
22. *Cohen* v. *California*, 403 U.S. 15, 25 (1971).
23. *Boos* v. *Barry*, 485 U.S. 312, 322 (1988) (citation omitted).
24. *New York Times* v. *Sullivan*, 376 U.S. 254, 270 (1964).
25. *Police Department* v. *Mosley*, 408 U.S. 92, 95 (1972).
26. *United States* v. *Schwimmer*, 279 U.S. 644, 655 (1929) (Holmes, J., dissenting).
27. *Island Trees Union Free School District No.26* v. *Pico*, 457 U.S. 853, 867 (1982) (plurality op.).
28. *Pacific Gas & Electric* v. *Public Utilities Comm'n*, 475 U.S. 1, 8 (1986).
29. *Chaplinsky* v. *New Hampshire*, 315 U.S. 568, 572 (1942).
30. *See Gooding* v. *Wilson*, 405 U.S. 518, 528 (1972).
31. *New York Times* v. *Sullivan*, 376 U.S. 254, 279 (1964).
32. *Curtis Publishing Co.* v. *Butts*, 388 U.S. 130 (1966); *Gertz* v. *Robert Welch, Inc.*, 418 U.S. 323 (1974).
33. *Hutchinson* v. *Proxmire*, 443 U.S. 111 (1979); *Wolston* v. *Reader's Digest Ass'n*, 443 U.S. 157 (1979).
34. *Dun & Bradstreet* v. *Greenmoss Builders, Inc.*, 472 U.S. 749 (1985) (plurality op.).
35. *Virginia Pharmacy Board* v. *Virginia Citizens Consumer Council, Inc.*, 425 U.S. 748, 762 (1976).
36. *Central Hudson Gas & Electric Corp.* v. *Public Service Commission*, 447 U.S. 557, 566 (1980).
37. *Brandenburg* v. *Ohio*, 395 U.S. 447 (1969); *New York Times* v. *Sullivan*, 376 U.S. 254, 271-72 (1964) (quoting *NAACP* v. *Button*, 371 U.S. 415, 433 (1963) (「自由な討論は誤った発言を必然的に伴う。もし表現の自由が『生き延びるのに必要』な『息つぎの空間』を有するとすれば、誤った発言も保護されなければならない」と判断している)).
38. *Board of Trustees of the State University of New York* v. *Fox*, 492 U.S. 469, 479 (1989).
39. *Riley* v. *National Federation of the Blind of North Carolina, Inc.* 487 U.S. 781, 796 (1988).

第2章 修正第1条の基本原則と図書館への適用　47

40. *See New York* v. *Ferber*, 458 U.S. 747 (1982).
41. *Compare Stanley* v. *Georgia*, 394 U.S. 557 (1969) with *Osborne* v. *Ohio*, 495 U.S. 103 (1990).
42. *Southeastern Promotions, Ltd.* v. *Conrad*, 420 U.S. 546, 560 (1975).
43. *Sable Communications* v. *FCC*, 492 U.S. 115, 126 (1989).
44. *Id.*
45. *Schaumburg* v. *Citizens for a Better Environment*, 444 U.S. 620, 637 (1980).
46. *City Council of Los Angeles* v. *Taxpayers for Vincent*, 466 U.S. 789, 804 (1984).
47. *Ward* v. *Rock Against Racism*, 491 U.S. 781, 791 (1989).
48. *Police Department* v. *Mosley*, 408 U.S. 92, 95 (1972).
49. *FCC* v. *League of Women Voters*, 468 U.S. 364, 384 (1984) (quoting *Consolidated Edison Co.* v. *Public Service Comm'n*, 447 U.S. 530, 537 (1980)).
50. *United States* v. *Grace*, 461 U.S. 171, 177 (1983) (citation omitted).
51. *Clark* v. *Community for Creative Non-Violence*, 468 U.S. 288 (1984).
52. *See, e.g., Saia* v. *New York*, 334 U.S. 558 (1948).
53. *Lakewood* v. *Plain Dealer*, 486 U.S. 750, 759 (1988).
54. *Boos* v. *Barry*, 485 U.S. 312, 320 (1988).
55. *Barnes* v. *Glen Theatre, Inc.*, 501 U.S. 560 (1991).
56. *Id.* at 571.
57. *Perry Educational Ass'n* v. *Perry Local Educators' Ass'n*, 460 U.S. 37, 45-46 (1983) (citations omitted).
58. *Rosenberger* v. *University of Virginia*, 515 U.S. 819 (1995).
59. *Perry Educational Ass'n* v. *Perry Local Educators' Ass'n*, 460 U.S. 37, 45 (1983).
60. *Adderley* v. *Florida*, 385 U.S. 39 (1966).
61. *Greer* v. *Spock*, 424 U.S. 828 (1976).
62. *U.S. Postal Service* v. *Council of Greenburgh Civic Ass'n*, 453 U.S. 114, *appeal dismissed*, 453 U.S. 917 (1981).
63. *Kreimer* v. *Bureau of Police*, 958 F.2d 1242 (3d Cir. 1992).
64. *Concerned Women for America* v. *Lafayette County*, 883 F.2d 32 (5th Cir. 1989).
65. *Grayned* v. *City of Rockford*, 408 U.S. 104, 108 (1972).
66. *Village of Hoffman Estates* v. *Flipside, Hoffman Estates, Inc.*, 455 U.S. 489, 499 (1982).
67. *NAACP* v. *Button*, 371 U.S. 415, 433 (1963) (citations omitted).
68. *Grayned* v. *City of Rockford*, 408 U.S. 104, 108-09 (1972).
69. *Smith* v. *Goguen*, 415 U.S. 566, 578 (1974).
70. *Id.*
71. *Baggett* v. *Bullitt*, 377 U.S. 360, 372 (1964).
72. *Video Software Dealers Ass'n* v. *Webster*, 968 F.2d 684 (8th Cir. 1992); *Davis-Kidd Booksellers, Inc.* v. *McWherter*, 866 S.W.2d 520 (Tenn. 1993).
73. *Winters* v. *New York*, 333 U.S. 507 (1948).
74. *Erznoznik* v. *City of Jacksonville*, 422 U.S. 205 (1975).

75. *Id.* at 213.
76. *Kreimer* v. *Bureau of Police,* 958 F.2d 1242 (3d Cir. 1992).
77. *Id.* at 1259.
78. *Id.* at 1262.
79. *See Concerned Women for America* v. *Lafayette County,* 883 F.2d 32 (5th Cir. 1989); *see also Lamb's Chapel* v. *Center Moriches Union Free School Dist.,* 508 U.S. 384 (1993).
80. *Cohen* v. *California,* 403 U.S. 15, 24 (1969).

第3章

性についての難問

　合衆国最高裁判所は，「性は人間生活の大きな神秘的原動力であり，当然ながら時代を問わず人類の大きな関心事である。性は人間や社会が関心を持つ重要問題の1つである」[1]と認めている。古典文学，歌，芸術がふんだんに示すように，それにおそらく現代の伝達メディアの主要課題でもあるように，性は言論の自由の問題のなかで最大にして最も手強い問題である。そして図書館でも性的資料にまつわる論争が頻発している。

　性的表現が問題になる場合に最も頻繁に生じる誤解は，性についての全表現形態が法的に同等に扱われるという誤解である。普通の人は猥褻をポルノグラフィー，裸体，あるいは下品と同じに考えている。法律や裁判所は，これらの語を同一視していない——ここに多くの混乱の源がある。

　合衆国憲法の下では，猥褻はそれ自体が1つの範疇である。多種多様な性的表現形態で，猥褻だけが修正第1条の保護下にない。性的表現のうち「ハードコア」という特別の範疇を憲法の保護から外し，いっそう穏やかな，それでいて動揺させる形態を保護下においている。このあたりの一貫性のなさによって，合衆国最高裁判所は猥褻とその他の性的表現形式の境界線を識別するために，興味ある取り組みをしてきた。ジャコベリーズ対オハイオ事件で合衆国最高裁判所のポッター・スチュアート裁判官は，猥褻概念の定義づけを不可能と考えた[2]。続けて「私はそれを見ればわかる」[3]と書いたのだが，この記述をスチュアートは後に後悔している。と同時にこの文言は常に引用され，あたかも法規範のようになってしまった。しかしこの意見は多数意見ではなく同意意見なので，法規範にはなりえない。スチュアート裁判官は退官声明で，次のように後悔している。「私は数限りない文章を書き，また合衆国最高裁判所の法廷意見や個別意見を書こうと深夜まで励んできた。もし私が後世に残るとして，

『私はそれを見ればわかる』という語句のために記憶されるなら，少々残念である。私にすれば，この語句は不朽なものとはほど遠い」。この語句は憲法の保護下にある性的表現と猥褻な言論を分離する適切な方法には到底なりえない[4]。

　猥褻の適切な定義づけは，従来から法律で問題となっていた。国の創設期をみると，マサチューセッツだけが猥褻を禁止していた。その場合の猥褻とは，[神への]冒瀆や不敬を意味していた。『権利章典』が承認された1年後の1792年になると，14州のうち13州までが不敬と冒瀆を違法とする法を採択していた。

　しかしながら猥褻概念が神への不敬から性に移るのに長くかからなかった。そして猥褻は性的表現に限定してしっかりととどまっている。ときに人びとは，「猥褻」な金額と述べたり，ある種の異端を「猥褻」と考えたり，野蛮な行動を「猥褻」とみなしたりする。それでも法律用語としての猥褻は性的な活動や働きに限定されている。アメリカで刊行物が猥褻を理由に起訴されたのは，マサチューセッツ州が最初で1821年であった。それは『ファニーヒル』［吉田健一訳，河出書房新社，1997］の，みだらな挿し絵を問題にした[5]。我々は猥褻を画像として考え続けているが，合衆国最高裁判所は挿し絵のない本でも猥褻と判断できるとしてきた[6]。

　最初の連邦猥褻法の採択は1842年で，猥褻な絵の輸入を禁じていた。そうした絵は「フランス風」絵葉書きとして大量に輸入されていたのである。1868年に英国で生じたレジナ対ヒックリン事件判決はアメリカの猥褻事件に多大の影響を与えたが，そこでは猥褻を，その種の道徳的悪影響に心が無防備な者やそういった若者の道徳を堕落，腐敗させる傾向と定義していた。この定義は約1世紀にわたってアメリカ司法を支配した。その結果，以下のような有名な図書が没収されたり起訴されたりした。『女の平和』，『カンタベリ物語』［西脇順三郎訳，ちくま文庫，1987］，『ウォーレン夫人の職業』［市川又彦訳，岩波書店，1941］，『アメリカの悲劇』［大久保康雄訳，新潮社，1978］，『若きロニガン』［石川信夫訳，三笠書房，1955］，『サンクチュアリ』［大橋健三郎訳，冨山房，1992］，『神の小さな土地』［瀧口直太郎訳，新潮社，1955］，『チャタレー夫人の

恋人』[永峰勝男訳，彩流社，1999]。

　1933年の有名な判決で，連邦裁判所はジェイムズ・ジョイスの『ユリシーズ』[丸谷才一・永川玲二・高松雄一訳，集英社，1996]について，全体をとおして読めば猥褻でないと判示した[7]。この判決はそれまでの法からはっきり離脱している。それまでは，みだらな部分があると，そこがどれほど取るに足らない部分でも，またその部分がなければ立派に文学に寄与するものでも，腐敗させる猥褻と考えていたからである。1942年，「喧嘩言葉」をめぐるチャプリンスキー対ニューハンプシャー事件で，合衆国最高裁判所は初めて猥褻の問題に言及した。そして「みだらと猥褻」を，最高裁判所が考える「思想の表明にとって何ら重要でない部分」として両者を一括してとらえ，「真理にいたる段階としての社会的価値はほとんどないので，そこから得られるいかなる利益よりも秩序と道徳を求める社会的利益が明らかに優越する」[8]と判断した。後になって合衆国最高裁判所は下品と猥褻を等置した誤りを修正したのだが，図書館蔵書の除去を求めたり，図書館でのインターネット・アクセスの制限を願う人は，しばしば下品と猥褻を同一視している。

1節　猥褻の定義

　1957年のロス対合衆国事件で，合衆国最高裁判所は猥褻の定義に真っ正面から取り組んだ。すなわち興味本位ではない関心や芸術的な関心で性を扱う人の言論の自由を保ちつつ，余計なハードコア・ポルノを禁止し，起訴できるという中間的立場を見つけようとしたのである[9]。チャプリンスキー事件判決の場合，猥褻は「埋め合わせになるような社会的重要性をまったく欠いている」としていたが，最高裁判所はこの考えに同意した。そして猥褻を憲法の保護の枠外においたのである。合衆国最高裁判所によると，「好色的興味に訴えるように」性を扱う資料は，猥褻と考えられる[10]。問題になっている資料の執筆当初の目的が「情欲の思いを刺激する」のではない限り，人びとの内面から生まれる興味やその手がかりの探求は多分に人間性探求の試みであり，十分に修正第1条の保護下の範囲内に入る[11]。

法廷意見を記したウィリアム・ブレナン裁判官は，まもなく情欲と，情欲とは離れた芸術的ということとの間の自分が創り出した区別にジレンマを見つけた。そして「憲法の保護下にある表現は，……しばしば猥褻からぼんやりした不確かな境界線で分けられる」[12]と指摘している。ブレナンは自分自身が作成に関わった猥褻の法理をまもなく捨ててしまった。しかし彼の再検討後の見解が，過半数の支持を得ることはなかった[13]。

合衆国最高裁判所の過半数の裁判官がブレナンに賛成することはなかったが，最高裁判所は長年にわたって猥褻と単なるポルノグラフィーを分ける定義づけに苦闘してきた。視覚障害に陥った後のジョン・ハーラン裁判官も含めて，過半数の裁判官は埋め合わせになるような社会的価値を識別するために，猥褻と非難された映画を職務として見たのである。この時期，猥褻の定義が洗練され，すべてが開放化に向かう傾向にあった。ついに1973年になって，合衆国最高裁判所は今日も支配している定義を採択した。猥褻であるためには，陪審（あるいは陪審のない場合は裁判官）は，以下を決定しなくてはならない。

1．「平均人が，その時のコミュニティの基準に照らして」，その作品を全体としてみた場合に，好色的興味に訴えているか否か。
2．州法が［違法なものとして］明示的に定義しているような形で，性行為を明らかに不快な仕方で描写しているか否か。
3．その作品が，全体としてみて，真面目な文学的，芸術的，政治的，科学的な価値を欠いているか否か[14]。

これは扱われた事件を冠してミラーテストと呼ばれるが，この3つの要件をすべて満たした場合に，当の作品は猥褻と判断される。各要件ともに作品を全体としてみなければならない。これは20世紀初期に主流であった基準，要するに1つのみだらな文があれば作品全体への検閲を認めるのに十分であるとの基準を回避するためである。

「コミュニティの基準」というミラーテストの側面は，かなりの混乱を生んだ。修正第1条は，保守的なバイブルベルトの町とハリウッドで意味が変わるべきでない。もしそうなら同じ作品への憲法上の扱いが，裁判になった場所で

異なる結果になる。そうではあるがミラー事件で最高裁判所は，最高裁判所自体の例を示し，ニューヨークやラスヴェガスでは赤裸々な表現が大目にみられても，それがミシシッピーやメインでの基準を支配すべきではないとの立場を採用した[15]。

それでも，性的表現にたいするコミュニティによる制限の程度には，明らかに限界がある。そうでなければ禁欲的なコミュニティは，「腹部をあらわにした女性の描写」を不法な猥褻とすることができ，それはあきらかに修正第1条が許しうる範囲を超えている[16]。そして，ミラーテストの第1要件である好色という要素だけが，コミュニティの基準の強弱によって左右される[17]。合衆国最高裁判所の考えでは，この基準はコミュニティから選ばれた陪審により設定され，当のコミュニティで主流となる基準についての各自の全般的知識が適用される。陪審の決定にたいして，何らかの立法でコミュニティの基準を定義づけて干渉してはならない[18]。

一方，明らかに不快な性行為を定義するにあたり，立法府は支配的役割を果たす。そうした法律はかなり詳しい記述を必要とする。というのは境界線を越えるものを明示せねばならず，コミュニティの個人的な好みに決定を委ねられないからである。最後に第3要件である文学的，芸術的，政治的，科学的な価値の決定には，客観的な全国的基準を用いなくてはならない。その時どきのコミュニティの基準や立法上の命令の問題として扱ってはならない[19]。

新しいミラーテストの初期の適用例として，合衆国最高裁判所は批判を受けている映画『愛の狩人』［東北新社，1971］がジョージア州で猥褻に該当するか否かの判断を求められた。この映画は1971年にアメリカ映画協会によって制限的な扱いを示すRの格付けにされたが，多くの映画批評家は1971年の最優秀映画上位十傑に入れていた。この映画で女優アン・マーガレットはアカデミー賞の推薦候補になった。後にオスカー賞を受賞するジャック・ニコルソンが，マイク・ニコルズ［監督］の下で主演をつとめ，キャンディス・バーゲン，リタ・モレノ，それに歌手で俳優のアート・ガーファンクルが出演した。明らかに性的場面が多かったものの，この異端とはいえぬ映画は，ジョージア州の29の町

で何の問題もなく上演された。ただ同州オーガスタの陪審が猥褻と判断したのである。ジョージア州法は，人びとの前で「公の下品さ」を示す行為を描いている場合，そうした映画を猥褻としていた。そして州裁判所はこの州法によって映画を猥褻と判断した。同州法の下では，おとなしい寝室の場面を除いてすべて猥褻になる。

しかし合衆国最高裁判所はジョージア州の裁判所に同意しなかった。陪審の感受性に左右されない客観的な基準がまさに存在するとし，次のように判示した。「本映画の主題は広い意味で性にある。『究極的な性行為』を含めて，性行為をしていると理解しうる場面があるものの，そうした場面ではカメラは俳優の体に焦点を当てていない。こうした場面では，みだらか否かに関わらず，俳優の性器はまったく画面にでていない。時おり裸の場面もあるが，裸というだけではミラー判決が示す基準の下で法律的に猥褻にできない」[20]。

合衆国最高裁判所は映画『愛の狩人』を猥褻でないと結論した。というのは真面目な芸術作品であって，「『ハードコアといえる性行為自体を公然と描写すること，あるいはそのことによる営利を』目的」としていないからである。「本法廷は［以前に－原書－］そうした描写や営利なら罰することができる」と判断していた[21]。『愛の狩人』のヴィデオを貸出している図書館は，どのようなコミュニティの基準を用いようとも，この映画が猥褻でないことを知りえよう。この映画に関する合衆国最高裁判所の判断は，全国を拘束する。

猥褻は修正第1条の保護下にないと頻繁に指摘される。内容や見解での差別に反対するという全般的規則は，猥褻の規制や刑罰にも適用される。例えば法律や規制は，公務員を猥褻に描写することを禁じつつ，公務員以外を描写することを許すことはできない。なぜなら特定の政治的見解に肩入れする法を採択することになるためである[22]。また合衆国最高裁判所は，例えば個人の家で単に猥褻資料を私有するだけでは，犯罪にならないとも判断している[23]。しかし公立図書館や学校図書館で，猥褻資料を法的に正当化した例はない。資料が学術研究に利用される可能性があれば，それは重要な価値を有し，猥褻の範疇から外れる。

2節　性的表現を守る

　合衆国最高裁判所ははっきりと,「下品ではあるが猥褻ではない性的表現は, 修正第1条で保護される」[24]と述べており, この点の理解も重要である。この原則の例として, ヴェトナム戦争に抗議する男性が, ロサンゼルスの裁判所に入って逮捕された事件がある。この男性は「徴兵なんてくそくらえ」(Fuck the Draft) と書き込んだ上着を着用して, 治安妨害罪に問われた。合衆国最高裁判所は有罪判決をくつがえし, 不快を感じた人は容易に目をそむけることができるので,「許容できない程度にまで, 不快に感じた人の実質的なプライヴァシーの利益を侵害しているとはみなしがたい」[25]と判示した。ののしり言葉「徴兵なんてくそくらえ」は徴兵にたいする当人の政治的反対を強く訴えており, 明らかに何らかの社会的価値があるし, 政治的反対の形態としてこの表現を奪うことはできない。法廷意見は,「ある人にとっての野卑は, 他の人にとって叙情詩である」[26]と記入した。

　合衆国最高裁判所はさらに別の事件で, 単に娯楽を目的とするヌードダンスを扱い, そうしたダンスが伝えるエロティックなメッセージは修正第1条の枠内に入ると判断した[27]。単なる裸体や性的活動の描写は, 猥褻の基準に該当しない。

　合衆国憲法の猥褻の捉え方, それに猥褻を刑事犯罪とする連邦法にも関わらず, 異なる見解を取る州もある。1987年にオレゴン州最高裁判所は, 言論の自由の保護から猥褻を外すことは, 同州憲法下での表現の自由に理論的一貫性を欠き, 正当化できないと判断した。そのため人間のセクシュアリティの把握法や描写法についての見解を統一するために, 猥褻を罰するということをしていない[28]。それでも見たくない人, 捕われの聴衆, 未成年者, 苦悩する隣人の利益に限定的に焦点を当てる範囲であれば, 法律で猥褻を規制できるとしている。ハワイ州最高裁判所も, 州憲法を用いて猥褻に関する刑法を無効にした。その理由は, 猥褻資料の私的所有が刑事犯罪にならないのなら, 猥褻資料の購入を保護せねばならないというものであった[29]。さらに5つほどの州も, 反猥褻法

を持っていない。

3節　手続上の保護手段を保障する

　修正第1条は，刊行前に言論へのアクセスを抑制する試みを極度に嫌う。したがって合衆国最高裁判所は，資料を猥褻とみなす前に，実質的な手続上の保障手段を守らねばならないと認めている。ミラー事件判決で合衆国最高裁判所は，気まぐれなあるいは基準のない訴追への強力な保障手段なしに，「だれも猥褻資料の販売や露呈への訴追に服すことはない」と確認している[30]。適正手続の概念の下では，猥褻とされる資料への検閲権限を行使する人は，以下をせねばならない。

　　明確な既存の標準化された指針の下で，すみやかにヒアリングを行う。
　　当該資料が猥褻であるとの立証責任を負う。
　　調査によって当の資料を猥褻としたことの適法性を確認するために，裁判所に提訴する責任を負う。
　　当該資料の最終的処遇については，裁判所の判断に従う[31]。

　猥褻の疑いがあるとの理由で図書館自体が資料を除去する場合，既存の方針に従って猥褻の疑いを自ら検証する義務がある。そして実際に猥褻であると法廷で証明するために，提訴しなくてはならない。こうした保障手段により，不人気で個人的に不快な性的表現でも，猥褻の法的基準を満たさねば除去できないということを確実にしている。

4節　未成年者に有害との基準

　未成年者への猥褻資料の配付が問題となる場合，猥褻の基準は変化する。そこでミラーテストを援用し，成人ではなく未成年者に対応させて使用する[32]。従ってまず第1の要件は，当の資料が未成年者の好色的興味に訴えることを求める。第2の要件は，性行為が未成年者にとって明らかに不快な仕方で描写しているかについて，州法の明示を求める。この種の州法はしばしば「未成年者に有害」な法律と呼ばれるが，それは「未成年者に猥褻」と同義である。最後

の要件は，その作品が全体としてみて，未́成́年́者́にとって真面目な文学的，芸術的，政治的，科学的価値を欠いているか否かの評価である。未成年者にとっての価値とは，当の資料が「17歳の未成年者を含んで，平均的な未成年者」[33]に重要な価値があるか否かである。もし価値があれば，未成年者に有害との理由では制限できない。

　未成年者に提供する資料は成人より大きな制限に服する。この点の正当化は，子どもの心理的，情緒的な福祉の保護について，州はやむにやまれない利益を持つと認められている点にある。かりに未成年者と同じようなパターナリスティックな取り組みを州が成人に試みようとしても，このような，やむにやまれない利益は成人には存在しない。もし政府が成人の受け取るべき思想内容の決定権限を持つなら，修正第1条のすべての目的は形骸化する。

　しかし親が自分の子どもに不適とみなすことが，親に比べていっそう限定された州の権限を決定づけることはない。ある親が自分の子どもに『スーパー戦隊パワーレンジャー』を見たり読んだりさせることを拒んだとしても，当然ながら許す親もいるだろう。したがって理論上，最も制限的な考えをもつ親がなすアクセスの判断を，政府は強制することはできない。そうでなければ，制限的でない親の判断を無視することになる。そして，こうした制限的でない親がコミュニティの多数派かもしれないし，かりに投票によって過半数が賛成しても，その投票で政府の規制権限の範囲を設定することはできない。言́論́の́自́由́の́権́利́は́い́か́な́る́投́票́に́も́服́し́な́い́。こ́の́権́利́は́コ́ミ́ュ́ニ́テ́ィ́の́感́情́に́服́す́る́こ́と́は́な́い́。

　例えば最高裁判所自体の判断から明らかなように，裸体自体は未成年者に有害とみなしえない。もっとも多くの親——おそらく実質的に過半数の親——は，裸体を未成年者に有害の側に入れるかもしれない。最高裁判所によると，「猥褻であるためには，『そうした表現が大いにエロティックでなければならない』」のである[34]。

5節　図書館の脈絡

　未成年者に有害なものを規制する法律には，公立図書館を適用除外にしているものがある。これは図書館が成人利用者のために取得した資料のなかに，未成年者に有害なものがあることを示している。それでも立法者は，どのような資料が子どもに猥褻で，成人によるアクセスを否定するかについて，図書館員の憶測を欲してはいない。ポップスターのマドンナの本『セックス』［中谷ハルナ訳，同朋社出版，1992］にまつわって，未成年者への有害論争が生じた。『セックス』は『ニューヨーク・タイムズ』のベストセラー一覧に入っていた。多くの公立図書館はこの一覧を新刊購入の1つの規準にしている。この一覧をもとに本を購入する図書館は，ときどき大きな政治的，文化的な闘争に関わり合っていることを知る。『セックス』は，規制法が定める未成年者に有害の定義に十分に合致しているかもしれない。しかし，ある裁判官はそうした法を書店に強制するのは理不尽と述べている。

　　　書店主は17歳の子にマドンナの『セックス』を売って州法違反となろう。しかし子どもは何の障害もなく，公立図書館から借りることができる。書店主はいったいどうすれば未成年者の福祉への害や危険を弁別できよう。一方，図書館員はこのようなことを気にしなくてよい。この相違は理解しがたい[35]。

　図書館を除外する理由の一端は，有害と無害の境界線を引くことが，しばしば困難であるとの認識による。未成年者に有害なものを規制する法律が，同法の規制対象となる資料について曖昧なまま起草された場合，曖昧さと広範さを禁止する修正第1条を侵害する。合衆国最高裁判所は，「子どもの保護という有益な目的」であっても，規制者の明確な規準を明示する責任は軽減されないと繰り返し主張している。すなわち言論が保護される範囲を明示するよりもむしろ，未成年者に有害な表現について，特定の規準を明示しなくてはならない[36]。また，成人は，子どもに有害と思われる資料へアクセスする権利を有するが，その権利に悪影響をおよぼすとき，そうした法律や規制は同じように致命的に

広範であり，したがって憲法違反である[37]。こうした広範性についての諸準則は，未成年に有害なものを規制する法律から図書館を適用除外することが，賢明な方針であることを示していよう。

6節　チャイルドポルノという特別の範疇

　さらに，法律が子どもを保護する領域として，チャイルドポルノがある。一般的に反チャイルドポルノ法は，資料を所持したり見ている者と資料上の未成年者とが無関係な場合に，未成年者の裸体を示す資料を所持したり見ることを禁じている。概してチャイルドポルノ法は，芸術的，医学的，科学的，教育的，宗教的，行政的，司法的な真摯といえる目的で，なおかつ医者，心理学者，社会学者，科学者，教師，それに誠実に研究や調査をする者，図書館員，牧師，検察官，裁判官，さらにそうした資料に正当な関心を持つ人が使う場合を除外している。また親の同意がある場合も法律上で除外され，その場合は裸体の未成年者の写真を撮ったり未成年者を使用してよい。

　合衆国最高裁判所はニューヨーク州対ファーバー事件で，チャイルドポルノを禁じてよいとした。未成年者の身体的，精神的な福祉の保護には，政府のやむにやまれない利益が十分にあると認め，またチャイルドポルノには埋め合わせとなる価値がほとんどないと判断したからである[38]。チャイルドポルノは搾取された子どもに取り返しのつかない永続的な害を与え，そうした害はチャイルドポルノの絶え間ない流通によって持続する。したがって合衆国最高裁判所は，チャイルドポルノと合衆国憲法の保護下にない猥褻とは近接すると結論した。それでも最高裁判所は，チャイルドポルノ法は禁止行為を明示せねばならず，刑事犯罪になる「作品は特定の年齢以下の子どもの行為を視覚的に描写したものに限る」[39]としている。ウラジミール・ナボコフの小説『ロリータ』[大久保康雄訳，新潮社，1980]は，少女に性的関心を持つ男性が12歳の少女にうっとりして，たぶらかす内容である。1955年に刊行されてまもなくフランスで禁止され，そののち合衆国でも禁止した地域があった。しかし『ロリータ』はチャイルドポルノに該当しない。とはいえ女児の俳優を赤裸々な場面に登場さ

せる同書の挿し絵版やフィルム版は,チャイルドポルノに該当するかもしれない。

チャイルドポルノの場合,ミラーテストは次のように調整される。「事実審理を行う者は以下を認定する必要はない。平均人の好色的興味に訴えること。性行為を明らかに不快なしかたで描写していること。全体としてみること」[40]。すなわちチャイルドポルノの敷居は猥褻よりもかなり低い。それでも猥褻法と同じように,チャイルドポルノで有罪とする前に,犯罪の意図があったこと,あるいはチャイルドポルノが犯罪になるという知識を持っていたことを示さねばならないと,合衆国最高裁判所は要求している[41]。

猥褻資料の私的な所有は保護されている。しかし1990年に合衆国最高裁判所は,チャイルドポルノの私的所有を,猥褻資料と同じ方法で刑法から保護することを認めなかった。最高裁判所によるとこの相違は,チャイルドポルノ法は,成人が持ちうる思想にたいしてパターナリスティックな権限を行使しているのではなく,「子どもを搾取する市場の破壊」[42]を試みている点にある。この理由と表現形態としての価値がほとんどないという理由のために,不法なチャイルドポルノの私的所有は全面禁止できる。

7節　ポルノグラフィーと女性

合衆国最高裁判所は,未成年者のポルノグラフィーを作成,所有して子どもを搾取することから,未成年者を保護する必要を認めている。しかしこれと同じ主張を女性にあてはめる試みは,修正第1条の主流となる解釈に勝ってはいない。インディアナポリス市は条例を採択した。そこではポルノグラフィーを「写真であれ言葉であれ,女性を写実的,性的に搾取し服従させるもの」と定義し,さらに「社会での等しい機会を女性に否定するもので,性による差別的実践」であると記している。アメリカ書籍商協会はこの条例を裁判に持ち込み勝訴した。事実審によると,ファーバー事件で子どもに与えられた特別の保護は,「そのまま成人女性全体に適用することはでき」[43]ないとしている。

女性裁判官が執筆した法廷意見は,女性はこの言論の自由の権利を制限する

法律から，失うものの方が多いと記している。そして同条例の支持者にたいして，「社会学的な変化について述べれば，多くの変化が必要で望ましいのはもちろんだが，言論の自由は敵ではなく，歴史的な試験を経た価値ある味方である」[44]ことを忘れてはならないと判示した。この判決を支持して第7巡回区連邦上訴裁判所は，いっそう強い口調で，同条例は表明された見解に依拠する差別であると判断した。

> 認められた方式——「平等を前提」とする性的接近——で女性を扱う言論は，いかに性的に赤裸々でも合法。認められない方式——性的服従，侮辱——で女性を扱う言論は，その作品が全体としていかに文学的，芸術的，政治的に重要な価値を持っていても違法。州はこうしたやり方で好ましい見解を定めることはできない。合衆国憲法は州にたいして，ある特定の見解を認めて，反対者を沈黙させることを禁じている[45]。

　合衆国最高裁判所は第7巡回区連邦上訴裁判所の判断を意見を添えずに容認した。図書館にとってこの判決は，女性——あるいは子どもを除くあらゆるグループ——を性的に搾取する方法で描写しているとの理由では，図書その他の資料を除去できないことを意味している。

8節　成人の権利

　合衆国最高裁判所は，子どもが性的画像で搾取されないよう保護することに，最も力を注いできた。その反面，子どもを性的資料にさらすことへの懸念が，憲法上保護された資料への成人によるアクセスを制限する結果になってはいけない。既述のようにこの問題について合衆国最高裁判所は，例えば州際電話で猥褻や下品なメッセージの営利通信を禁じる連邦法に関わる事件で理由を示している。これは通常「ダイアルポルノ」と呼ばれるメッセージである。合衆国最高裁判所は同法の検討にあたって，猥褻な営利的電話メッセージの禁止を是認するのに，何の困難もなかった。修正第1条の保護は当然ながら猥褻を含まないからである。

　しかし最高裁判所は下品なメッセージの場合は禁止を認めなかった。たとえ

猥褻ではなく下品な性的表現でもあっても，州は未成年者がそうした表現にさらされるのを防ぐことに，やむにやまれない利益を有している。最高裁判所はこの点に同意した。しかしそうした法は子どもの保護という目的のために狭く設定せねばならず，成人の権利を侵害してはならないと強調した。それ以外のことを認めれば，政府は「成人を……子どもに適したものだけに……削減」[46]することになる。

連邦政府は全面的禁止を主張した。そして制限的でない措置では，子どもによる下品なメッセージへのアクセスを防止できないと論じた。しかし最高裁判所はこれに納得せず，連邦通信委員会によるヒアリングの内容を指摘した。そこではクレジットカードの要求，特別なコードでのアクセス，盗聴防止のスクランブルをかける規則を，ダイアルポルノの下品なメッセージに未成年者を触れさせない十分な解決法としていたのである。さらに最高裁判所は，より制限的でない規制を用いたがために，たとえ「数名の最も元気旺盛で服従しない若者が何とかそうしたメッセージにアクセスしても」，そうした結果は成人の通話内容が子どもに適したものに限定されないために許されねばならないとさえ述べた[47]。

「通信の品位に関する法律」については第9章で詳述するが，子どもが利用できるインターネット上の下品な画像を浄化する試みであった。同じように合衆国最高裁判所は，成人の権利の侵害を理由に同法を憲法違反とした[48]。とりわけアメリカ図書館協会や「読書の自由財団」などが，公立図書館でのインターネット・アクセスを壊滅させかねないとして提訴した。そして勝利したのである。

9節　子どもの権利

規制をする者は成人の権利だけでなく，子どもの権利にも留意しなくてはならない。例えば合衆国最高裁判所は，子どもの福祉への関心から限られた制限をする場合でも，「実質的に猥褻」[49]な有害資料に制限すべきと判示している。ある連邦上訴裁判所は合衆国最高裁判所の判決をくまなく調査し，最高裁判所

は「17歳の者を含む平均的な未成年者の誰かに重要な価値を見い出すと，その資料を『未成年者に有害』ではない」[50]と判示していると結論づけた。この解釈を認める諸々の判決に言及や引用をして，「年長の若者として異常のない，合理的存在としての未成年者にとって，重要な文学的，芸術的，政治的，科学的な価値があれば，その作品は青少年全体に重要な価値を欠いているとは言えない」[51]と続けたのである。

この原則の適用例としてジョージア州法の場合がある。同法は裸体を含む資料の未成年者への販売や展示を禁じていた。判決は同法が実質的に過度に広範で，そのためいくつかの理由で憲法違反とした。例えば単に裸体を含むだけで，高校上級生や大学1年生が刊行物にアクセスできないといったことである[52]。成人に近い者によるアクセスまでをも広く禁じることで，州は青少年の福祉への正当な利益の範囲を逸脱したのである。

ある裁判では，ドライヴイン・シアターにおいて裸体を含む映画の上映を禁じる市条例が問題となった。この事件で，合衆国最高裁判所は俎上にのぼっている未成年者の権利について一定の定義をした。フロリダ州のジャクソンヴィル市議会が不適な映画から子どもを保護する目的で採択した条例を，最高裁判所は違憲としたのである[53]。ここでも最高裁判所は，ときによって政府は「伝達資料について，成人よりも厳重な規制を若者に用いて」[54]よいと認めた。それでも「立法府が若い人びとに不適とみなす思想や画像から，若い人びとを保護するためだけに，言論を……抑制することはできない。ほとんどの場合，修正第1条が保護する価値は，政府が未成年者への情報の流れを規制しようとするときにも，同じように適用できる」[55]と判示した。

この条例には2重の欠点があった。すなわち，成人の見る権利が否定されることのない映画であるはずなのに，成人のアクセスまでをも制限していた。また違憲的に過度に広範であった。過度の広範性という問題は，すべての裸体を不合理にも有害と扱った結果であった。同条例では「赤ん坊のお尻，戦争犠牲者の裸の死体，裸体が生来の文化である光景」[56]も含まれるのである。裸体それ自体は禁止できない。合衆国最高裁判所の判断によると，表現に負荷をかける

条例は広範であってはならず，政府が防ぎたいと願う有害な言論を越えて，言論を抑制する結果になってはならない。

この判決は公立図書館に重要な意義を持つ。まず最も類似した状況として，図書館は利用者用の場所で裸体を見ることを禁じる規制を実行できない。他人の面前で裸体の写真を公然と見ることや，インターネット上の性的なサイトにアクセスすることを禁じる規則の採択を想像できよう。しかし裸体それ自体に焦点を当てる規則は，規制にあたってあまりにも広範すぎる。それに理不尽にも成人の利用を限定，制限する。

また合衆国最高裁判所は，子どもは思想にアクセスする権利を持つと認めている。そこには公の団体が子どもに不適とみなす思想をも含む。思想へのアクセスを狭める図書館の規制は，こうした権利に違反する。例えば，最近の悪名高い若者による暴力事件が全国的に注目され，このような事件が暴力をたたえる表現形態——音楽，図書，ヴィデオ，あるいはウェブサイト——と結びついていたとする。その場合にコミュニティの指導者は，非難されている資料が公立図書館で子どもに提供されているのか知りたいだろう。そしてもし提供されているなら，未成年者の利用を制限したいと思うだろう。以下の章で示す諸判例も含めて，合衆国最高裁判所判決はそうした行為を若者の権利への侵害としている。

10節　性と公立図書館

図書館蔵書には性的表現を含む資料が多くある。医学や保健の本，古典文学，辞典や百科事典，それに最新のベストセラーなど，公立図書館の開架書架に性は定番である。こうした資料の排除を試みることは，コミュニティに奉仕する図書館の能力を大いに傷つける。法律が未成年者保護の関心から性的資料の陳列や開かれたアクセスを禁じる場合でも，こうした理由で多くの法は図書館を除外している。

性的資料を公費で購入し維持することに，公的団体はしばしば不愉快になるだろう。しかし修正第1条の適用がここでも重要である。修正第1条の適用は，

議会図書館と雑誌『プレイボーイ』にまつわる論争で代表される。連邦プログラムの下，議会図書館は図書や雑誌を点字図書や録音図書にし，視覚障害者に提供してきた。1973年から1985年まで，写真や漫画は除いて『プレイボーイ』の記事が点訳された。そしてこの連邦プログラムのなかで，『プレイボーイ』は最も人気ある雑誌の1つになった。ある連邦議員が税金を『プレイボーイ』の点訳に使うことに異を唱え，まさに同誌に関わる額だけを削減する予算充当に成功した。これに応じて議会図書館長は点字版『プレイボーイ』の廃刊を公表した。資金削減という連邦議会からの指令を忠実に受けとめたのである。

『プレイボーイ』の排除を修正第1条への侵害と判示するにあたって，連邦裁判所は点字プログラムは思想の伝達のための非パブリック・フォーラムと位置づけた[57]。この分析の下では，性的内容を理由とする『プレイボーイ』廃刊は，見解に依拠する差別になる。こうした差別は，政府が非パブリック・フォーラムに有する権限と相容れない[58]。この判決における考え方として重要なのは，蔵書や継続中のプログラムから資料を除去するにあたり，除去理由が憲法上保護される性的な内容を含むことにあるならば，修正第1条違反と判断されるという点である。

11節　結論

各図書館は，何らかの意味で性的な資料をかなり所蔵しているだろう。しかし単に性を扱うことや裸体をさらすだけでは，当の資料が猥褻か否か，つまり修正第1条の保護下にあるか否かを判断されることはない。また裸体や性それ自体が未成年者に不適切なのではない。猥褻やチャイルドポルノに該当する狭い範疇の資料を別にして，憲法は性的表現を幅広く保護している。

それでも，政府は性的表現に何の権限も有しないのではない。いくつかの基本的な規則を覚えておかねばなるまい。猥褻でない性的表現の規制について，政府は以下に限定して立法しなくてはならない。

1．政府のやむにやまれない利益を増進する。
2．この優越する目標を達成するために，最も制限的でない手段を用いる。

3. 当局に裁量の余地を残すような曖昧で漠然とした文言ではならず，事前に指針の下で明示する。
4. 成人のアクセスの権利を保障する方法を用いる。
5. 年長未成年者のアクセスの権利を承認し考慮する方法を用いる。
6. 文書による指針に従い，指針には論争中の表現に十分な手続上の保障手段を与える。

なお，本章で検討した判例が示すように，これは重い負荷であって容易には充足できない。

注
1. *Roth* v. *United States,* 354 U.S. 476, 487 (1957).
2. *Jacobellis* v. *Ohio,* 378 U.S. 184, 197 (1964) (Stewart, J., concurring).
3. *Id.*
4. *See, e.g., Miller* v. *California,* 413 U.S. 15, 23-24 (1973) (「猥褻物を規制するために立案された法律は，慎重に限定されねばなるまい」).
5. *Commonwealth* v. *Holmes,* 17 Mass. 336 (1821).
6. *Kaplan* v. *California,* 413 U.S. 115 (1973).
7. *United States* v. *One Book called Ulysses,* 5 F.Supp. 182 (S.D.N.Y. 1933), *aff'd,* 72 F. 2d 705 (2d Cir. 1934).
8. *Chaplinsky* v. *New Hampshire,* 315 U.S. 568, 572 (1942).
9. *Roth* v. *United States,* 354 U.S. 476 (1957).
10. *Id.* at 487 (footnote omitted).
11. *Id.* at 487 n. 20.
12. *Bantam Books* v. *Sullivan,* 372 U.S. 58, 66 (1963).
13. *Paris Adult Theatre I* v. *Slaton,* 413 U.S. 49, 98, 113 (1973) (Brennan, J., dissenting).
14. *Miller* v. *California,* 413 U.S. 15, 24 (1973).
15. *Id.* at 32.
16. *Jenkins* v. *Georgia,* 418 U.S. 153, 161 (1974).
17. *Id.* at 160.
18. *Smith* v. *United States,* 431 U.S. 291, 302-03 (1977).
19. *Pope* v. *Illinois,* 481 U.S. 497 (1987).
20. *Jenkins* v. *Georgia,* 418 U.S. 153, 161 (1974).
21. *Id.* (citation omitted).
22. *R.A.V.* v. *City of St. Paul,* 505 U.S. 377, 384 (1992).
23. *Stanley* v. *Georgia,* 394 U.S. 557 (1969).
24. *Sable Communications* v. *FCC,* 492 U.S. 115, 126 (1989).
25. *Cohen* v. *California,* 403 U.S. 15, 21, 22 (1971).

第 3 章　性についての難問　67

26. *Id.* at 25.
27. *Barnes* v. *Glen Theatre, Inc.*, 501 U.S. 560 (1991).
28. *State* v. *Henry*, 732 P.2d 9 (Or. 1987).
29. *State* v. *Kam*, 748 P.2d 372 (Ha. 1988).
30. *Miller* v. *California*, 413 U.S. 15, 28 (1973).
31. *Freedman* v. *Maryland*, 380 U.S. 51 (1965); *see also Vance* v. *Universal Amusement Co., Inc.*, 445 U.S. 308 (1980).
32. *See Ginsberg* v. *New York*, 390 U.S. 629 (1968).
33. *American Booksellers Ass'n* v. *Webb*, 919 F.2d 1493, 1504-05 (11th Cir. 1990), *cert. denied*, 500 U.S. 942 (1991) (relying on *Pope* v. *Illinois*, 481 U.S. 497 (1987)).
34. *Erznoznik* v. *City of Jacksonville*, 422 U.S. 205, 214 n. 10 (1975) (quoting *Cohen* v. *California*, 403 U.S. 15, 20 (1971)).
35. *State* v. *Maynard*, 910 P.2d 1115, 1123 (Or. App. 1996), *vacated on other grounds*, 327 P.2d 264 (Or. 1998).
36. *See, e.g., Interstate Circuit, Inc.* v. *Dallas*, 390 U.S. 676, 689 (1968).
37. *See, e.g., ACLU* v. *Reno*, 521 U.S. 844 (1997).
38. *New York* v. *Ferber*, 458 U.S. 747 (1982).
39. *Id.* at 764 (emphasis in original).
40. *Id.*
41. *Id.* at 765.
42. *Osborne* v. *Ohio*, 495 U.S. 103, 109 (1990).
43. *American Booksellers Association, Inc.* v. *Hudnut*, 598 F.Supp. 1316 (S.D. Ind. 1984), *aff'd*, 771 F.2d 323 (7th Cir. 1985), *aff'd summarily*, 475 U.S. 1001 (1986).
44. *Id.* at 1137.
45. 771 F.2d at 325 (citation omitted).
46. *Sable Communications* v. *FCC*, 492 U.S. 115, 128 (1989) (quoting *Butler* v. *Michigan*, 352 U.S. 380, 383 (1957)).
47. *Id.* at 130.
48. *ACLU* v. *Reno*, 521 U.S. 844 (1997).
49. *See Virginia* v. *American Booksellers Ass'n*, 484 U.S. 383, 395 (1988).
50. *American Booksellers Ass'n* v. *Webb*, 919 F.2d 1493, 1504-05 (11th Cir. 1990), *cert. denied*, 500 U.S. 942 (1991) (footnote omitted).
51. *Id.* at 1505 (citations omitted).
52. *American Booksellers Ass'n* v. *McAuliffe*, 533 F.Supp. 50 (N.D. Ga. 1981).
53. *Erznoznik* v. *City of Jacksonville*, 422 U.S. 205 (1975).
54. *Id.* at 211.
55. *Id.*
56. *Id.* at 213.
57. *American Council for the Blind* v. *Boorstin*, 644 F.Supp. 811, 815 (D.D.C. 1986).
58. *Id.* at 816.

第4章
不快にする権利

　各図書館は奉仕するコミュニティの関心に蔵書を合わせようと努力している。例えばアイダホの歴史に関する図書は，シンシナチ市立図書館よりもボイス市立図書館に蔵する可能性が高いだろう。児童図書館はルース博士よりもセウス博士を取り上げるだろう。そうした賢明な調整であっても，「コミュニティに不快」と決めつけて資料を図書館から排除する口実，法的に有効な口実にはなりえない。

　誰の目にも明白な不快資料を排除したいという衝動があり，この衝動に抵抗するのは難しい。最も徹底的な修正第1条の唱導者でも，己の想像できる適正範囲を越えていると思う発言，刊行物，一連の画像があるだろう。人種的，宗教的な憎悪に満ちた表現を，法律の保護下に置くべきでないとする人もいる。またセクシュアリティの特定の形態の表明や性行為の記述について，法の枠外に置くべきと考える人もいるだろう。さらに暴力の記述にたじろぐ人もいよう。各人は己の感受性や経験に従って，境界線をさまざまに画する。

　とはいえ言論の自由への憲法上の責任は，そうした主観的でその場限りの決定を認めない。憲法は公立図書館を，不快についての多数派の感情や多数決にそぐわない場としている。図書館はコミュニティのすべての住民や関心に奉仕しようとする。第3章で扱った猥褻という狭い範疇を除いて，法は不快さという主観性に依拠して，修正第1条への例外を認めることはない。合衆国最高裁判所が述べるように，「ある聞き手にとって思想が不快という理由だけでは，そうした思想の表明を禁じえない。これは憲法の下で確立している」[1]。さらに最高裁判所は以下のように追加した。不快との理由は「修正第1条の保護下にある表現の抑圧に有効でない。これは慣行になっている。少なくとも猥褻に関係しない場合，憲法の保護下の言論を不快に感じる人がいるという事実が，その

言論の抑圧を正当化することは決してなかった」[2]。人びとが礼儀よく話したり書いたりし，不健全な語や思想を回避すれば，はるかに心地よいであろう。それでも「[必ずしも－原書－]完璧なたしなみがなくとも，思っていることを話すというのは称えるべきアメリカの特権」[3]である。

特に公立図書館といったフォーラムの場合，言論の自由の原則にたいする他からのすべての働きかけは，この原則を無意味にしてしまう。最も良種と思われる言論でさえも，言論というものは不快感を生じさせる能力を大いに有する。本書の執筆中にワシントン・D.C.は論争で動揺していた。市長の補佐官が不十分(niggardly)という語を使用し，多くの人が人種への中傷と誤解した。そのため補佐官は辞職するはめになった。発言が不快感や嫌悪感を意味しないとしても，また不快感や嫌悪感を与えることが話し手の意図になかったとしても，多くの場合は無意味である。すなわち，不快感の度合いは，聴衆の反応──それがいかに誤っていても──によってのみ決定される。

例えばマーク・トウェインの『ハックルベリー・フィンの冒険』をめぐる論争は，いまや1世紀以上にわたって持続し最も長期にわたる論争の1つである。1885年にマサチューセッツ州コンコードの公立図書館は，くずと軽蔑して書架に配置しなかった。同書は現在でも，アフリカ系アメリカ人のコミュニティの一部で論争になっている。問題は人種への中傷と，そうした中傷を子どもに流布することで生じる，アフリカ系アメリカ人の子どもの自尊心への影響である。これとは鏡像関係にある論争が，メリーランド州のアンアランデールとセントメリーの両カウンティで生じた。そこでは一部の白人コミュニティからの苦情によって，教育長はマヤ・アンジェロウの『歌え，飛べない鳥達よ』[矢島翠訳，立風書房，1998]，トニ・モリソンの『ソロモンの歌』[金田眞澄訳，早川書房，1994]をカリキュラムから撤退させた。両書はアフリカ系アメリカ人作家による現代の古典である。苦情を提供した親は，同書を「反白人」，くずと呼んだ。くずとの非難は『ハックルベリー・フィンの冒険』の場合と同じである。白熱した論議が生じたが，結局のところ2冊の本は戻っている。

多くの人は当惑するだろうが，『オズの魔法使い』[佐藤高子訳，早川書房，

1974]，『アンネの日記』［深町真理子訳，文藝春秋，1994]，『グリム童話』［金田鬼一訳，岩波書店，1981] といった定評ある児童書に苦情を呈する親がいる。こうした図書へのアクセスを守るには，原則に依拠する行動を取らねばならない。激しい内容の図書，明らかに問題ある内容を含む本を守らねばならない。最近になって連邦上訴裁判所は，全部あるいは一部について人種差別と非難される作品であっても，図書その他の文学作品を学校のカリキュラムから排除してはならないと判示した[4]。概して子どもは柔軟で，特に外部の影響を受けやすいと考えられている。そうした子どもに上述の判決が当てはまるなら，成人の場合はいっそう該当する。感情的，心理的な害から成人を守るという政府の利益は，子どもと比較してはるかに重要性に劣る。

1節　虚偽を示す思想はいけない

　言論の自由をめぐる闘争で最大の注目を集めたものを検討してみると，言論の自由への危険は，社会全体が価値を認める資料への検閲の結果として生じるのではない。住民感情がこうした表現をしっかりと守っており，検閲志願者は挑戦できない。一方，常に検閲を受ける危険性があるのは，広い支持や明白な利点のない言論である。その結果，言論の自由に関する事件や問題は，疑わしい形態の言論にまつわる場合が多い。すなわちあまり推奨できない人物による言論や，多くの人が不快と考える言論である。

　オリヴァ・ウェンデル・ホームズ・ジュニア裁判官は，1929年にこの概念の核心を次のように把握した。「憲法がいかなるものにもまして固守することを求めている原則があるとすれば，それは思想の自由である——私たちに同意する人ではなく，私たちが嫌う人への思想の自由である」[5]。この数年間をみても，合衆国最高裁判所はこの基準を何回か再確認し，「公開の討論の際，修正第1条の保護下にある自由に『十分な息つぎの場』を与えるために，市民は侮辱的な言論や激怒に満ちた言論にも寛容であらねばならない」[6]と述べている。

　合衆国最高裁判所はこの結論で，辛辣で過激な表現への検閲権限を与えてしまうと，直ちにかつ論理的にも，それは最も無害な表現以外，すべてへの検閲

権限に変化してしまうと認識している。もしそのようになればアメリカの基本原則とかけ離れてしまうので，社会の理念的目標も含めてすべてが無意味になる。

　合衆国憲法は，政府が適切な思想を権威的に選択することを許していない。その主たる理由の1つは，——単に公職者だけでなく——人びとによる自治の重要性を依然として信じているからである。当然ながら自治を機能させるには，人びとはあらゆる情報源から自由に思想を取り出して検討し，役立つ思想を決定するとともに，不必要なものを捨てなくてはならない。多数派が，あまりにも身の毛のよだつ危険な思想と考えて，許せないとする場合がある。それでも思想の自由市場をつくるという憲法の責務に優越できない。サーグッド・マーシャル裁判官は，この点を民主政体に欠かせない自明の理としている。そして最高裁判所判決では，「憲法上の全遺産は，政府に住民の精神の統制権を与えるという考えを嫌悪している」[7]と記入した。この他のいかなるルールも，「立法府，裁判所，支配的な政治グループやコミュニティのグループによる思想の標準化に向かう」[8]。私たちはそうした考えとは相違して，「修正第1条の下では嘘偽の思想はなく，いかに有害な思想に思えても，そうした思想の修正は……他の思想との競合による」[9]との考えに固執する。

　こうした理由で，図書館は私たちが大切にする原則へのあらゆる思想的挑戦を差別できない——それは図書の選択や保持，問題とされるウェブサイトへのアクセス，集会室の利用を問わない。図書館に「思想警察」の振る舞いを認めることは，言論の許可や排除に歯止めのない裁量権を与える。この考えは知的自由や個人の自由といった概念にまったく反する。それに全国の図書館から，現在のところ古典で必須とされる多くの作品を追い出すことになろう。

　都合の悪い言論を保護して寛容に扱う1つの理由は，そのような言論がしばしば——政治権力，服従，主流文化への——反対意見という形を取っている点にある。政治的反対はいかに政権に不快であっても保護される。同じように，民主的な多数派が抑圧を願う思想の保護は，修正第1条をめぐる法学で繰り返し課題となってきた。反体制の見解を保護する理由は明白で，アメリカの政体

は次のような前提を土台にしている。

　　　各市民は政治的表現の権利，政治的結社に属する権利を持つ。……歴史は少数派や反対派による政治活動の貢献を十分に証明してきた。こうしたグループは幾度となく民主的思想の先駆者であったし，その主張が最終的には受容された。単なる非正統，それに主流となる慣習への反対を非難してはならない。反対意見の欠如は社会が重病におちいる前兆となろう[10]。

2節　安全弁としての言論と，早期警告システム

　上述のような憲法上の方針の利点は，幅広い見解を統一的に処理できることにとどまらない。一種の安全弁としての機能を果たすことで，重要な社会的目標を押し進める。また不都合な思想の表明を許すことで，人びとはストレスを発散する。さらに成熟した思考で自由に嫌悪するものを選択するという考えを試すことができる。表現の抑圧ではなく選択という行為を用いることで，非難されるべき思想が人びとの精神に特別に組み込まれることを防止する。これは多分に，禁断のリンゴがアダムとイヴに果たしたことと似ている。

　この憲法上の方針は，一種の成熟した思考を反映している。世界中のたいへん多くの文献がもっぱら暴力と犯罪を扱っており，それらすべてを悲劇とか悪魔の来訪として非難するのは容易である。大きな不平と疎外感を持つ人が，図書をまねて復讐心に燃えた筆舌に尽くしがたい行為に訴えるかもしれない。しばしばミステリーは刑事犯罪を中心にし，もう少し頭の切れる人物なら捕えられずにすむと示唆しているようにも思える。図書館はそうした図書へのアクセスを制限しない。また利用者が犯罪計画にこの種の本を使わないことを確認するために，各利用者に心理状況を問うことはない——また問うこともできない。そうではなく，大多数の人はそうした図書から悪影響を受けないことがわかっている。もし悪影響を受けるなら，文献は実際のところ貧しくなっていくだろう。

　自由放任方式は，潜在的にたちの悪い思想を見抜き，その見解が反対もなく流布するのを防ぐことができる。またそうした思想が支持を得て広がる方法を

知るために，研究にもとづく知識を授ける。また歴史の教訓を活用して，壊滅的な結果を生じるイデオロギーの流布を防止する知識を持つことができる。一方，そうした憎むべき意見を抑圧すると，もはや安全を享受できない。抑圧された思想は依然として存在し，単に地下にもぐるだけとなろう。そこでは思想は監視も反論もされない。闇に閉じ込められたことで，信奉者の怒りはいっそう強く広範になる。そして存在を知らず攻撃からの準備もできていない人に，いっそう憎しみに満ちた形で降りかかる。

　こうした理由，および法律が中立原則に従い，思想の自由市場を保障する必要もあって，「修正第1条は，政府が特定の観点や思想をひいきにするようなやり方で，言論を規制することを禁じている」[11]。合衆国最高裁判所によると，政府は「社会が不快とか不賛成という理由だけでは，思想の表明を禁止できない」[12]。一方，言論の規制は，討議される主題，表明される見解に中立でなくてはならない。異論もあるが，合衆国最高裁判所は言論の情緒的影響への関心を，内容に依拠する関心と把握している。そうした関心は厳格な審査に服し，一般的に無効になるとしている[13]。

　社会のどのグループも，政府権力を用いて他者を沈黙できるべきでない。そうした権力は討論と対話を抑圧するだけである。一方，私たちは修正第1条が大切にする信念を支持し，いかに賛成できない憎むべき表現でも，そうした表現の抑圧は社会を傷つけると判断する。したがって図書館は抑圧する権限を方針として実施できない。

3節　図書館は礼儀の警察ではない

　礼儀にかなった言い回しで伝えることも可能な思想を，不都合で不届きな言葉で表現しても憲法の保護下に入る。すでに指摘した有名な事件であるが，ヴェトナム戦争に反対する1人の抗議者が「徴兵なんてくそくらえ」(Fuck the Draft)と書き込んだ上着を着用して反対を表明し，逮捕，有罪となった。合衆国最高裁判所は逮捕と有罪を覆したのだが，「ある人にとっての野卑は，他の人にとって叙情詩である」[14]と記している。この抗議者は，ジャケットに不都合な

語を用いることで，悪意を持って意図的に治安を乱しているとの理由で逮捕された。合衆国最高裁判所は有罪を覆すに際し，抗議者のメッセージは特定人物への直接的な個人的侮辱ではなく，さらに州は公の場所にいる「感受性の強い人」を「上訴人の粗野な抗議方法にさらされないように」保護する権限を有しないとした[15]。政府は，「不快な語を社会の語彙集から除去する公衆道徳の守護者」[16]として行動できない。

合衆国最高裁判所はさらに続けて，「州には公の論議を清めて，最も気難しい人が文章の作法までも満足する地点まで持っていく権利はないことはたしかである」と判示した。というのはそうした権利は制御できず，甚大な害を生じると思われるからである[17]。最後に判決は，「合衆国憲法は個人の言論の認知内容を案じるが，言論の情緒的機能にはほとんどあるいは全く関与しないとの見解を承認」できないとした。そして，「実のところ伝達したいメッセージ全体をみると，情緒的機能が認知内容よりも重要な場合も多い」と結論した[18]。そののち判決はフェリックス・フランクファーター裁判官の主張を引用している。「アメリカ市民の1つの特権は，公の人物や措置を批判する権利にある——これは情報に精通した責任ある批判だけでなく，愚かな発言や穏やかでない発言の自由をも意味する」[19]。

以上のことから合衆国最高裁判所が述べるように，「ある程度の言論の無秩序は，個人の自由が託された社会にとって不可避なだけでなく，個人の自由が生き延びるためには言論の無秩序自体を保護せねばならない。賢明にも修正第1条はこのことを承認している」[20]。裁判所により採用された一般的な法原則によれば，「平穏な手段である限り，コミュニケーションを無難な基準に合わせる必要はない」[21]とされる。

1949年のターミネロ対シカゴ事件判決は，不快とされる思想を扱った重要な判決である。抗議し「やじを飛ばす」群衆にたいして，元カトリック牧師が人種差別的で反ユダヤ主義的な猛烈な非難をした[22]。そして治安妨害罪になった。ウィリアム・O.ダグラス裁判官が法廷意見を執筆し，「言論が不穏状態を誘い，本件のような不満足を創出し，あるいは人の怒りを誘発する場合，そのような

場合こそ，言論の自由はその崇高な目的に最善の形で仕えることになる」[23]と判示した。言論から「挑発的，抗議的な」側面を奪えば，修正第１条が言論の自由を保障しているまさに存在理由を取り去ってしまう[24]。

有名な自叙伝小説が重要点を提示する。1965年にクラウデ・ブラウンは『ハーレムに生まれて』[小松達也訳，サイマル出版会，1971]を執筆した。罵り言葉を多用しているため，刊行と同時に批判と大論争が生じた。コミュニティの指導者が図書館に購入を控えるよう助言したりした。しかし罵り言葉は同書に必要で，ハーレムのゲットーを生き生きと描写していた。その描写は懐旧とともに，鋭い社会批評をそなえていた。

多くの挑発的言論は社会の進展を促進するとは思われないが，正すべき偏見や先入観を暴露する場合も多い。実のところ1960年代と1970年代にあって，憎悪に満ちた言論の保護を基盤とするターミネロ事件判決は，公民権を求める抗議者の示威行動，座り込み，行進での言論の自由という権利を保障する先例となった。主流文化はそうした抗議を敵対的，破壊的と考えていた。経験によると，社会のあるグループの権利を保護するには，あらゆるグループの権利を保護せねばならない。

この教えは繰り返し学ばれなければならない——最近になって「言論規則」を採択した大学があるものの，これは猛威をふるったポリティカル・コレクトネスと大差ない。ドゥ対ミシガン大学事件で，連邦裁判所はミシガン大学の言論規則を違憲とした。とりわけ，汚名をきせる発言行動の禁止を，曖昧で広範と判断した[25]。連邦裁判所によると，ミシガン大学当局は言論規則を使うにあたって，言論の自由をほとんど懸念せずに，憲法の保護下にある表現を罰したのである。興味深いことだが，この規則が実施された18か月の間に，少なくとも20名のアフリカ系アメリカ人学生が，不快な言論を発したとして白人学生から非難された。例えば「くずの白人」といったことである。ある裁判所は他大学での事件で，「修正第１条は，粗野，野卑，冒瀆と考えられたりする思想や事柄について，偏執，人種差別主義，宗教的不寛容を例外として認めない」[26]と判示した。たしかに，こうした言論規則は，嫌悪すべき言論から社会の一部分を

守ろうとするもので，善意から出た取り組みである。しかし結局のところ憲法に反するし，保護しようとするグループに裏目となっている。

4節　思想の市場としての図書館

州立大学と同じように，公立図書館は「——いかに品位の点で不快であっても——，……思想の単なる普及を『品位という慣習』だけで」[27]閉め出すことはできない。そうした閉め出しは自由な探求と公開の討議を侵害する。探求や討議は知識の探求の中核である。スウィージー対ニューハンプシャー事件で法廷意見を執筆したアール・ウォレン裁判長は，知的自由を妨げるあらゆる試みは国の痛手になると認めている[28]。そして「教師と生徒は常に探求，勉学，評価，それに新たな成熟と理解のために自由を持たねばならない。そうでなければ文明は沈滞し死滅するだろう」[29]と記入した。

10年後にウィリアム・ブレナン裁判官は，学校を舞台とする事件の多数意見で，この重要な題目に立ち戻った。それは図書館にも同じ重要性を持っている。

> わが国は学問の自由の擁護に深く帰依している。学問の自由は教師だけでなく，我々すべてにかけがえのない価値がある。したがって修正第1条が特別な関心をはらっている。修正第1条は，教室に正統性のおおいをかける法律を許さない。……教室は特に『思想の市場』である。国の将来は，思想の力強い交換に広くさらされることで訓練された指導者に依存している。「権威的な選択ではなく，多くの思想の中から」真実が発見される[30]。

同じように，公立図書館は「特に『思想の市場』」である。公立図書館が思想を処方する権限を主張するならば，もはや図書館は自らの使命をどのように達成するのかを考える余地がなくなる。図書館は広く不快とされる思想や嫌悪される思想も，必ず組み込まねばならない。

5節　結論

修正第1条の作成者は，「新奇で新しい思想が安寧を乱すかもしれないと知っていた。それでも怠惰な無知に打ち勝つには精力的な開明が不可欠であると

信じて，自由の奨励を選んだ」[31]。図書館ははっきりと開明を重視する側にある。いかに不快な思想であっても，図書館は思想を隠す役割を担わない。

　言論の自由の権利が有意義であるためには，そのときどきの社会の好みによる制限を設けてはならない。ときには衝撃を与える表現だけが，さもなければ無視されてしまう思想をあらわにし，有効に伝える。こうした表現が文化全般に果たす影響を非難する人もいよう。とはいえ不作法で不快な表現が，当人の抱く思想の進展にかえって逆作用することを当の表現者に説得するについては，検閲以外の方法がある。たしかにたとえ思想の表現方法にたいする権限行使であったとしても，政府が思想自体を抑圧する権力を保持することにつながりかねない。

　しかし一方，適当な表現の限界を定めるについて，私たちは住民，社会的圧力，それに自己規制の概念に依存する。合衆国最高裁判所は，「修正第1条の中核には，各自が表現，検討，信奉に値する思想や信念を，自力で決定するという原則がある。わが政治制度や文化生活は，この理想を基盤にしている」[32]と述べている。

注
1. *Street* v. *New York*, 394 U.S. 576, 592 (1969).
2. *Carey* v. *Population Services International*, 431 U.S. 678, 701 (1977) (plurality op.).
3. *Bridges* v. *California*, 314 U.S. 252, 270 (1941) (footnote omitted).
4. *Monteiro* v. *Tempe Union High Sch. Dist.*, 158 F.3d 1022, 1028 (9th Cir. 1998).
5. *United States* v. *Schwimmer*, 279 U.S. 644, 655 (1929) (Holmes, J., dissenting).
6. *Boos* v. *Barry*, 485 U.S. 312, 322 (1988).
7. *Stanley* v. *Georgia*, 394 U.S. 557, 565-66 (1969).
8. *Terminello* v. *Chicago*, 337 U.S. 1, 4 (1949).
9. *Gertz* v. *Robert Welch, Inc.*, 418 U.S. 323, 339-40 (1974) (footnote omitted).
10. *Sweezy* v. *New Hampshire*, 354 U.S. 234, 250-51 (1957).
11. *City Council of Los Angeles* v. *Taxpayers for Vincent*, 466 U.S. 789, 804 (1984).
12. *United States* v. *Eichman*, 496 U.S. 310, 319 (1990).
13. *Boos* v. *Barry*, 485 U.S. 312, 321 (1988).
14. *Cohen* v. *California*, 403 U.S. 15, 25 (1971).
15. *Id.* at 21.
16. *Id.* at 23.

17. *Id.* at 25.
18. *Id.* at 26.
19. *Id.* (quoting *Baumgartner* v. *United States,* 322 U.S. 665, 673-74 (1944)).
20. *City of Houston* v. *Hill,* 482 U.S. 451, 472 (1987).
21. *Organization for a Better Austin* v. *Keefe,* 402 U.S. 415, 419 (1971).
22. *Terminello* v. *Chicago,* 337 U.S. 1 (1949).
23. *Id.* at 4.
24. *Id.*
25. *Doe* v. *University of Michigan,* 721 F.Supp. 852 (E.D. Mich. 1989).
26. *Iota Xi Chapter of Sigma Chi Fraternity* v. *George Mason University,* 773 F.Supp. 792, 795 (E.D. Va. 1991).
27. *Papish* v. *Board of Curators of the University of Missouri,* 410 U.S. 667, 670 (1973).
28. *Sweezy* v. *New Hampshire,* 354 U.S. 234 (1957).
29. *Id.* at 250.
30. *Keyishian* v. *Board of Regents,* 385 U.S. 589, 603 (1967) (citation omitted).
31. *Martin* v. *City of Struthers,* 319 U.S. 141, 143 (1943).
32. *Turner Broadcasting System, Inc.* v. *FCC,* 512 U.S. 622, 641 (1994).

第5章
宗教的動機と図書館利用

　真面目な宗教的信条が動機になって，図書館の資料や方針への挑戦が生じたりする。ある種の資料は極悪なので，ほんの一握りの人だけが利用すべきとか，だれもアクセスすべきでないと信じていたりする。あるいはいっそうつつましく，自分の子どもの利用を懸念したりする。己の信仰の教義に矛盾するとか，宗教や親の権威を失墜させるというのである。こうした理由での挑戦の多くは，修正第1条の宗教条項のはなはだしい誤解で増幅される。「合衆国憲法は宗教からの (from) 自由ではなく，『宗教の (of) 自由』を保障している」といった誤解が，頻繁に繰り返されてきた。

　と同時に，公立図書館員のなかにも利用者の要求への対応に際し，修正第1条の定めについて驚くほど不正確な人もいる。例えば宗教グループによる集会室の利用といった場合である。たしかに宗教の自由については，多くの問題が論争中である。しかし多くの人が考えているよりも，はるかに明瞭な部分も存在する。

　文字どおり修正第1条は，政府による「国教の樹立」を禁止し，宗教の「自由な礼拝」を保護している。国教禁止条項と自由礼拝条項は，政府も宗教もいずれもが片方の侍女にならないよう保障している。政府は宗教を促進も禁止もできない。ときにこの2つの条件は緊張を生み，容易に和解しないこともある。政府は，張り合っている宗派が政府の承認や擁護を求めて競合しないように，そして政府がそうした場にならないように保障せねばならない。それと同時に，各自の選択によって自由な信仰を持つ権利を，擁護し保護しなくてはならない。

1節　政教分離の原則

　修正第1条の最初の部分は国教禁止条項で，しばしば政教分離の定めと記さ

れる。厳格な分離に反対する人は，この概念を軽侮する。そして合衆国憲法のどこにも「政教分離」が明記されていないと指摘する。たしかにこの指摘は，合衆国憲法の概念である「三権分立」が憲法に明記されていないのと同じように，事実である。もちろん合衆国憲法がこうした三権分立形態を守るよう定めている点については，だれも真剣には疑ってはいない。最高裁判所長官ウィリアム・レーンキストは分立という言い回しを批判して，「悪い歴史を土台とする隠喩」[1]とした。それでもこの概念は実質的な歴史と分析を有し，それらは分離が定める内容の理解に役立つ。

　国教禁止条項の意図は，「教会と国家に分離の壁」を築くことにある。この考えは，通常トマス・ジェファソンに帰す。1802年にジェファソンは，ダンバリー・バプテスト協会への手紙で，この文言を記している。この手紙は気楽に書かれたものではなく，ジェファソンの法務長官レヴィ・リンカーンの助けを得て作成したものである。1879年に最高裁判所はこの手紙について，「大体において，修正第1条の範囲と効力に関する権威ある宣言と認められている」[2]と判断している。皮肉なことに，この概念は聖書に源を持つ。すなわち『マルコの福音書』に，「カエザルのものはカエザルに返しなさい。そして神のものは神に返しなさい」と記入されている。ジェイムズ・マディソンは合衆国憲法と『権利章典』の起草に果した主導的役割から，しばしば「憲法の父」と呼ばれている。そして「神に属するものをカエザルに与えたり，神が分離したものを合同させることは，宗教の自由という神聖な原則から逸脱する」[3]と記入した。このように，マディソンは『マルコの福音書』の前掲箇所を引用したのである。

　また，修正第1条の起草者は，大いにジョン・ロックの思想を活用した。ロックは，「とりわけ，政治と宗教の事業を峻別し，2つの領域の間に正しい境界線を設けることが必要である」[4]と書き込んでいた。政教分離は，ロードアイランドの創設者ロジャー・ウィリアムズの指導原理でもあった。ウィリアムズは多数派が危険とみなす宗教思想を説いたとしてマサチューセッツから追放されたのち，ロードアイランドを宗教的寛容の地として創設したのである。そして

宗教の自由を保障するためには,「聖の庭と世俗の荒野の間に分離の垣根あるいは壁」[5]がなくてはならないと書いている。これは1643年のことであった(ジェファソンが用いた壁のメタファーに影響したと思われる)。

さらに憲法の起草者は英国史に精通しており,そこには教会が国政に関わって腐敗したという多くの証拠があった。例えば英国国教会の『祈禱書』は,英国議会の主導勢力が変わるごとに書き直された。それは精神的というよりも政治的な題目を促進するためであった[6]。国王の意志に服さない反対派の牧師は,逮捕されたのである。合衆国憲法の起草者は次のように結論した。たしかに歴史は,政府が宗教と手を携えた場合,策略を用いる政治家がこの同盟を私的目的に利用し,結局は宗教の自由が弱まるということを教えている。

政府による宗教への不干渉も含めて,宗教の自由に関する現在の理解にとって肝要な出来事は,パトリック・ヘンリーとジェファソンの争いであった。これは合衆国憲法が書かれる前に,ヴァージニアでの競合する宗教法案をめぐる争いである。ヘンリーが提出した法案は,「キリスト教,あるいはあるキリスト教会,キリスト教徒の宗派や団体,あるいはキリスト教の礼拝を支えるために,年ごとに少額の税金や寄付」[7]を課するとなっていた。ヘンリー法案では,キリスト教のあらゆる宗派に納税者からのこのような贈り物を受け取る資格があった。しかし,ジェファソンはヘンリー法案に反対して「宗教の自由を確立する法案」を作成した。同法案は,各自の良心という権利に反して,宗教の礼拝,牧師の職,場所に支援を強いることを禁じていた。一方,信仰の自由を保障したのである。

ヴァージニア議会が競合する法案を慎重審議したとき,ヘンリーは州知事,ジェファソンは駐仏大使であった。マディソンがジェファソンの勝ち目のない法案のために必死になって支持を求めた。マディソンは有名な「[宗教課税に反対する]請願と抗議」を執筆し,州が特定の宗教を承認して保護することは,「不可侵である権利」に抵触すると主張した。[他の宗教を排して]キリスト教を州の公定の宗教とできるなら,「同じように容易に」他のすべての宗派を排除して,キリスト教の特定の宗派を公定の宗教とすることができるだろうと続

けた。この主張は大いに説得力があった。州内の各宗派が、ヘンリー法案の拒否、宗教の自由を謳うジェファソンの対案の採択を求めて、議会に請願を持ち込んだのである。

　フェリックス・フランクファーター裁判官は、『権利章典』が起草され連邦議会が認めた「1789年当時、ヴァージニアでの闘いの勝利は4年を経ておらず、……はっきりと記憶に残っていた」[8]と考えている。ジェファソン法案と修正第1条の内容については、いずれもマディソンが後ろにいた。このことは国教禁止条項の理解に、ヴァージニアでの闘いの理解が妥当なことを示している。事実、『権利章典』をめぐる連邦議会での審議の際、マディソンは国教禁止条項について次のように説明している。同条項には、「ある1つの宗派が優位に立ったり2つの宗派が力を合わせたりして、他宗派に順応を強いる宗教を確立する」[9]といった恐れを抑制する意図もある。マディソンは後に説明を追加し、この条項は「宗教と政府の分離を、……固守している」[10]と述べた。

　国教禁止条項は、連邦による宗教支援を防ぐ遮断棒として機能した。しかし修正第14条が成立するまで州には効力がなかった。なお1833年になってすべての州が公立の教会を拒否し、政教分離の概念は合衆国での憲法上の原則を表す条項となった[11]。

　今日、「［政教］分離の壁」を低めようとの主張があるものの、政教分離の概念はなお大きな力を保持している。1992年に合衆国最高裁判所は、政府主催の祈りを多数決投票で実施するとの事件を取り上げた。そして「多数者の意思が支配する社会もあるが、修正第1条の国教禁止条項はこの不測の事態を視野に入れ、そして［多数決原理を－原書－］拒否している」[12]と判断した。

2節　レモンテスト

　国教禁止条項に関わる事件の場合、政教分離違反を測るのに最も多用されるのが3つの要件からなるテストで、――妥当にも――レモンテストと呼ばれている。ただし、多くの批判もあるし、すべての国教禁止条項の事件に一律に適用されているわけでもない。レモンテストはレモン対カーツマン事件[13]で提示

された。レモンテストは，あらゆる法律，規則，政府の実践に以下の3要件を求めている。

1．世俗的目的を持つ。
2．主要な効果が宗教の促進や抑制にならない。
3．政府と宗教との過度の関わりあいを助長しない[14]。

　最初の要件は，政府が宗教団体のように行動しないことを保障している。たしかに多くの法律は宗教の教えと調和しているが，同時に明確な世俗的目的を持っている。例えば，あらゆる宗教は殺人を罪深い悪事としている。しかし殺人に関する法律は，宗教の教えの実践を求めるというより，各人の生命の価値と尊厳への社会の責任を反映している。

　合衆国最高裁判所は多くの事件で，十分に世俗的目的を持たない法律や実践を違反としてきた。例えばケンタッキー州法は各公立学校の教室に十戒の貼付を義務づけていたが，最高裁判所は世俗的目的がないと判断した[15]。同じように公立学校に「黙想の時間」を義務づけていたアラバマ州法も無効にした。生徒に沈黙の祈りをさせるために特定の時間を割り当てており，明確に宗教的目的を持つとの理由である[16]。もし祈りや宗教，近づいている数学の試験，スポーツ行事など，生徒の選んだものを黙考する時間として真に保障され意図されていたなら，同法は合憲になったかもしれない。

　ルイジアナ州法は，進化論を教える場合，それと同等の時間を「創造科学」に当てるよう強いていた。同じように合衆国最高裁判所は同法を違憲とした。同法の目的が「特定の宗教の教義の承認」[17]にあるからである。こうした判例は図書館にたいして，選択，保持，その他の方針決定は，宗教的目的を増進，促進，承認できないと示すものといえよう。

　論理的には納得できない点もあるが，合衆国最高裁判所は一方で日曜休業法には宗教的目的がないと判断している。州議会は自由に「すべての市民に画一的に休息日」を選択できるとの理由であった。また最高裁判所は，公立学校と教区学校に等しく世俗的教科書を配布することを，すべての生徒の教育に資するとの理由で認めている[18]。

レモンテストの第2要件は，法律の影響力に中立を求めている。コネティカット州法は雇用者にたいして，従業員の信仰安息日（Sabbath）に就業の強制を禁じていた。レモンテストの第2要件によって，合衆国最高裁判所は同法を無効とした。仕事上の他の不服をさしおいて，宗教上の不服を特に重視しているとの理由である[19]。

　レモンテストの第3要件は，過度の関わりあいの禁止である。この要件は，政府の監督を必要とする宗教活動プログラム，また世俗的な目的や結果の保持を確実にするために州の資源を用いるようなプログラムを，州が実施できないことを保障している。

　合衆国最高裁判所の裁判官のなかには，レモンテストを葬りたいと熱望している人もいる。それでもレモンテストは，今日まで攻撃を切り抜けてきた。合衆国最高裁判所はレモンテストの採用を回避する場合もある。その場合は歴史的な実践や政府の中立性の原則に依拠するテストを用いて，事件を分析している[20]。

3節　宗教的な展示

　論争が続いている1つの領域として，宗教上の象徴を公有財産に置く問題があり，これは図書館での展示に重要な示唆を与える。合衆国最高裁判所によると，クリスマスの祝いとしてキリスト降誕の図を政府主催で展示することは，季節を表す他の象徴を伴わなければ，国教禁止条項に違反する[21]。すなわち明らかに宗教的なものに宗教と無関係なものを配することで，世俗的な展示に変容するとの思想である。この思想はあざけりを含めて，「2匹のトナカイ」の規則と呼ばれる。要するに公有財産上のキリスト降誕の図は，数匹のトナカイとプラスチックのサンタクロースを配していれば，おそらく憲法のテストに合格するというのである。最近の連邦上訴裁判所の判決は，この単純な解決法を確認しているようである。ニュージャージー州ジャージーシティはキリスト降誕の図を，4フィートのプラスチックのサンタクロース，10インチのプラスチックの雪男，小型のソリ，クワンザ祭の象徴でもあるクリスマスツリー，それに

ジャージーシティ市民を祝う2つの看板「多様な文化と民族的な遺産」で囲んだ。このクリスマスの展示について，第3巡回区連邦上訴裁判所は憲法違反にはしなかった[22]。

1989年に合衆国最高裁判所は，ペンシルヴァニア州ピッツバーグで生じたクリスマスとハヌカー祭の展示に関する2つの別個の事件を審理した。前者はローマ・カトリックのグループが寄贈したキリスト降誕の図で，カウンティ裁判所の主階段に置かれていた。後者はクリスマス休暇期間の自由を祝う看板とともに政府の建物の前に置かれ，ユダヤ人のグループが寄贈した大きなクリスマスツリーと大きな八枝の燭台を特徴としていた。合衆国最高裁判所は裁判所の主階段の展示を違憲，政府建物の外にある置き物を合憲とした。しかし裁判官の判断は大きく割れ，両判決の結果に完全に一致したのは2名だけであった[23]。多数派はキリスト降誕の図について，明らかにキリスト教の教えを承認していると判断した。そして「政府はクリスマスを文化的現象としてよいが，修正第1条の下にあっては，政府はクリスマスをキリスト生誕で神への礼讃を示唆することで，キリスト教徒の聖日とすることはできない」[24]と判示した。

いま一方の置き物については異なった裁判官が多数派を構成し，クリスマスとハヌカー祭は現代の文化的伝統として扱われているにすぎず，したがって世俗的目的を持つと判断した。この世俗的目的は，市が休暇期間の標語として自由を記した看板を用いたことで，さらに増進されるのである[25]。論理的な一貫性に欠けるが，合衆国最高裁判所は，「政府はクリスマスを世俗的休日として祝える」ので，「ハヌカー祭も世俗的休日と認めることができ」，このように把握せねば「ユダヤ人への差別になる」と判示した[26]。多くの人は合衆国最高裁判所が用いる手品について，聖日を世俗的目的に服すことで，宗教の意味を低下させると述べるだろう。しかし両判決で決定的な役割を果たした2名の裁判官は，明らかに各自の結論を賢明と考えていた。判決はこの法の領域が扱いにくく難物であることを証している。

公立図書館が休日の展示を企画する場合，判例は次のように提言している。展示は特定の宗教の教義を促進できないが，アメリカ人のエートスに組み込ま

れている休日の文化的伝統を祝ってよい。またさまざまな宗教的伝統を,宗教の伝統を比較する教育的展示の一部として活用してよい。

4節 パブリック・フォーラムでの宗教的利用

別個のはるかに容易な問題が,公的機関が掲示板その他の公的空間——本質的にパブリック・フォーラム——を,コミュニティのグループに提供する場合に生じる。この問題は,最近になって州議会広場検討委員会対ピネット事件[27]で審査された。この論争の発端は1993年のクリスマスの時期に,クー・クラックス・クランがオハイオ州コロンバスの州議会広場に大きなラテン十字架の一時的設置を求めたことによる。州はこの広場を,公共問題の討議や公共活動のためのパブリック・フォーラムとしていた。州議会広場検討諮問委員会は,この広場の使用申込みを審査する州の機関で,クー・クラックス・クランの申込みを拒否した。合衆国最高裁判所の判断は以下であった。クランは伝統的パブリック・フォーラムにおいて,私的な宗教的言論を表明する十字架を設置する権利を持つ。オハイオ州は宗教的表現を主催しておらず,国教禁止条項違反は生じていない。クランの表現は政府財産の上でなされるが,その地は言論目的のために一般に公開されてきた。使用申込みは,他の私的なグループに求めるのと同じ手順と条件でなされている。合衆国最高裁判所はこのような理由で,申込みの拒否はクランの言論の自由の権利を侵害するとした。

この判決は,コミュニティ用の掲示板を設置する図書館の場合,中立的規準の下で資格を持つすべての申込み者に,等しく提供すべきことを意味している。また明らかに,図書館は次のような掲示をして利用者に知らせるのが望ましい。この掲示板はコミュニティのグループの私的な表現のためにあり,図書館はその内容についていかなる支持も承認もしていない。

ここでの適用原則は,公立図書館の集会室利用にも参考になる。集会室の問題は合衆国最高裁判所に達したが,それはニューヨーク州ロングアイランドの学区で生じた事件であった。この事件の場合,教会グループがキリスト教の観点から家庭問題を扱う一連の映画会を放課後に企画したが,学区は集会室の利

用を拒否した。合衆国最高裁判所は，この措置は教会グループの言論の自由の権利を侵害すると判示した[28]。放課後の集会室をコミュニティのグループの利用に公開することで，学校は制限的パブリック・フォーラムを創設した。この一連の映画会を拒否するのは，見解にもとづく差別で違憲となる。また最高裁判所判決によると，学校には宗教を承認していると見なされる危険性もない。というのは映画会は放課後に行われ，学校主催でもなく，主催団体を明示して一般に公開できたからである。映画の上映についてはこのように判断したのだが，合衆国最高裁判所は依然として教会がこの集会室で礼拝可能か否か態度を示していない。この問題は，宗教的見地から世俗的問題を公開討議すること以上に国教禁止条項に意味するところが大きく，課題として残されている。

5節　宗教の自由な礼拝

　修正第1条は国教禁止条項を設けたのだが，同時に「宗教の自由な礼拝」(free exercise of religion) も保障している。これは基本的に宗教の自由 (freedom of religion) という思想と同義である。歴史はここでも，宗教の自由は基本的権利であるとの広い見方を支持している。学校の歴史教科書によると，この大陸に定住した多くの人は旧世界の宗教的迫害から逃れるためであった。このことは論理的帰結として，言論の自由と同じように，宗教の自由が憲法の最高水準の保護を受けることを意味すべきである。すなわち厳格審査である。この論理は1991年まで憲法学者の主流となる考えであった。しかし1991年に合衆国最高裁判所は，宗教的自由の侵害との主張について，その評価基準を変更した。

　合衆国最高裁判所は雇用部門対スミス事件判決において，宗教について中立な法律で，宗教的な行いに不利に影響する意図がないなら，たとえ法律が差別的な結果を生じても，憲法上は有効であると判示した[29]。すなわち法律が全般的に宗教や信者の迫害を意図している場合だけ，自由礼拝条項に抵触するというのである。フロリダ州ハイアリー市が採択した条例は，現在でも違憲な法律の例である。

　ハイアリー市の新しい条例は，認可を得た食品業者が保健法規に一致する方

法でなければ，動物の生贄や儀式上の動物殺生を禁止した。動物を生贄にするサンテリア教の信者が市内に建物を購入し，教会に転用しようとしていた。この条例は建物の購入後，時を経ずして採択されたのである。同条例の背後には明確な反宗教的意図があり，そのため合衆国最高裁判所は違憲違反と判断したのである[30]。

しかしスミス事件判決からすると，中立的にみえ，あからさまには差別的でない法律は，有害な結果を生んでも憲法違反にはならない。したがって例えば歴史的建造物と指定されている建物の改築を禁じる法律は，教会がヴァティカンIIの規則に応じて祭壇の位置を変えようとする場合，改築を禁じる法律が教会の権利に優先する。この場合，修正第1条は教会に何らの救いにもならない。実際この例は，ボストンのイマキュレート・コンセプション教会で生じた。幸運なことにマサチューセッツ州最高裁判所は，同州憲法が合衆国憲法よりも礼拝の自由を大きく保護しているとし，同教会は祭壇の位置を移動できると結論した[31]。合衆国最高裁判所は合衆国憲法の下で礼拝の自由を保護しているのだが，州のなかにはマサチューセッツ州と同じように，州憲法でいっそう大きな保護を与えているところがある[32]。

連邦議会は礼拝への法的保護を合衆国憲法の既存の保護の水準に加えるべく，「宗教の自由の再建法」を採択しようとした[33]。同法は，礼拝への政府による実質的制限は，やむにやまれない州の利益がなければ正当化されず，最も制限的でない手段でのみ実施されうるとしていた。しかし合衆国最高裁判所は，自由礼拝条項を立法によって修正する違憲な試みと判断し，憲法が連邦議会に与えている権限を越えているとした[34]。合衆国最高裁判所は同法が州や地方の政府に適用されるので違憲としたのだが，連邦が礼拝に干渉する場合には依然として効力を有する。なぜなら連邦政府は常に自発的に自らの権限を制限できるからである。

6節　結論

合衆国憲法の宗教条項は，図書館に何を意味しているのか。公立図書館や公

立学校図書館の場合，同条項は宗教的問題に中立性を強いており，それに従わねばならない。公的施設として，こうした図書館は宗教の促進も禁止もできない。ある特定の宗教と結託してはならないし，非宗教に反対してあらゆる宗教と手を携えてもならない。

　中立性という法的義務は，図書館からあらゆる宗教的研究の除去を意味しない。たしかに公立図書館や学校図書館は，宗教書を自由に蔵書に組み込んでよい。宗教書を選ばなければ，英語で最も広く刊行されている聖書へのアクセスも含めて，重要な情報源を利用者に否定することになる。宗教の自由の保障が持ついま1つの側面として，公立図書館は図書館で祈っている利用者を妨害してはならない。祈りが混乱を生じず，中立性を求める図書館規則に適合する限りにおいてである。また特定の信仰に不快とか敵対的との理由で，蔵書から自由に本を排除できない[35]。多くの人は，サルマン・ラシュディの『悪魔の詩』［五十嵐一訳，新泉社，1990］がこの指示に入ると言うだろう。イスラム世界はこの小説をひどく攻撃したのだが，修正第1条は公立図書館からの除去という例外を認めない。特定のコミュニティで多数派を占める宗教を攻撃する本についても同じである。

　修正第1条は公立学校が聖書講読を主催することを禁じているが，比較宗教の授業でさまざまな聖典を読むことを禁じてはいない[36]。この理由がために，そうした図書を公立図書館や学校図書館に置いてよい。

　同じ理由で，公立図書館は宗教活動の主催と，中立的，情報提供的，比較的な宗教的行事を区別しなくてはならない。例えば多くの図書館が利用者のために展示をしている。ワールドシリーズの期間には，野球の本の展示かもしれない。7月4日に備えて，アメリカ独立革命と独立宣言に関する図書を展示するかもしれない。とはいえ政教分離の原則は，クリスマスを宗教的休日として祝ってはならないことを意味する。もっとも図書館はクリスマスを文化的行事として祝ってよい。したがって飼い葉桶の光景の展示は憲法に反するが，クリスマスも含めて冬期の諸々の行事に焦点をあてる展示は，憲法のテストに合格するだろう。冬期にふさわしい文献を中心にし，宗教の排除というメッセージを

伴わない展示も，司法は認めるであろう。

多くの図書館は，コミュニティのグループに掲示板や集会室も提供している。こうした図書館は，掲示板や集会室を制限的パブリック・フォーラムとして創設したことになる。しばしば掲示板や集会室は，早い者勝ちで申込みを受けつける。合衆国憲法の宗教や言論の条項は，これらの利用法に影響を与える。第1に，図書館は宗教グループの利用を差別できないだろう。すなわち宗教グループに掲示板への掲示や集会室での会合を，他のあらゆるコミュニティのグループと同じ基準で認めねばならない。合衆国最高裁判所によると，憲法が課する唯一の制限は，こうしたフォーラムを礼拝に利用することである。理由はそのような利用から，礼拝メッセージの承認が生じるからである。

宗教か否かを問わず，図書館は説伏の場ではない。図書館はあらゆる思想を歓迎するという全般的方針を持っている。この方針は慎重に考え抜いた中立であって，修正第1条の宗教条項の定めと完全に一致する。資料は特定の宗教の礼拝形式や見解を唱導してよく，その資料を書架から除去してはならない。とはいえ機関としての図書館は，宗教を促進や禁止する場ではない。

注
1. *Wallace* v. *Jaffree,* 472 U.S. 38, 108 (1985) (Rehnquist, J., dissenting).
2. *Reynolds* v. *United States,* 98 U.S. 145, 164 (1879).
3. Robert Alley, ed., *James Madison on Religious Liberty* (Buffalo, N.Y.: Prometheus Books, 1985), 90.
4. John Locke, *A Letter Concerning Toleration 9,* in Six Works of Locke (London 1823 and 1963 photo. reprint), *cited* in *School Dist.* v. *Schempp,* 374 U.S. 203, 231 (1963) (Brennan, J., concurring).
5. Roger Williams, *A Letter to Mr. John Cottons* (1643), quoted in Leonard W. Levy, *The Establishment Clause* (New York: MacMillan, 1986), 184.
6. *Engel* v. *Vitale,* 370 U.S. 421, 425-27 (1962).
7. Levy, *supra* note 5, at 54.
8. *McGowan* v. *Maryland,* 366 U.S. 420, 464-65 (1961).
9. 1 Annals of Cong. 758 (Aug. 15, 1789).
10. Alley, *supra* note 3, at 90.
11. *See Illinois ex rel. McCollum* v. *Board of Educ.,* 333 U.S. 203, 215 (1948) (Frankfurter, J., concurring).

第5章　宗教的動機と図書館利用　　*91*

12. *Lee* v. *Weisman,* 505 U.S. 577, 596 (1992).
13. *Lemon* v. *Kurtzman,* 403 U.S. 602 (1971).
14. *Id.* at 612-13.
15. *Stone* v. *Graham,* 449 U.S. 39 (1980).
16. *Wallace* v. *Jaffree,* 472 U.S. 38 (1985).
17. *Edwards* v. *Aguillard,* 482 U.S. 578, 594 (1987).
18. *McGowan* v. *Maryland,* 366 U.S. 420, 445 (1961); *Board of Education* v. *Allen,* 392 U.S. 236 (1968).
19. *Estate of Thornton* v. *Caldor,* 472 U.S. 703 (1985).
20. *See, e.g., Marsh* v. *Chambers,* 463 U.S. 783 (1983); *Board of Education of Kiryas Joel Village Sch. Dist.* v. *Grumet,* 512 U.S. 687 (1994).
21. *Lynch* v. *Donnelly,* 465 U.S. 668 (1984).
22. *ACLU of New Jersey* v. *Schundler,* 1999 WL 7766 (3d Cir. Feb. 16, 1999).
23. *Allegheny County* v. *Greater Pittsburgh ACLU,* 492 U.S. 573 (1989) (plurality op.).
24. *Id.* at 601.
25. *Id.* at 615.
26. *Id.*
27. *Capitol Square Review Bd.* v. *Pinette,* 515 U.S. 753 (1995).
28. *Lamb's Chapel* v. *Center Moriches Sch. Dist.,* 508 U.S. 385 (1993).
29. *Employment Division* v. *Smith,* 494 U.S. 872 (1990).
30. *Church of the Lukumi Babalu Aye* v. *City of Hialeah,* 508 U.S. 520 (1993).
31. *Society of Jesus* v. *Boston Landmarks Comm'n,* 564 N.E.2d 571 (Mass.1990).
32. *See, e.g., Minnesota* v. *Hershberger,* 462 N.W.2d 393 (Minn. 1990).
33. 42 U.S.C. § 2000bb-2000bb-3.
34. *City of Boerne* v. *Flores,* 521 U.S. 507 (1997).
35. *See Island Trees Union Free School Dist. No.26* v. *Pico,* 457 U.S. 853 (1982) (plurality op.)（反キリスト教，反ユダヤ人を理由とした学校管理者による図書の除去について，修正第1条により保障された表現の自由への侵害であると判決した）.
36. *Abington Township* v. *Schempp,* 374 U.S. 203 (1963).

第6章
利用者と図書館員の関係：
図書館の秘密性に関する法律

　自由な人間というマディソンの考えは,「精神の自由」の保障を最重視する[1]。マディソンは, 自分が最も責任を持って起草した合衆国憲法の承認を主張するときに「精神の自由」という概念を用いたし, のちには修正第1条でこの概念を具体化した。合衆国最高裁判所は自由な思考という憲法上の配慮を認識して, 人びとの「抽象的な信念［や思想－原書－］は, たとえ大多数の人にとっていかに嫌なものであっても」, 政府が罰するものとして「考慮に入れることはない」と判断している[2]。

　同じように, 人びとの読書内容を幅広く検査するのも「精神の自由」への侵害になる。だれかが『わが闘争』［平野一郎・将積茂訳, 角川文庫, 1973］を読んだとしても, その人が憎らしい思想に肩入れしているわけでも, 信奉者と結びついているわけでもない。しかし『わが闘争』を読んでいるという情報が流通して, 当人の評判が傷つくのを知るのはたやすい。またこの種の情報の公開を予見して, 論争的資料の回避という傾向も生じるだろう。

　昨今はやりたい放題の政治状況にある。最も低次元なことだが, 政治的対立者が, 公立図書館で相手の利用した図書から最悪の予想をして, たたきのめすために使うといったことが容易に想像できる。またおなじみの演台から対立者に,「彼が……を読んだということは公的記録である」と公言することも簡単に予想できる。公職の獲得競争で生じるのと同じ不名誉なことが, 会社や学界の政治, 多くの社会生活に広がっている。人を理由なく当惑させたりあざけったりする類似の試みについては, 何ら想像力をたくましくする必要はない。こうした世界の場合, 読者は不人気, 論争的, あるいは問題ある図書を避けるだろう。こうなれば修正第1条の中心原則と大いに衝突する。また知的自由が何らかの意味と目的を持つとすれば, 避けるべき事態である。

合衆国最高裁判所はバンタム・ブックス社対サリヴァンという重要な事件[3]で，上のことを認めている。この事件の発端は，ロードアイランド州青少年道徳向上委員会が，図書や雑誌の取扱業者に通知を出したことにある。すなわち同委員会は特定の図書と雑誌を指定し，18歳未満の青少年への販売，配布，展示を「好ましくない」としたのである。指定刊行物を自発的に取り下げなかった業者は，猥褻の提供者として起訴のために州法務長官に回付される。と同時に同委員会は，好ましくない刊行物の一覧を各地の警察に配付すると告知した。

合衆国最高裁判所の判断によると，図書のブラックリスト作成は「州による検閲計画であって脱法的制裁に相当し，［青少年道徳向上委員会は－原書－］助言機関ではなく抑圧機関として活動した」[4]となっている。この判決の重要性は，政府による脅威，威嚇，摘発は，言論の自由の権利を萎縮すると認めた点にある。

1節　図書館記録の秘密性に憲法上の権利はない

こうした論理的結論にもかかわらず，現在のところ裁判所は，公的記録の秘密性が今でも発生期にあるプライヴァシーという憲法上の権利の枠内に入るとは宣じていない。しかしながら修正第1条の主張から，おそらく牧師と懺悔者との秘匿特権と似たような，ある種の限定的特権が図書館記録の開示について存在すると容易に構成できるであろう。情報の秘密性についてこのような認識がなければ，言論の自由の権利に萎縮効果を生じる可能性は明らかで，この点は合衆国最高裁判所が従来から認めている。ウィリアム・O. ダグラス裁判官は，かつて次のように述べた。

　　出版者が図書，パンフレット，文書の購入者を開示せねばならないなら，まさに出版監視の開始である。……ひとたび政府が出版者に刊行物購入者の名前を求めることが可能になれば，現在のような出版の自由は消滅する[5]。

最近になって合衆国最高裁判所はこうした結果が生ずる可能性を認めたが，それは政府が非営利唱導グループの支援者に関する情報を求めた事件のときで

あった。そして秘密性を守る十分な備えがなければ,「憲法の保護下にある言論を実質的に減退させる」とし,そのことで「修正第1条の活動を侵害」すると述べている[6]。大陪審による召喚状が図書館記録や図書販売記録を要請したとき,裁判所はそうした要請の修正第1条上の含意を認め,やむにやまれない利益と最も制限的でない手段というテストを政府に用いたりする。この扱いにはかなりの判例が存在する[7]。なお図書館に関連して修正第1条の保護に頼るのは,制定法での保護が進展したため必要性がなくなってきた。

2節　ヴィデオ・プライヴァシー法

　ロバート・ボーク裁判官が1987年に合衆国最高裁判所の裁判官候補になったとき,憲法にプライヴァシーの権利があるという考えを軽蔑した。ボークは連邦上院の承認を獲得できなかったが,ボーク候補はプライヴァシー法に影響を与える結果になった。憲法上の諸問題にたいする己の主張を実践しているのか調べるために,ある果敢な報道関係者は,ボークの近所のレンタル・ヴィデオ店からボークの借り出したヴィデオ一覧を入手した。これはボーク候補者のヒアリングが連邦上院で開かれているときであった。この個人的なヴィデオ借り出し記録の暴露をめぐるスキャンダルを契機として,1年後に連邦のヴィデオ・プライヴァシー法が通過した。同法はそうした記録の秘密性を守っている[8]。

　ヴィデオ・プライヴァシー法は私企業だけでなく公立図書館もおおい,ヴィデオの業者や貸出者に利用者の個人識別情報の開示を禁止している。なお同法は開示を認める4つの例外規定を設けている。第1に,当の利用者自身が開示を承知して書面で同意している場合,そうした書面を持つ人には開示できる。すなわち記録の明かされる当人が書面で開示の許可を与えねばならず,明かすべき記録の内容と使用法を十分に知っていなくてはならない。この例外規定によると,明らかに利用者は己のヴィデオ借り出し記録を閲覧できる。

　第2に,法執行機関が有効な捜査令状を持つ場合,そうした法執行官に記録を開示しうる。一般的に警察官などの法執行官は,裁判官や治安判事に令状を請求して捜査権を得る。そうした令状は法廷命令の形を取る。修正第4条は,

法廷命令の請求には捜査が犯罪の証拠を明らかにすると信じうる十分な理由——「相当な理由」として知られている——を伴うよう求めている。そうした請求には1つ以上の宣誓供述書が添付されようが，それは法執行官が捜査場所に証拠があるとの合理的な疑いを持つ基盤となる。捜査令状は法執行官に捜査場所や押収物を特定している。捜査令状が過度に広範なら無効になるし，——そうした捜査から得た証拠は事実審理から外される。

第3に，ヴィデオ・プライヴァシー法の下では，法廷命令に従って情報を明かすことができる。その場合，開示を求められている利用者に裁判所の手続を通知し，利用者に法廷命令と争う機会がなければならない。通常，この例外規定は裁判所が調べて認めた召喚状に適用される。そうした場合，請求者は裁判所にたいして，求める情報が証拠となるか，事件に適した証拠を導くであろうということを示す。図書館は召喚状に抵抗できる。すなわち求められている情報と事件に十分な結びつきがあるか否か，裁判所の決定を求めることができる。

第4に，利用者情報は名簿の形で開示しうる。ただし利用者が初回にサービスを申し込むとき，名簿から自己を除外させるという機会をはっきりと目立つ形で提供していた場合に限られる。この例外規定はヴィデオショップに，ヴィデオ愛好家に製品を売り込もうとする他者への顧客名簿の販売を許している。もっとも名簿であって，個人の借り出し記録を含んではならない。そうした名簿の販売の際には，個人識別情報が名簿として他者に販売されうることを，利用者に周知しなくてはならない。またヴィデオサービスの初回の申込み時に，名簿への名前と住所の未登載を利用者に許さねばならない。

ヴィデオ・プライヴァシー法への違反には，重い罰を科すことができる。損害が認められると，最低2,500ドルの罰金となる。情報を明かしたことで利用者が金になる職を失った場合など，実害が2,500ドルを超えると，被害者の損害を補償する額を科す。

さらに同法は懲罰的損害も規定し，違反者の行為が特に悪質な場合に適用される。懲罰的損害の場合，実害額の数倍の罰金が科せられたりする。これは違反者を罰し，当の違反者や個人情報の保管に無頓着な人が，違反行為を再発し

ないためである。また個人情報が明かされた人は違反者に，弁護士報酬も含めて裁判費用の賠償を求めることができる。最後に同法は裁判所にたいして，禁止命令といった適切な救済措置を命じる権限も付与している。

3節　州情報自由法からの免除

　しかしながらヴィデオ・プライヴァシー法は，ヴィデオ借り出し記録のプライヴァシーしか扱っておらず，図書館の貸出記録全般を含んではいない。とはいえ州はこの問題を無視してはこなかった。事実，ほとんどすべての州は，公立の図書館の記録を秘密にするとの法律を採択している。しばしばこの種の法律は，州情報自由法 (FOIA) の例外規定として存在する。一般的に情報自由法は，いかなる住民の要求によっても公的記録を開示するよう求めている。

　情報自由法の目的は，政府の働きを白日の下にさらすことにある。公開の背後にある思想は，ルイス・ブランダイズ裁判官の有名な言葉にみられる。すなわち「社会や産業の病理への救済として，公開 (publicity) はまさに讃えられる。日光は最良の解毒剤，電燈は最効率の警察官といわれている」[9]。ブランダイズの言が明示するように情報自由法の背後にある思想は，人びとが行政決定者の記録を検査できれば，決定は政策作成者よりも人びとの関心に依拠するだろうということにある。公共政策が公益から離れるとき，公開だけが，正すべき欠点，腐敗，義務不履行を住民に知らせることができる。権力の所在が人びとに位置する行政システムの場合，人びとが政府の図書や記録を検査できることが肝要となる。

　それでも政府が持つ情報のなかには，明らかに秘密性を維持すべきものがある。そのため多くの州情報自由法は，情報公開から公立の図書館の一定の記録を除外している。一般的にそうした除外は，図書，文書，フィルム，レコードその他の図書館財産を借りた利用者について，利用者識別記録を秘密として保障している。情報自由法では人事記録は別途に除外規定になっている。一方，図書館理事会記録，図書館の方針や手続，その他の行政的な記録や政策的な記録は，まさに情報自由法の枠内に入る。したがって法律や図書館の方針の実施

方法が定める手続に沿って，公開しなくてはならない。

　そうした除外規定の効力は，ニューヨークの事件で明らかである。ある印刷業者は，従業員が会社のコンピュータを悪用し，サラトガ・スプリングズの図書館を介して，インターネットにアクセスしているとの疑いを抱いた。この会社は，会社のコンピュータを個人目的に使用することを禁じていた。何回かにわたって過大な電話料金の請求を受けたのち，会社は次のように信じるにいたった。従業員は会社のコンピュータからウィスコンシンにある本社のメインフレームのコンピュータに入り，そこからサラトガ公立図書館に長距離電話をかけてインターネットにアクセスしている。サラトガ公立図書館からインターネットへのアクセスは，図書館が無料で自由に提供しているパスワードによって可能である。

　この方法を使ったために，会社は約23,000ドルの長距離電話料を負うはめになった。会社は張本人を割り出す一助として，サラトガ・スプリングズ市立図書館に情報自由法にもとづく開示請求を行った。図書館はこの要求を拒否した。情報自由法は図書館記録を除外しており，除外規定にははっきりとコンピュータを用いたデータベース検索記録を含めていた。ニューヨークの裁判所は，州情報自由法の採択の目的が住民の読む権利や思考の権利の保護にあると認めた。州議会の同法採択時の覚書きが，そのように記していたのである。また裁判所によると，図書館は「最大限に広範な思想のための固有の聖地である。そして望むものを読むという読者の権利を保障するために，記録の秘密性を守らねばならない。読書内容をだれかが知り，それを脅嚇のために用いるという怖れがあってはならない」[10]のである。さらに裁判所は次のように続けている。「［図書館］記録は公私の道徳の自称守護者から守らねばならず，憲法上の特権を逸脱して使用する公務員からも保護しなくてはならない。そうした保護がなければ，図書館利用者に萎縮効果を生じる。すなわちさまざまな思想の経路を探るという探求の精神がなくなるであろう。なぜなら他人が己の読書史を知る可能性を恐れるからである」[11]。

　それでも裁判所は，秘密性のあらゆる考慮に優越し，記録を開示する正当性

があるか否か決定しなくてはならなかった。しかし裁判所は開示を正当化する理由はないと判断した。例えば刑事犯罪捜査の一環としての情報の必要性といった，合理化があるかもしれない。しかしこの事件の場合，裁判所は会社の請求について，「親が子どもの読書内容や『インターネット』で見ているものを知りたい，……あるいは配偶者が相方の見ている情報の種類を知りたい」[12]と要求するのと相違がないとした。明らかに情報自由法での図書館記録の除外規定は，親や配偶者からの要求を含んでいた。裁判所によると，州議会は「かなり直接的かつ明瞭に，図書館記録の秘密性は侵害されてはならない」[13]と求めているのである。

4節　図書館の秘密性に関する法律

　図書館記録の秘密性を維持するいま1つの方法は，この目的のために別途に法律を採択することである。一般的にこれらの法律は，図書館で利用したりリクエストした資料について，個人識別情報の開示を禁じている。そうした州法はしばしば例外を設けている。すなわち図書館記録で識別される当人が書面で許可を与えた場合，あるいは裁判所が情報の開示を命令した場合である。実際のところ，これらの法律は情報自由法およびその例外規定とほとんど同じ役割を果たす。一般的に図書館記録の秘密性に関する州法は，不当にも記録を明かされた人にたいして，損害の救済を求めて図書館を提訴する権限を与えている。

　ブラウン対ジョンストン事件[14]の場合，地元で一連の牛の虐殺事件が生じ，法執行官は捜査の過程で魔法に関する図書貸出記録の開示を図書館に求めてきた。この事件でアイオワ州最高裁判所は，図書館記録の秘密性に関する州法の範囲を検討した。記録の開示を拒否されたので，カウンティの検察官は記録を求める召喚状を請求した。アイオワ州最高裁判所の判断によると，裁判所が発行した召喚状を持つカウンティ検察官の請求は，図書館記録の秘密性を定める州法の例外規定の1つに該当する。さらにアイオワ州最高裁判所は修正第1条の下での限定的特権の存在を認めつつ，そうした特権は「十分に根拠のある刑事事件，および刑事司法の公正な執行という州の利益」[15]の下位に位置すべき

であると判示した。ニューヨークの裁判所の情報自由法の解釈と同じように，アイオワ州の裁判所は，妥当な状況の下では，刑事司法の利益が図書館記録の秘密性に優越すると判断したのである。

5節　結論

公立図書館は図書館利用記録の秘密性を守る実質的な義務を負っている。この義務は，会社が従業員の図書館利用を知りたいという関心，さらには親や配偶者が自分の子どもや相方の読書内容を知りたいという関心に優越する。図書館記録を守るのに失敗した場合，図書館は実質的な経済的責任を問われかねない。

とはいっても，法律が課したり，合衆国憲法の下で存在するとされる秘密性の義務も絶対ではない。義務は例外規定に道を譲り，そうした例外には特に刑事犯罪捜査に関する法廷命令がある。公務員から個人貸出記録の要求に直面したとき，図書館は記録開示の公益性を独自に判断すべきではない。その決定は裁判所の仕事である。

注

1. *Federalist* No. 51 (J. Madison) [『ザ・フェデラリスト』斎藤眞・中野勝訳，岩波文庫，1999].
2. *Wisconsin* v. *Mitchell,* 508 U.S. 476, 485 (1993) (citing *Dawson* v. *Delaware,* 503 U. S. 159 (1992)).
3. *Bantam Books, Inc.* v. *Sullivan,* 372 U.S. 58 (1963).
4. *Id.* at 72.
5. *United States* v. *Rumely,* 345 U.S. 41, 57 (1953) (Douglas, J., concurring).
6. *FEC* v. *Massachusetts Citizens for Life, Inc.,* 479 U.S. 238, 255 (1986); *see also Denver Area Educational Telecommunications Consortium, Inc.* v. *FCC,* 518 U.S. 727, 754 (1996) (判決では，論争的番組について視聴者リストを維持することは，その番組の視聴に制限的な影響を有するとされた。「意図的か否かを問わず，万が一，経営者がリストを開示した場合の評判を利用者が恐れる」だろうからである).
7. *See, e.g., In re Grand Jury Subpoena Duces Tecum,* 78 F.3d 1307, 1312 (8th Cir.), *cert. denied,* 117 S.Ct. 432 (1996).
8. 18 U.S.C. § 2710.
9. *Quoted in Buckley* v. *Valeo,* 424 U.S. 1, 67 (1976) (citing Louis Brandeis, *Other*

People's Money (New York: F. A. Stokes, 1933 ed.), 62).
10. *In the Matter of Quad/Graphics, Inc.* v. *Southern Adirondack Library System*, 664 N.Y.S.2d 225, 227 (Super. Ct. Saratoga Cty. 1997).
11. *Id.* at 227-28 (citation omitted).
12. *Id.* at 228.
13. *Id.*
14. *Brown* v. *Johnston*, 328 N.W.2d 510 (Iowa 1983).
15. *Id.* at 512.

第7章

職場の問題：職員の言論の自由とハラスメント

　図書館は表現の自由の伝統的な領域，民主政体にとって中核的な重要性を持つ場である。市民は図書館で政府が作成した全種類の情報にアクセスできる。また政府と無関係に作られたデータ，それに政府に反対，批判するデータにもアクセスできる。さらに事実上，地上のあらゆる課題——それに地上の彼方を見わたす多くの課題——に関する豊かな情報を見つけることができる。言論が多様なメディアに存在する状況にあって，図書館職員が言論の才を行使したいと願うのも自然である——そしてそうした職員も，他者の言論にたいして一般社会が示すのと同じ広範囲の反応を示すであろう。

1節　職員の言論の自由の権利

　公立の図書館という職場で，かつ仕事を離れている場合，当然ながら職員は言論の自由の権利を完全にあきらめる必要はない——法律が認めている他の多くの権利についても同じである。しかし職員の言論が公の承認を帯びる——本質的にはあたかも政府自体の発言として受け取られるような——場合，あるいは職場を崩壊させるような言論の場合，政府は統制や規制ができる。例えばレファレンス・デスクにいる職員は，他者を己の政治的，宗教的，社会的見解に転向させるために，修正第1条上の権利を行使することはできない。また職員は己を表現して他者を混乱させるという修正第1条上の権利を持たない。
　しかし個人として公共の関心事を話すとき，公務員の言論の権利は頂点に達する。勤務を離れた場合，職員による図書館の管理運営批判を許すといった規則は，完全に道理にかなっている。職員には経験や図書館内部の運営を観察する機会があり，諸問題への特別な洞察や適切な図書館の方針を持っているかもしれない。職員から公益を促進するような運営上の変革を主張する機会を奪う

ことは,専門家による方針への助言を納税者から奪うことにもなる。公務員の言論に関する指導的判例事案において,ある教師は学区の寄金集めを批判する手紙を編集者に書き,解雇された。合衆国最高裁判所は,教師が「社会的に重要な課題について話す権利」を擁護し,職に復帰させた[1]。職員の言論の権利に関する憲法上の保護は,政府との契約者が政府に批判的な活動のために免許を失うといったことにも適用されるし,そうした契約者を守ることになる[2]。

こうした事件で職員が勝つには,「当の行為が憲法の保護下にあり,この行為が『実質的な要因』,すなわち」雇用者が職員にとった行動の「『動機となる要因』である」ことを,証明せねばならない[3]。しかし職員に不利な雇用上の決定が言論の問題と無関係なら,政府は申し立てられているような言論の問題が全く存在しない場合になすべき処理方法に従って行動したと証明して弁護できよう[4]。例えば上司の注意にもかかわらず遅刻があまりに多い場合,出勤記録は解雇を正当化するだろう。公的問題についての活動家職員の解雇が無効になるのは,実質的には公的問題への発言への仕返し解雇で,遅刻が単なる口実という場合である。

この規則は濫用の可能性があろう。問題を持つ職員は懲罰を避けるだけのために,職場問題について公の活動家になるかもしれない。しかしこの策略は成功しないだろう。裁判所はこの策略を認識しており,雇用の困難な状況を公的問題に変容することで,修正第1条の保護を得ることはできないとしている。ある事件で,地区副検事は異動の機先を制しようとして,異動を職場での方針問題にしようとした。そこで職の異動方針,異動が志気に与える影響,それに不服審査委員会設置の有用性について同僚検事を追及した。そののちこの検事は解雇された。

検事は裁判に持ち込んだが,合衆国最高裁判所は検事は何らの公的な関心事も創出していないと判断して,訴えを認めなかった[5]。検事は地区検事事務所の運営問題について,社会に知らせようとはしなかった。また検事の積極主義は,「コミュニティの政治的,社会的,その他の関心とかなり結びついていると考える」[6]ことはできなかった。

第7章　職場の問題：職員の言論の自由とハラスメント　103

　ほとんどの場合，個人的な不満は公的な関心事の水準に達しない。しかしながら不法な差別は優先的な社会的重要問題となる。職員と雇用者が私的会話において人種差別の問題で対峙したとする。合衆国最高裁判所によると，この場合はたとえ社会に伝わっていなくとも，明らかに公的な関心事で修正第1条の保護下に入ると判断している[7]。同じように職場での法律違反についての雇用者との会話も公的な関心事を含み，一般的には修正第1条で保護される。

　職員間の会話にも，公的な関心事の規則が適用される。一般的に職員間での公的問題への意見表明が解雇の理由になるのは，雇用者の顧客との関係に悪影響をおよぼす場合に限る。この問題についての重要な事件が，ジョン・ヒンクリーがレーガン大統領を撃った後に，テキサス州ハリス・カウンティ警察署で生じた。民間のデータ入力事務員が大統領暗殺未遂のニュースに関して，「彼が暗殺に再挑戦するのなら，そのときは成功を期待する」[8]と他の職員に話したのである。この言を理由に事務員は解雇された。この発言は，一般の人が利用できない部屋での私的会話であった。

　合衆国最高裁判所ではサーグッド・マーシャル裁判官が法廷意見を執筆し，「不適切とか論争的といった発言の性格は，そうした発言が公的な関心事か否かという問題と無関係である」[9]と結論している。この事件での発言はまちがいなく政治的で，大統領の方針への否定的見解を反映している。この言論がひとたび公的な関心事と認められると，それでもなお「公務の効果的な働き」を妨害すると証明した場合にだけ，解雇を正当化できる[10]。この判決にとって重要だったのは，法執行官が暗殺という不法行為の支持発言をしたのでも，警察署からの発言のように人びとに伝わったのでもないという点であった。それに警察署の効率的な業務遂行を妨げるという証拠もなかった。こうした理由で，この発言は憲法の保護下に入り，職員は職場に復帰した。

　公立図書館や学校図書館で，この種の問題が裁判になったことはほとんどない。それでも同じ原則が適用される。例えばウェストヴァージニア・ノーザン・コミュニティ・カレッジの図書館員の提訴がある。そこでは訴えの1つとして，一貫して勤務評価では高水準を得ていたのだが，学校管理者の学習資源センタ

一改善計画を批判したことで解雇されたとなっていた。図書館員の批判の要は，生徒が教室を移動するのに直接的に図書館の部分を横切らねばならないという点にあった。この批判は最終的に有効として受容されたものの，それでも解雇にかわりはなかった。図書館員は改善計画について図書館利用者を不合理にも混乱させ，図書館蔵書の保全に危険を生じると非難したのである。

　ウェストヴァージニア州最高裁判所は，大学は図書館員の権利を侵害し，学習資源センター改善計画への批判を理由に解雇したと判示した[11]。合衆国最高裁判所の判例を適用して，「公務員は，言論の自由の権利，その他の修正第１条上の権利を行使した結果として，解雇，降格，その他の不利な処遇から守られる権利を有する」[12]と判断した。それでも修正第１条で保護されるには，そうした言論の自由の権利の行使が公的な関心事でなければならない。そして発言が申し立て事実の真実性について無頓着であったり，虚偽の知識ではならず，職場の規律や調和を混乱したり，同僚職員の個人的な忠誠や信頼を破壊してはいけない[13]。このウェストヴァージニアの事件の場合，裁判所は学習資料センター計画への批判をまさに公的な関心事と把握し，批判は無頓着でも混乱させるものでもないとした。それに批判を解雇の実質的な要因と判断したのである。結果として，図書館員の修正第１条の権利が侵害されたことになる。

2節　ハラスメント

　職場の効率的な働きを妨げ，公民権法に違反するものとして，差別行為がある。公民権については全国的にかなりの進展がみられるものの，差別という社会悪はいまだに職場で生じている。不幸にも職員間での不平等は広く存在し，取り組むべき課題として続いている。

　本質的に相違する扱いならば容易に差別とわかるし，それは法律が禁じている。しかしそう容易でないものもある。例えば人種による排除は即座にわかるし，法律で対処できる。また雇用継続の見返りに性的関係を求めるのは明らかに不法な差別で，対価型差別と呼ばれる。しかしハラスメントの問題が職場での不快な言葉や画像の出現の結果として生じるとき，保護下にある言論から不

法なハラスメントを分ける作業は，かなり骨の折れる仕事になる。

連邦および州の公民権法は，人種，ジェンダー，宗教，出生国によるハラスメントを不法な差別としている[14]。なお性的志向といった範疇を設けて，保護すべきグループとしている州や地方もある。反ハラスメント法の中核は連邦公民権法第7編である。ハラスメントとの非難を評価するにあたって肝に銘じるべきは，犠牲を申し立てる人が公民権法第7編が定める保護グループに属さない場合，第7編を梃にして提訴できないということである[15]。したがって例えば左ききの人へのハラスメントがいかに残酷であっても，公民権法違反にはなりえない。もっとも他の法律への抵触は考えられる。連邦法および大多数の州法の場合，ハラスメントを含めて職場での不法な差別とは，「雇用条件」(terms, conditions, or privileges of employment)[16]に悪影響となる行為である。

理解できるだろうが，人種，ジェンダー，出生国をもとにした虐待が充満している職場では，すぐれた職務遂行は実質的に不可能となる。こうした敵対的環境は法律違反になるし，「雇用条件」への悪影響という指図書きにきちんとおさまる。合衆国最高裁判所は，そうした濫用は連邦公民権法の水準にまで持ち上げると認めている。すなわち「職場に『差別的な威嚇，あざけり，それに侮辱』が充満し，それらが犠牲者の雇用条件を変えるほどに，また虐待に満ちた職場環境を生み出すほどに，十分に苛酷であったり充満している」[17]場合，連邦公民権法適用の水準にいたるのである。

そうした申し立てを検査する際，裁判所が焦点に置くのは，申し立てられた行為が非常に「苛酷か充満しており，客観的にみて敵対的または濫用的な職場環境——普通の人が敵対的または濫用的とする環境——」[18]になっているのか否かの判断である。合衆国最高裁判所はこうした方法を取ることで，「単に不快な行為を提訴できるようにすることと，明確に心理的な害を生じる行為を求めることとの間の中道」[19]を目指してきた。ハラスメントや敵対的職場環境に関する裁判事件は，「単に職員を不快にさせるののしりを，……発した」[20]という証明だけでは成立しない。判例法によると，敵対性が客観的に識別でき，また仕事に影響するほど十分に頻繁でなくてはならない。

環境が敵対的と判断するにあたって，裁判所はすべての環境を検討する。そこには「差別的な行為の頻度，苛酷さ，それに肉体的な威嚇やあざけり，あるいは単なる不快な発言なのか，職員の職務遂行を不当に妨げているのか」[21]といったことである。一般的にみて，敵対的職場環境を理由に主張するには，原告は以下を証明しなくてはならない。

1. 原告は［公民権法で］保護されるべきグループに属している。
2. 原告は望まないハラスメントの対象になった。
3. ハラスメントは原告の人種，性，あるいは出生国を理由とした。
4. ハラスメントが雇用条件に影響した。
5. 雇用者はハラスメントを知っていたか，あるいは知るべきであったが，すみやかに効果的な是正措置を取らなかった。

敵対的環境と確定するには，高い敷居をくぐる必要がある。問題とされる言葉や画像が単に不快とか，人種や性について嫌悪をもよおす政治思想を表明したというだけでは，反ハラスメント法に違反しない。ハラスメントとの申し立てには，犠牲になったと訴える人の主観的な見解に加えて，客観的分析が用いられる。そして記録全体，環境全体を検討する[22]。そのため，ことのほか感情的な1人の個人の反応が，ハラスメントの事件を構成するのではない。

多種多様な法的関心の相互作用は，具体例によって最も明確になる。例えばロサンゼルス市消防局は性的ハラスメントに反対する方針を設けた。そこでは性的記事の多い雑誌，「特に『プレイボーイ』，『ペントハウス』，『プレイガール』といったヌード写真を含む雑誌」の職場持込みを禁じていた[23]。連邦裁判所はこの方針部分を無効にした。その理由は，「『プレイボーイ』を私有し，読み，同意の上で共有する」[24]という消防職員の修正第1条上の権利を侵害しているからである。さらに判決は，単に性的ハラスメントを避ける必要性という主張では不十分で，雇用主には「［禁止した活動が－原書－］想像ではなく事実として［職場を－原書－］混乱させる」[25]ことを示す積極的義務があると指摘している。また職場にいる女性がヌード写真で不快になったというだけでは十分でない。というのは方針の合憲性を問題にした同僚職員は，単に自分の雑誌を静か

に人目を避けて読もうとしていたからである。一方，裁判所は，もし当人が「雑誌の内容を何も知らない職員にさらした」[26]とすれば，異なった問題が浮上したかもしれないと述べている。また職員が女性同僚職員にたいして堕落した考えを持たないように，雇用者はそうした雑誌へのアクセスを制限できるとの主張があった。しかし裁判所はこの考えも拒否した。すなわち，「男性消防士の読める資料の規制によって，男性消防士の行動を規制する取り組みは断固として許されない。……政府は読み手がある種の思想を抱くのを防ぐために，資料を規制することはできない」[27]のである。実際のところ，資料へのアクセス制限によって読者の見解を変えようとする試みは，「修正第1条にまつわるあらゆる規制のなかで最も厭がられる」[28]。

　雇用機会均等委員会は，差別的ハラスメントを担当する連邦の機関である。同委員会は，「性的中傷，『裸体を売り物にする』写真の展示，その他の不快な行為の浸透は，たとえ多くの人が無害で取るに足らないとみなしても，敵対的職場環境になりうる」[29]と述べている。これは確かに本当で，裁判所も受け入れている。それでも司法判断で要となるのは，差別的表現の充満とそこから生じる行為である。

　造船所を舞台にする事件で，ある女性造船工は性的ハラスメントとして雇用主を訴えて勝利を得た。というのは女性のヌードや半ヌードの写真が，同僚仲間の職場のいたる所に大量に貼られていたからである。造船会社は政治的，営利的資料の貼付を禁じてはいたが，ヌード写真は許していた。さらに会社は仕事に新聞や雑誌の持込みも禁じていたが，ポルノ雑誌については違うように考えていたようである。それにまた管理者も事務所で同じ雑誌を読み，同種の写真やカレンダーを貼付していた。

　こうした環境に加えて，みだらで性的な言葉や冗談が，少数の女性造船工に投げかけられたり，女性造船工をだしにして発せられたりした。その結果「［性的ハラスメントの生じる－原書－］職場環境となり，ハラスメントが頻繁で浸透していた」[30]。重要なことだが，裁判所は修正第1条の問題とはみなさなかった。というのは，雇用者は造船所での性的な写真や口頭でのハラスメントによ

って何らの表現も試みていないと述べたからである[31]。性的表現を目的に含む事業なら,この裁判とは異なる分析になっていたであろう。

しかしこの事件の場合,会社は職場で写真をはじめとする資料貼付を禁じる方針を容易に実行できたろう。本事件の判決は他の判決よりもはるかに進み,次のように判示した。「写真や口頭でのハラスメントは保護下にある言論ではない。なぜなら敵対的環境のなかで差別的行為として機能しているからである」[32]。

写真や口頭でのハラスメントは保護下にないとしたが,言論の自由に関する同判決のこの第2の部分は,他の判決からたいした支持を得られないようである。合衆国最高裁判所自体は「単なる不快な発言」は罰すべきハラスメントにならないと判断しており,最高裁判所が反駁しているように思える[33]。他の裁判所も一貫して,「少数の性的な言及や中傷といった差別的行為の偶発的,散発的な表明」は,差別的行為の主張に「なりえない」としている[34]。一方,「ジェンダーに依拠する野卑で不快なののしりが常に流れている」場合,すなわちその種の写真や言及が十分に苛酷で充満しているときにだけ,修正第1条の分析での均衡が変化する[35]。

こうした理由で,職場での類似のヌード写真などで不快になっても,多くの事件は公民権法第7編に違反しないとされた。ある男性職員にまつわる事件では,同僚職員が頻繁に侮辱的な言葉を発していた。そして勤務表,カレンダー,当人のロッカー,男性用トイレの壁に侮辱的なことが書かれていた。さらに提訴者が女性を犯したり,鹿に犯されたり,写実的な女性の開脚の間にいる蠅として描かれている絵が貼られたり,コピーされたりしていた。裁判所によると,たとえこの出来事が性差別と位置づけられるとしても,「性的に赤裸々なハラスメントの頻度は低く散発的である」[36]と判断した。そののち裁判所は,「男性を理由に［当の職員を－原書－］標的にしていたとしても,こうした散発的な出来事は濫用的職場環境を構成するほどには充満してもいないし,苛酷でもない」[37]と結論した。

ある女性巡査部長の事件の場合,巡査部長自身,より広くは女性全体が,警

察官協会のニュースレターの匿名コラム欄で，侮辱的な言及の対象となった。この女性部長は同警察で初めての女性巡査部長であった。この部長は4回のコラムで直接的に対象とされ，さらに6回のコラムではいっそう全般的な扱いであった。コラムでは女性の巡査部長職の適性をこっぴどく問題にしていた。連邦上訴裁判所は，「これらのコラムは『職員に不快感を生むののしり，……単なるののしり発言』に相当し，法律的には「客観的にみて敵対的または濫用的な職場環境を創り出すにたる苛酷さや充満性が生じていない」[38]と判断した。

　言論の自由とハラスメントとの関係について，第5巡回区連邦上訴裁判所は造船所の事件とはまったく異なる見解を採用し，次のように判示した。

　　　純粋な表現が関係している場合，公民権法第7編が修正第1条の領域に入り込む。この問題を否定したり過少に扱っても無駄である。なぜなら公民権法第7編を口頭での侮辱や写真や文書を理由とする性的ハラスメントの主張に適用するとき，法律は内容に依拠する制限，見解を差別する制限を，言論に課することになるからである[39]。

　たとえハラスメントが十分に苛酷かつ充満していても，包括的な反ハラスメント方針のもとで直ちに是正すれば，賠償責任を回避できる。合衆国最高裁判所の助言によると，そうした方針は全体的な反差別方針の一部としてハラスメントを明確に扱わねばならず，あらゆる差別を正すという雇用者の関心を職員にはっきりと伝えなければならない[40]。ハラスメントの報告を受ける当人がハラスメントの張本人といった問題を回避するために，代替となる報告機関を設置すべきである。そして方針は犠牲者が率先して報告するように考案せねばならない[41]。

　賠償責任を回避した決定的な例として，ベネット対コローン・アンド・ブラック会社事件がある[42]。ある女性職員は，猥褻な漫画で少なくとも4回標的にされたことを知った。漫画は男性用トイレに貼られ，「粗野で倒錯した性行為」をしていると描かれていた。漫画は1週間貼られ，会社の最高幹部も含めて男性職員，それに男性の来客者も見ることができた[43]。漫画を知って当の女性は職を離れ，そののち提訴した。この女性職員の主張を拒むにあたって，裁判所

は親会社の措置に信を置いた。すなわち親会社は,漫画を除去しなかった最高管理責任者を解雇し,女性の辞職後も給料を払い続け,この事件で彼女が心理療法にかかった医療費を支払い,彼女が会社で評判がよいことを保証し,会社として復職を願っていると請け合った[44]。連邦上訴裁判所はこうしたことから,公民権法第7編は会社が自発的に取った以上の救済をハラスメントの犠牲者に提供しないと結論した。

　雇用者がブラック会社の措置まで講じる必要がないというのは,まったくありそうなことである。一般的に「雇用者の法律上の責任は,……職員の性的ハラスメントを発見,是正するについて,理にかなった措置を講じることで果たされる」[45]。ある事件の場合,職員が上役の性的侮辱発言について人事部に苦情を述べた。そして,上役は不快な行動をやめるように言われ,謹慎を命ぜられ,昇給中止になった。十分な措置が講じられたのである。そしてハラスメントは終わり,実際に機能する方針が従来から存在したので,過ちは雇用者より職員にあるとされた。すなわちハラスメントの初期の時点で,停止させる手続を職員が取らなかったというのである[46]。事実,合衆国最高裁判所は,原告が性的ハラスメントで一応有利な事件であっても,雇用者の積極的な反証を認めている。すなわち雇用者はハラスメント行為を防ぎ是正する理にかなった措置を講じていること,および原告は雇用者が用意している措置を不合理にも活用しなかった,すなわち避けられるハラスメントを回避しなかったという証明である[47]。

　こうした判例はインターネット・アクセスにたいして,図書館は端末にプライヴァシー・スクリーンを採用できるし採用すべきであると強く示唆している。そのことで利用者のインターネット・アクセスによって不快を感じる職員を救済できる。この問題はさらに第9章で扱う。

3節　結論

　図書館は職員の言論の自由の権利と反差別の権利を尊重しなくてはならない。一般的にいって,図書館職員は図書館の運営や方針を含めて,公的な関心事に意見を表明する修正第1条上の権利を持つ。職員の言論が公的関心事であるた

めには，職員は雇用条件の不満を公的関心事に変容してはならない。この権利を適切かつ修正第1条の保護の範囲で行使するについて，職員は自分の意見表明を図書館の公式見解と取られるやり方で伝えてはならない。また意見表明の権利を，図書館の効率的運営を傷つけるために使ってはならない。

　言論や画像が敵対的職場環境を助長する可能性はあるものの，散発的あるいは偶発的な行為は職場環境を変えるに十分でなく，変えるには苛酷で充満していなくてはならない[48]。この点を忘れてはならない。同じように重要であるが，性的ハラスメントの問題は，猥褻でない性的資料を読んだり見たりする成人の憲法上の権利を視野に入れて検討する必要がある[49]。画像を含む性的ハラスメントの事件で勝訴したものをみると，しばしば職場に充満し，敵対的職場にしている他の差別的行為がある[50]。最後に，不満とされる資料が雇用者の事業と結びついている場合は状況が重要となる。職員によるハラスメントとの主張が，修正第1条の保護下にある資料の販売，配布，アクセスの提供という修正第1条上の権利に優越することはない[51]。プライヴァシー・スクリーンの使用も，ハラスメントの問題の回避に役立つ。

　この最後の検討は特に公立図書館に関連する場合に重要である。職員が憲法の保護下にある資料を図書館では不快として反対できるなら，各職員は図書館の蔵書内容に一定の統制権を有し，図書館自体が修正第1条の下で除去できない資料を，ハラスメントを口実に除去できることになろう。利用者は人種的，宗教的，性的に不快な資料の表示を口実に，特定の図書館員の助力を常に求めて，職員にいやがらせを加えうる。しかしそうした行動に気づく図書館は，職員の立場を守る方針を作成できる。すなわち利用者を助ける職員をローテーションにしたり，そうした助力の濫用を認めて，さらなる助力を拒否するといったことである。明らかに，図書館自体の反ハラスメント方針や苦情に対処する手続により，この問題を予知し処置すべきである。

注
  1. *Pickering* v. *Board of Education,* 391 U.S. 563, 574 (1968).

2. *Board of Comm'rs* v. *Umbher*, 116 S.Ct. 2361 (1996).
3. *Mr. Healthy City Sch. Dist. Bd. of Educ.* v. *Doyle*, 429 U.S. 274, 287 (1977).
4. *Id.*
5. *Connick* v. *Myers*, 461 U.S. 138 (1983).
6. *Id.* at 143.
7. *Givhan* v. *Western Line Consolidated Sch. Dist.*, 439 U.S. 410, 415 (1979).
8. *Rankin* v. *McPherson*, 483 U.S. 378, 380 (1987).
9. *Id.* at 387.
10. *Id.* at 388.
11. *Orr* v. *Crowder*, 315 S.E.2d 593 (W. Va. 1983), *cert. denied*, 469 U.S. 981 (1984).
12. *Id.* at 601 (footnote omitted).
13. *Id.* at 602.
14. *Meritor Savings Bank* v. *Vinson*, 477 U.S. 57, 66 (1986) (citations omitted); *see,e.g.*, 42 U.S.C.§ 2000e et seq. (1996).
15. *Gross* v. *Burggraf Construction Co.*, 53 F.3d 1531 (10th Cir. 1995).
16. 42 U.S.C.§ 2000e-2(a)(l).
17. *Harris* v. *Forklift Systems, Inc.*, 510 U.S. 17, 22 (1993).
18. *Id.*
19. *Id.*
20. *Id.* at 21 (citation omitted).
21. *ld.* at 24.
22. *See id.* at 21, 69.
23. *Johnson* v. *County of Los Angeles Fire Dep't*, 865 F.Supp. 1430, 1434 (C.D. Cal. 1994).
24. *Id.*
25. *Id.* at 1439 (citing *McKinley* v. *Eloy* 705 F.2d 1110, 1115 (9th Cir. 1983)).
26. *Id.* at 1440.
27. *Id.* at 1441.
28. *Id.*
29. *EEOC Compliance Manual* (CCH) § 614, ¶ 3114(C)(1), at 3274 (1990).
30. *Robinson* v. *Jacksonville Shipyards, Inc.*, 760 F.Supp. 1486 (M.D. Fla. 1991).
31. *Id.* at 1534.
32. *Id.* at 1535,
33. *Harris* v. *Forklift Systems, Inc.*, 510 U.S. 17, 24 (1993).
34. *Lowe* v. *Angelo's Italian Foods, Inc.*, 87 F.3d 1170, 1175 (10th Cir. 1996).
35. *Gross* v. *Burggraf Construction Co.*, 53 F.3d 1531, 1539 (10th Cir. 1995).
36. *Noble* v. *Monsanto Co.*, 973 F.Supp. 849, 857 (S.D. Iowa 1997).
37. *Id.*
38. *DeAngelis* v. *El Paso Municipal Police Officers Ass'n*, 51 F.3d 591, 595-96 (5th Cir.), *cert. denied*, 516 U.S. 974 (1995) (citations omitted).
39. *Id.* at 596-97.

第7章 職場の問題：職員の言論の自由とハラスメント　*113*

40. *Meritor Savings Bank* v. *Vinson*, 477 U.S. 57, 72-73 (1986).
41. *Id.*
42. *Bennett* v. *Corroon & Black Corp.*, 845 F.2d 104 (5th Cir. 1988).
43. *Id.* at 105.
44. *Id.* at 106.
45. *Baskerville* v. *Culligan Int'l Co.*, 50 F.3d 428, 432 (7th Cir. 1995).
46. Id.
47. *Faragher* v. *City of Boca Raton*, 524 U.S. 775 (1998).
48. *Baskerville* v. *Culligan Int'l Co.*, 50 F.3d 428, 430-31 (7th Cir. 1995).
49. *United States* v. *X-Citement Video, Inc.*, 513 U.S. 64, 72 (1994); *see also ACLU* v. *Reno*, 117 S.Ct. 2329, 2346-47 (1997).
50. *See, e.g., Robinson* v. *Jacksonville Shipyards, Inc.*, 760 F.Supp. 1486 (M.D. Fla. 1991).
51. *Stanley* v. *The Lawson Co.*, 993 F.Supp. 1084 (N.D. Ohio 1997).

第8章
子ども, 学校, 修正第1条

　合衆国の成人は, 政府の思想統制から完全な自由を有している。一定の思想を社会にあまりに危険とし, 制限する社会や文化がある。しかし修正第1条は, 合衆国政府が危険な思想や罪深い思想への成人のアクセスに温情的な監督をすることを禁じている。1959年に合衆国最高裁判所は,「修正第1条が基本的に保障しているのは, 思想を唱導する自由である。……[これには国が－原書－]市民の道徳的基準, 宗教的教え, 法的定めに反すると[信じる思想を含む－原書－]」[1]との判決を下している。

　しかし修正第1条の権利が問題になるとき, 未成年者は成人と同じ地位にはない。未成年者自身も言論の自由について大きな権利を持つが, 従来から合衆国最高裁判所は,「子どもの行為を統制する」州の権限は,「成人の行為を統制する権限よりもはるかに大きい」[2]としてきた。たしかに憲法の見地からすれば行為と言論には相異がある。しかしある思想や画像にさらすことが青少年の行為に影響しうるとの考えには, かなりの支持者がいる。そしてときには若者への多種多様な言論の制限を正当化するのに成功したりしてきた。

　それでも, 子どもの保護, 世話, 養育に主たる責任と決定権を持つのは親であり, この点に議論の余地はない。合衆国最高裁判所によると, 法律や規制をとおしての政府の適切な役割は, 養育についての親の選択を支援することにある。またときには親とは別途に, 若者の福祉を促進することにある[3]。特に政府が若者をある種の言論から保護することを主張するとき, 親に優越権を認めねばならないこととの綱渡りをすることになる。その場合, ときに親の意見は政府の一律の判断と食い違ったりする。

　それでも政府は子ども独自の利益を促進するために, 成人には完全に合法的な資料でも, 若者のアクセスを制限する一定の権限を有する。こうした政府の

特権は，州は「未成年者の身体的，心理的な福祉の保護」[4]にやむにやまれない利益を有するとの認識による。こうした特権は有効なものとして行使されてきた。例えば，成人には猥褻でなくても子どもには猥褻とされる資料を，未成年者に見せないことである[5]。また下品な放送から未成年者を守るといった権限である[6]。さらに学校内での野卑なことから生徒を守るといった権限もある[7]。

このように示すと政府は広範な権限を持つようにみえるが，限界は存在する。若者の保護という利益のために定められた言論規制は，目的にかなうように狭く設定せねばならず，不必要に成人や子どもの言論の自由の権利を侵害してはならない[8]。こうした問題でしばしば言及される例であるが，合衆国最高裁判所は子どもへの悪影響の可能性があるとして世間一般への資料販売を犯罪とする法律を憲法違反とした。この法律は狭く設定するという修正第1条の要件を満たしておらず，成人の読書の権利を侵害していた。憲法は規制にあたって大いに精確さを求めている。全員一致の最高裁判所判決で，フェリックス・フランクファーター裁判官は，同法を「豚を焼くのに家を燃やす」[9]ようなものとした。さらに判決は，「無邪気な青少年を近づけないという目的のために，成人男女にとって大して粗野でもない本から一般読者を隔離する」[10]権限を政府は持たないと加えた。また多分に——法律が目的達成に必要な限度を越えたことまで成し遂げてしまう——という考えが，インターネットの浄化を試みる「通信の品位に関する法律」を憲法違反にしたのである[11]。

1節　子どもも修正第1条上の権利を有する

エルツノツニック対ジャクソンヴィル市事件の場合，市条例は現代映画の性的場面から子どもを守るために，ドライヴイン・シアターで上映する映画での裸体を禁じていた[12]。合衆国最高裁判所は過度に広範との理由で，同条例を憲法違反とした。すべての裸体を有害に扱っていたからである。重要なことだが，判決は「立法府が若者に不適切と考える思想や画像から，若者を保護するという目的のためだけでは，……言論を抑圧できない」[13]と述べている。

他の事件で問題になったのは，連邦政府は勝手に郵送されてくる避妊具の宣

伝を禁止できるかということであった。同法は製造業者の勝手な宣伝チラシに適用されるとし，他の憲法上の理由で無効となった。微妙で論争的な主題についての外部からの刺激が親の主導権に取って代わるのを防ぐために，政府は親を助ける方法として禁止を正当化したのだが，合衆国最高裁判所はこの点をほとんど検討しなかった[14]。合衆国最高裁判所によると，同法は「明らかに未成年者への情報提供を禁じているが，未成年者は『大いに修正第1条の保護』を受ける」[15]となっている。連邦法が「無視した」保護の1つの面は，年長の未成年者にとっての「避妊情報の重要性」[16]である。最後にそして記憶すべきだが，合衆国最高裁判所は「郵便受けに入る言論の水準を砂場に適する水準に限定できない」[17]と述べた。

　最後の文言は，言論を十分に浄化して砂場遊具に適切なものにする試みを非難していた。この言明は，未成年者の成熟度を越えた言論から未成年者を保護する目的で言論規制をする場合に，そうした規制への限界も示している。また4歳と16歳では発達の水準が相違し，したがって異なる扱いの必要性も示しているのである。合衆国最高裁判所は「通信の品位に関する法律」を違憲としたとき，「未成年者を保護する連邦政府の利益は，［子ども時代を－原書－］通じて等しい強さではない」[18]と明示した。合衆国最高裁判所にとって，同法が18歳以下のすべての人に適用され，多くの成人に近い人が含まれることは問題であった[19]。17歳なら家を離れて大学にいるかもしれないが，「通信の品位に関する法律」は親が子どもに電子メールで避妊情報を送ることを犯罪としていた。合衆国最高裁判所にとってそうした結果は理解しがたいことであった[20]。狭く設定された制限——すなわち政府のやむにやまれぬ利益を達成するために必要最小限の制限——，それに年長未成年者の成熟度の高まりという2つの相関関係によって，修正第1条は未成年者の言論の自由の権利について，いっそう慎重な扱いと大きな認識を求めている。

　同じような理由で，裁判所は「17歳を含んで普通の未成年者のだれかが［未成年者にとって猥褻とみなされた資料に－原書－］重要な価値を見つけるなら，その資料は『未成年者に有害』ではない」[21]と判断している。

2節　公立学校での生徒の表現の自由

　公立学校といったいっそう構造化された環境にあっても，合衆国最高裁判所によると生徒は修正第1条上の実質的な権利を持つ。最高裁判所は画期的な判決で，次のように判断した。

　　　生徒や教師は，……校門で言論や表現の自由に関する憲法上の権利を離脱する……と主張することはできない。……校内にいる生徒は校外のときと同じように合衆国憲法の下では「人」(person) である。生徒は州への義務を尊重せねばならず，州は生徒の基本的権利を尊重しなければならない。我々のシステムの場合，生徒を州が伝達しようとすることだけの受け手，すなわち閉鎖回路の受け手とみなしてはならない。生徒を公式に認められた表現だけに囲い込んではならない[22]。

　この事件の場合，合衆国最高裁判所はヴェトナム戦争に反対し静かな抗議のために黒の腕章を着けた生徒の権利を，学校がそうした抗議を防ぐために規則を定めていたにもかかわらず支持した。判決によれば，生徒の言論の自由の権利は，未成年者による表現の自由の使用が「実体として授業活動を妨げたり，実質的な混乱を巻き込んだり，他者の権利を侵害したりする」[23]ことがない限り，尊重すべきである。そうした混乱は現実でなくてはならず，「曖昧な恐れや混乱の懸念では」[24]いけない。合衆国最高裁判所はこのように述べて，学校当局が不愉快な反応や激情を生むとの教育的推測に依拠して，論争的な言論を抑圧することを防いだ。合衆国最高裁判所は重要点を以下のように認識している。

　　　教室，食堂，校内で，他者の見解と異なる考えが話されている。こうした話から議論が生まれ，混乱が起こるかもしれない。しかし憲法はこの危険を避けてはならないと定めている。アメリカ史はこの種の危ない自由――この種の開放性――が，国の強さとアメリカ人の独立性と活力の源泉になっていることを示している。アメリカ人は，この比較的寛容でしばしば論争的な社会で成長し生活している[25]。

　生徒は混乱を生じない言論を行うという重要な権利を持つ。言論が未成年者

に猥褻とか他の筋のとおった禁止事項に該当しない限り、生徒は学校当局が不適切と決定した思想や画像へのアクセスを生徒に否定されることはない[26]。合衆国最高裁判所は大多数の場合、「修正第1条の保護下にある諸価値は、政府が未成年者への情報の流れを統制する場合にも同じように適用できる」[27]としている。

3節　生徒の権利と学校図書館の図書

　以上のような概念は、学校図書館を舞台とした修正第1条の諸問題を直接に扱う事件によって、さらに検討されてきた。そうした事件で最も重要なのは、おそらく第26アイランドトゥリーズ合同学区対ピコ事件で、「アイランドトゥリーズ」事件として知られている[28]。この裁判事件の源は、3人の教育委員が保守的な政治グループ主催の会議に出席したことにある。そこで学校図書館に置くべきでない図書一覧表が配られ、それを持って帰った。図書一覧とアイランドトゥリーズの学校図書館蔵書を照合し、一覧表のうち10点があることを突きとめた。そこで教育委員会はさらなる検討のために、それらの図書の除去を「非公式に指示」した。この措置に反対する動きに対処して、教育委員会は報道発表し、当該図書を「反アメリカ的、反キリスト教的、反ユダヤ主義的、それに明らかにみだら」[29]と結論した。

　除去された本には、以下のような定評ある図書があった。カート・ヴォネガット・ジュニアの『スローターハウス5』[伊藤典夫訳、早川書房、1978]、デズモンド・モリス『裸のサル』[日高敏隆訳、角川文庫、1999]、ピリ・トマス『貧民街』、ラングストン・ヒューズ編『黒人作家最秀作短編集』[橋本福夫・浜本武雄編、早川書房、1961]、著者不詳『十五歳の遺書：アリスの愛と死の日記』[平井イサク訳、講談社、1979]、アリス・チャイルドレス『英雄はサンドウィッチ』、ジェローム・アーチャー編『作家のための読本』、バーナード・マラマッド『修理屋』[橋本福夫訳、早川書房、1969]、それにエルドリッジ・クリーヴァー『氷の上の魂』[武藤一羊訳、合同出版、1970]である。

　図書検討委員会は除去された10点のうち、5点を書架に戻し、2点を制限書

架に，そして2点を永久に除去するよう結論した。残る1点については何の勧告もしなかった。それでも全員がそろった教育委員会は1点を除いて除去すると決定し，決定については何の説明もしなかった。

そののち数名の生徒が提訴した。除去は自分たちの修正第1条の権利を侵害するというのである。合衆国最高裁判所は5対4で生徒の主張を支持したが，7人の裁判官が異なる意見を書いている。多数派は，教育委員会は図書館蔵書の選択に無制限の権限を持つのではなく，除去は修正第1条に違反しているとした。相対多数意見によると，学校管理者は「学校図書館の内容を決定する大きな裁量権」を持ちはするが，そうした「裁量権を狭い党派的，政治的なやり方で行使すべきではない」[30]となっている。要するに最高裁判所は，「思想への公式の抑圧」[31]と把握したのである。「[教育委員会の－原書－] 不賛成の思想へのアクセス」を，生徒に拒否するために図書を除いたのなら，憲法違反が生じたことになる。なぜなら既存の判決が示すように，教育委員会の措置は「明らかに非難されるべき公式の正統性を課す試みにぴったりとあてはまる」からである[32]。

しかしながら合衆国最高裁判所は，教育委員会の除去の動機が野卑の浸透とか，教育的な不適性であるなら，憲法違反は生じなかっただろうとしている[33]。教育委員会の真の動機を決定するに際して最高裁判所が重視したのは，「論争的資料の検討のための文面上偏向のない所定の手続を定めて」[34]おらず，従うどころではなかった点である。最高裁判所によれば，すぐれた所定の手続があれば，党派やイデオロギーを動機とする除去から守ることができるのである。

ハリー・ブラックマン裁判官は，独自の意見を執筆して判決を支持した。そこでは「州の公務員が党派的，政治的理由だけで思想を認めないといった理由では，そうした思想へのアクセスを否定する」[35]権限はないと記している。

重要なことだが，判決は学校図書館に関して，「探求，勉学，評価，それに新たな成熟と理解の獲得のために，生徒にとって常に自由な」[36]場でなければならないとしている。そして生徒は学校図書館で「教室の内外で得た思想を試したり拡張したり」[37]することを学ぶと続けた。さらに生徒に「完全に自発的な自

己教育と自己修養の機会」を与えることを，「学校図書館固有の役割」と加えたのである。それゆえ「教室といった強制的な環境」の場合，学校管理者はより大きな裁量権や価値の統制権を持つが，学校図書館はそうした裁量権や統制権の外にある[38]。

ピコ事件の最高裁判所判決と同じ分析を用いて，1995年に連邦裁判所は受賞小説『私のアニー』2冊を学校図書館から除去した学校管理者を，修正第1条違反として叱責した[39]。この小説は女子高校生間でのレズビアン関係の芽生えを，非難せずに扱っていた。多くの抗議を受けたのち，教育長は『私のアニー』の除去を命じた。教育委員は教育的に不適との決定による除去であると防衛した。しかし法廷はこの理由づけのベールをはがし，教育委員会は「たぶんに『私のアニー』が示す思想に反対して除去した」[40]と結論している。

4節　カリキュラム上の資料や活動をめぐる学校の権限

授業で使う資料の場合，合衆国最高裁判所は学校管理者が資料の教育的適性の決定に大きな裁量権を持つと認めている。ヘイゼルウッド対クールマイヤー事件は図書館蔵書の除去ではなく，生徒が高校のジャーナリズム・クラスで作成した新聞の2ページ分を，校長が除去した事件である[41]。この2ページには生徒の妊娠と親の離婚の記事があった。発行日が切迫し，記事を書き直す時間がなかったので，校長は除去が問題記事への唯一の対処法と決定した。校長の結論は，妊娠の記事はたしかに偽名を使っているが，それでも取り上げられた生徒は当惑するとのことであった。それ以上に，生徒が性行為や避妊を論じること自体が，学校の年少の生徒に不適と考えていた。校長は，離婚の記事には親を不公平に扱う箇所があるかもしれないし，子どもの書いた内容には当の親の同意や反応を求めるべきであると主張した。こうした理由で校長は記事の削除を決定をしたのだが，ただちに生徒編集者は提訴した。

合衆国最高裁判所は，生徒が校内で修正第1条上の権利を有すると確認した。そののち生徒の修正第1条上の権利は「学校という特別な環境の特徴に照らして適用しなくては」[42]ならないとする先例に，特に注目した。こうした特別な特

徴の1つの側面として,最高裁判所は短刀直入に次のように述べた。「学校は『基本的な教育的使命』と一致しない言論を生徒に許す必要はない。たとえ政府が学校の外で類似の言論を検閲できないとしてもである」[43]。それでも最高裁判所は生徒の個人的な言論と,「学校主催の刊行物,劇,その他の表現活動,すなわち生徒,親,住民が妥当にも学校のお墨付きを得ていると考える活動,……[それに-原書-]生徒に特定の知識や技術の注入を意図する……学校カリキュラムの一部としての特徴を持つ表現活動」[44]とを区別している。個人的な表現は,いっそう大きな憲法上の保護を得る。学校の言論と思われるような言論は,いっそう大きな統制に服する。

　除去という措置をカリキュラム上の決定と把握することで,合衆国最高裁判所は生徒の書いた記事を学校自体の言論と捉えることができた。最高裁判所によれば,明らかに学校管理者はカリキュラム上での生徒の表現を統制できる。それは「授業計画の示す内容を参加者が学ぶこと,読者や聴者が成熟度に不適な資料にさらされないこと,個人的発言者の見解が誤って学校に帰されないことを保障する」[45]ためである。争点になっている実際の話し手について,学校はこうした諸目標や他の生徒の権利を侵害する言論を規制できるだけではない。妥当にも「文法的誤り,悪文,調査不足,偏向や偏見,野卑や冒瀆,あるいは未成熟な読み手に不適」[46]といった言論にも手を加えうる。

　実のところ合衆国最高裁判所が学校当局に与えている権限はたいへん広範なので,実際には学校が不適切とみなすあらゆる表現をおおっている。最高裁判所自身の定義によると,そこには「小学校でサンタクロースの存在を肯定する言論から,高校でのティーンエイジャーの具体的な性行為」にいたる言論,さらには「『洗練された社会的秩序という共通の価値』に反する行動」の唱導を含む[47]。生徒の言論にたいする多大な権限の行使の鍵となるのは,学校管理者の「行動が正当な教育的関心と合理的に結びついている」という必須要件である。これは異議をさしはさむには困難な基準で,学校管理者はたいして立派でない動機による行動を守るために,口実として教育的な合理化を用いることができる[48]。

従来から裁判所は、学校管理者による教育的な正当化の説明を額面通りにとってきた。検閲的行動の背後に明白な政治的動機があり、その証拠がある場合にだけ、学校管理者が教育的関心という主張に勝つことができる。学校管理者が権限を極端にまで使用する例は、ヘイゼルウッド裁判後ただちに生じた。フロリダ州コロンビア・カウンティの高校の場合、教育委員会は第11学年と第12学年の人文科学の教科書の使用中止を決定した。これは1人の親が教科書の中の『女の平和』と『粉屋の物語』［『カンタベリ物語（上）』西脇順三郎訳、ちくま文庫、1987、p.113-141］に反対したためである。前者はアリストファネスが紀元前411年頃に書いた作品で、後者はジェフリー・チョーサーが1380年から1390年頃に書いたものである。親の苦情はセクシュアリティと野卑にあった。この親の請願に応じて、教科書は倉庫に入れて施錠された。もっともこの2つの作品の改作や翻訳も含めて、学校図書館では利用できた。

除去の決定に反対する親のグループが、子どもの代理で提訴した。第11巡回区連邦上訴裁判所は連邦地方裁判所の判決を確認するとともに、ヘイゼルウッド事件判決を見習っている。たしかに裁判官は、「こうした西洋文学の代表作によって、ほとんど成人に近い若者がいかほどの害を受けるか大いに疑問である」[49]と考えはした。それでも正当な教育的関心に基づくカリキュラム上の決定として、教科書の除去を支持したのである。

合衆国最高裁判所は、学校は学校の公式刊行物に決定権を持つとした。とはいえ学校はこの権限を行使する必要はない。ヘイゼルウッド事件判決でさえも、学校が生徒の表現のフォーラムとして刊行物を指定している場合、修正第1条上の権利がいっそう適用されると認めている[50]。そして多くの学校がそのようにしてきた。いくつかの州はヘイゼルウッド事件判決に反応して、生徒ジャーナリストの言論の自由の権利を保護する州法を採択した[51]。もっとも表現が学校の崩壊や混乱を生じる場合は別である。また生徒ジャーナリストの表現の権利について合衆国最高裁判所が修正第1条で認めたよりも、州憲法は大きな権利を与えていると解釈できる[52]。

『女の平和』と『粉屋の物語』に関するフロリダ州の事件のように、カリキ

ュラムから刊行物を除去したり，公立学校内での言論を罰したりする際，セクシュアリティと野卑がもっともらしい教育的正当化として使われる。例えば第3巡回区連邦上訴裁判所はシーフリード対ウォルトン事件で，劇『ピピン』の縮減版の実施を中止するという教育長の権限を支持した[53]。縮減版でも，依然として性的内容が多いとの理由である。それに合衆国最高裁判所も，学校は生徒総会での生徒役員選挙推薦演説で立候補者の適性をみだらな含意のある言葉を多用して推薦した生徒を罰したのだが，そうした学校の権限を認めている[54]。

学校のお墨付きと考えられないような生徒の言論であっても，セクシュアリティや野卑を理由に一定の制限を課することができる。ある学校の方針は，次のような場合に学校管理者はアンダーグラウンドの新聞の配布を禁止できるとしていた。すなわち，記事が「未成年者に猥褻」，「名誉毀損」，「下品や野卑の浸透」，「学校や学校活動の正当で秩序立った運営を実体的，実質的に崩壊」させそうな場合，あるいは「法で未成年者に禁じられている物品やサービス」の宣伝である[55]。裁判所はこの学校の方針を支持している。一方，ある連邦上訴裁判所は，内容に依拠する方針で，時間，場所，態様での規制に限定していない配布方針を，修正第1条違反と判示している[56]。

下品，猥褻，野卑は，学校管理者が生徒の成熟度を考慮する基準に従って扱う権限内に入る。しかし教育的目的を同じように主張して反対しても，裁判所で認められない場合もある。連邦上訴裁判所はプラット対第831独立学校区事件で，シャーリー・ジャクソンの小説『くじ』［深町真理子訳，早川書房，1976］のフィルム版をカリキュラムから除去することを，憲法違反とした[57]。フィルム版『くじ』は5年間にわたって授業で使われていたが，親や市民が暴力および伝統的な宗教や家庭の価値への批判的見方を理由に，苦情を申し立てたのである。このフィルムは，アメリカの小さな町で毎年一種の生贄のために1人の住民に投石するという内容である。判決によると，フィルム版『くじ』の除去は「イデオロギー上の内容」に依拠し，修正第1条に違反するとなっていた[58]。

生徒新聞の権利に関するいっそう保護的な基準は，生徒が校内に持ち込みはしたが，校内では配布しなかった新聞にも適用される。こうした校外新聞につ

いての指導的判決は『ハード・タイムズ』事件で,同紙は風刺と性的に赤裸々な内容を中心としていた。生徒は一部25セントで校外で購入し,教師が生徒の持つ『ハード・タイムズ』を没収した。この事件の後,校長は何の措置も取らないと決定したのだが,教育委員会は生徒出版者を停学処分にし,さらに追加の罰を科した。裁判所は生徒の権利を守るについて,本件は「捕われの聴衆である仲間生徒を考慮したり,……［あるいは］特定の表現を承認しているという印象を回避する」ために言論を罰したり禁じたりする出来事ではないとした[59]。一方で判決は,「学校管理者は校内から飛び出し,一般のコミュニティに入っていった。表現の自由はこうしたコミュニティで頂点に達する。……［そして－原書－］学校管理者の行動はコミュニティでの公務員を縛る原則で裁かれねばならない」[60]と判断した。

5節　宗教とカリキュラム

学校は若い人びとに,「民主的政治体制の維持に必要な基本的価値」[61]や,「コミュニティの価値」[62]を形成する社会的,道徳的な事柄を教え込むために存在する。それでも選択に際しては限定がある。1つの限定は見解中立という修正第1条の要請である。国教禁止条項ならびに宗教への政府の中立性の強調が,さらに限定を強いている。学校での正当な科目として比較宗教を教えることはできる。しかし特定の神学を促進するものとして,聖書講読はできない[63]。これは宗教について教えることと,宗教を教えることの相違である。合衆国最高裁判所はこの問題を2回扱ったが,それらは進化論と創造論をめぐる争いの形を取っている。

合衆国最高裁判所が最初に扱ったのは1968年で,1928年のアーカンソー州法の合憲性をめぐってであった。この法律はスコープスの「猿裁判」として有名な1925年の州法にもとづくものであった。アーカンソー州法は,公立の学校や大学で「人類は下等動物からの子孫である」[64]と教えたり,そのように教える教科書の使用を禁じていた。リトルロックの学区が州法に違反するような教科書を用いたのち,新しく赴任した教師は,州法を違憲とする法廷命令の発行を

求めた。そのことで刑事罰や解雇の恐れなしに当の教科書を使えるのである。この教師は下級審では勝訴したが，アーカンソー州最高裁判所は下級審判決を覆し，同法は学校のカリキュラムを定めるという州の権限を行使したものにすぎないとした。

　合衆国最高裁判所では，憲法上の検討が州の権限を打ちのめした。最高裁判所は1982年の学校図書館蔵書をめぐる争いで，学校の権限は「修正第１条の超越的な重要性」[65]に道を譲らねばならないと述べた。そして合衆国最高裁判所によれば，最高裁判所にしろ下級裁判所にしろ，「修正第１条の定めを教育システムに適用せねばならず，教育システムでは，言論や探求の自由，信条の自由といった基礎的価値を守るのが不可欠である」[66]と判示してきたのである。最も重要なことだが，修正第１条は公立学校内で「教室に正統性というベールをかざす法を許さない」[67]。

　ところで合衆国最高裁判所は，「アーカンソー州法は知識体系から一片の区画を取り出し，特定の宗教の教義と相容れないとの理由だけで，そうした部分を追放した。すなわち特定の宗教グループが『創世記』に下した特定の解釈である」[68]と判断した。最高裁判所によれば，こうした結果は修正第１条の定めと相容れない。修正第１条は政府に，「宗教の理論，教義，実践での中立を強いている」[69]。したがって「公立学校のカリキュラムを処方するという」政府の「まぎれもない権利は，修正第１条に反する理由によって科学的な理論や教えの教授を禁止し，違反すれば刑事罰に処すといった権利を伴うものではない」[70]。宗教的教義の支持は，まさに許されない理由である。この事件で争点になったのはアーカンソー州法の底に流れる目的で，そこには宗教的教義の支持があった。合衆国最高裁判所の結論は次のようであった。「明らかにアーカンソー州は，教師が進化論を扱うのを禁じようとした。その理由は，『創世記』が人類の起源についての唯一の教えであらねばならず，進化論はその教えに反するとの信念による」[71]。

　合衆国最高裁判所の判決は決定的に思えたものの，この問題はほぼ20年後に再び最高裁判所に戻ってきた。問題となったのはルイジアナ州法である。同州

法は，もし学校が進化論か「創造主義」のいずれかを教えようとするなら，片方を欠いてはならず，両方を教えねばならないとしていた。ルイジアナ州は，この「等しい時間」法を学問の自由を促進する手段と主張した。とはいえ合衆国最高裁判所にとって，この説明は理解困難であった。なぜなら，創造主義も教えなければ進化論の教授を禁止するという措置で，学問の自由という目標がどのように促進されるのか不可解だったのである[72]。代わって最高裁判所は，同州法の真の目的を明るみに出した。「創造主義法の目的は理科のカリキュラムを再構成し，特定の宗教的見解に合わすことにある。公立学校で教えるべき理科の主題は多くあるだろう。そうした多くのなかから，州議会はある宗派が従来から反対してきた1つの科学理論を教えることに影響力を持つことを選んだ」[73]。

合衆国最高裁判所はルイジアナ州法を違憲にするとともに，「生徒に人類の起源について多様な科学的理論を教えることは，理科教育の効果を高めるという明確な世俗的意図の下で有効に扱われうる」[74]と判断している。科学的な見方を競合させて調べるという方式は，ルイジアナ州が試みたことではなかった。そうではなく，「ルイジアナ州創造主義法は，1つの宗教の教義を促進しようとした。それは，公立学校の教室から進化論を追放するか，あるいは進化論を完全に拒絶する宗教的見解を提示するかによってであった」[75]。

進化論にまつわる裁判事件は，学校当局はカリキュラムの選択を通して宗教的な教義を促進できないと定めた。同じように親や生徒が教室に類似の統制権を行使できないことも明白である。親が己の宗教的な反対を満足させるために図書の除去やカリキュラムの変更を迫ったのだが，1987年に2つの連邦上訴裁判所は断固として親のそうした権限を否定した。スミス対教育委員会事件の場合，624人のキリスト教福音主義者が原告となり，44冊の初等中等学校の歴史，社会科，生活科の教科書の除去を求めた。人間主義という「宗教」を教えているとの理由である。連邦地方裁判所の裁判官は，合衆国最高裁判所による学校での祈りの諸判決と反対の立場を取る裁判官で，原告は除去の法廷命令を獲得し，まずは勝訴した[76]。親の主張によると，人間主義は反宗教的な宗教で，公立

学校での有神論の信仰を害しており,さらに政教分離の原則に反するというものであった。

連邦上訴裁判所は除去の決定を覆したのだが,次のように判断した。「俎上にのぼっている教科書の主たる効果は,本質的に宗教とは中立な内容の情報を,教科書を使う生徒に伝達する点にある。これらの教科書はいずれも,政府による世俗的人間主義の承認,あるいは政府による有神論の拒否を伝えるものではない」[77]。そうではなく,「[こうした教科書で]伝えられるメッセージは,政府がアラバマ州の公立学校の生徒に,自力での思考,多様な見解への寛容,自尊心,成熟,自恃,それに論理的な決定といった価値を植え付けようとする」[78]ものである。修正第1条は,こうした目標を禁止できないし,禁じない。そして教科書はモビールの公立学校システムに戻ったのである。

時を同じくして,他のファンダメンタリストの親のグループが,第1学年から第8学年までの基礎講読シリーズから,己の子どもを免除するように申し立てた。親の宗教的信条と相容れないという理由である。例えば第8学年の読本には,詩「目が見えない人と象」があった。この詩は,6人の目の見えない人がおのおの象の違うところに触れ,この動物の姿について各自がさまざまな意見を下すというものである。この詩は1つの教訓として,「神学論争でしばしば生じるように」,人びとは実際にだれも象を見ていないのに,象について「まったく無知なままにののしっている」と書いていた。親の苦情によると,当の詩は各宗教が神を限られた見地からしか記していないこと,すべての宗教はほんの部分的にしか正しくないことを教えているとなっていた。当の親にとって,これは異端であった。というのはファンダメンタリストの信条によれば,聖書は文字通り真実で,すべての他の宗教は誤りだからである。

同じように『アンネの日記』にも非難を加えた。この本は若いユダヤ人の女の子が隠れ家で書いた定評ある作品で,少女はナチの強制キャンプで死んだ。『アンネの日記』には,アンネが――単に何らかの信仰を持つことが重要で――,どの宗教かは重要でないと少年に述べる箇所がある。しかし原告の親によれば,どの宗教を信じるかがまさに重要で,自分の子どもが他のことを教え

られるのを欲しない。

　他の本も同じような理由で非難された。『オズの魔法使い』への非難は，超自然的なものの扱いと「よい」魔女のためであった。レオナルド・ダ・ヴィンチへの非難は,「ほとんど神に近い」創造的精神の持ち主の人間として記述していたためである。詩「何でも見よう」は，子どもはあらゆるものの一部分になれ，それは想像力の活用で理解できるとしており,「オカルトの実践」と批判された。テレパシーの活用を中心にする空想科学小説について，親は宗教的に異議ある点を見つけ，生徒は科学的概念として理解するかもしれないと抗議した。また24の箇所で進化を扱い，それらは子どもに神が存在しないことを教えているというのである。さらに性別役割の逆転や消滅に反対したが，特に家庭外での業績で認められた女性に関する伝記的資料に反対した。親が最も反対したのは，他の宗教は悪いとか，親のファンダメンタリストの見解が正しいといったことを付け加えずに，子どもを他の宗教にさらすことであった。

　第6巡回区連邦上訴裁判所は親の主張に反対し,「原告には唯一の受容しうる見解——原告の聖書解釈による聖書の見解——しかなく」,「個人的な信念や行為であれ，公的な政策やプログラムであれ，すべての人間のあらゆる状況や決定を神学的，宗教的な見地から把握している」[79]と判断した。さらに判決は次のように続いていく。原告の信念との対立を避けるためには，学校システムは親の信仰の原則に合わせたカリキュラムにせざるをえないだろう。このことは合衆国最高裁判所がエパソン対アーカンソー事件で，アーカンソー州の反進化論の州法を国教禁止条項に反するとして違憲としたことに反しよう[80]。第6巡回区によると，思想を単に［生徒に］さらすことは，それがたとえ反復的であっても，宗教的自由という子どもや親の権利を侵害しない。親や子どもの権利を侵害するのは，何らかの形で「ある宗教の肯定や否定を強要したり，また原告の宗教が禁じたり求めたりする行いを実行したり禁止したりすることを強制する」[81]場合である。

　親の宗教を学校に課するという試みは拒絶された。しかし生徒がそうしたことを試みる場合，法律は少々落着いてはいない。合衆国最高裁判所も含めて多

数の判決は，主張者が親でも生徒でも異なった扱いをする必要はないと判断しているようである。しかし1つの連邦上訴裁判所は，生徒に少々の活動の余地を認めている。この判決は他の判決と軌を一にしないので，生徒の権利を決定するに際して頼るべきではない。

第5巡回区連邦上訴裁判所はジョーンズ対クリアークリーク独立学区事件で，卒業式を厳粛にする目的で宗派的でも説伏的でもない祈りを高校生の投票によって許すという手続を審議し，憲法違反ではないと判示した[82]。判決によると，祈りを許可する手続の目的は宗教的ではなく，卒業式という重要な行事を厳粛にするための1つの式次第にすぎない。また生徒は政府が宗教を承認しているとの印象を持たないだろうと判断している。というのは祈りを式に入れるか否かについて，生徒が投票に参画するからである[83]。

この判決は合衆国最高裁判所のリー対ワイスマン事件判決と相容れない。リー事件の場合，公立学校の卒業式での祈りは，修正第1条が定める国教禁止条項に違反するとされた。なぜなら公式の宗教的な行いへの出席と参画を強いているからである[84]。合衆国最高裁判所によると，卒業式は学校管理者の統制下にあり，たとえ卒業証書を受け取るのに公式には出席の義務はないとしても，実質的に生徒の出席は義務的である。合衆国最高裁判所はきっぱりと次の3つの主張を拒否した。(1)生徒は宗教的な行いを避けるために，卒業式に参加する権利を自由に放棄できる。(2)祈りの時間は短く，したがって問題とするほどではない。(3)宗教を支持し承認する公的な関わりのゆえに，卒業式は宗教的な行いによって厳粛さが高まり有意義になる[85]。

リー事件で卒業式の祈りが違憲とされたのと同じように，ジョーンズ事件判決が認めた投票という手続は，憲法の審査に合格しない。というのは投票の目的は，「祈りを公式な宗教的な行いとして用いることにあり，あらゆる実際上の諸目的からして，生徒は参加する義務を持つ」[86]からである。それゆえにこの措置は，「反対する学齢の子どもを……不本意な立場」に置き，合衆国最高裁判所が示す「初等中等公立学校での微妙な強制的圧力から良心の自由を守るという重要な関心」[87]と相容れない。リー事件判決によれば，「参加している生徒に1

つのグループとしてのまとまりを求める仲間内の圧力，少なくとも祈りや祝禱のときに厳粛な静寂を求めるという仲間内の圧力は，……いかに微妙で間接的なものであっても，明白な強制と同じほどの現実となる」[88]。そして判決は，反対する高校生が「己の良心の許さない方法で，州によって祈りを強制されたと考えるのは妥当である」[89]と結論した。生徒による投票の介在や仲間の生徒の祈りは，良心の権利が侵害された生徒にとって，仲間からの圧力や排除のメッセージを何ら変えるものではない。

　ジョーンズ事件判決は，実のところ投票という手続によって祈りを猶予した。しかし合衆国最高裁判所はリー事件判決でこの点を次のように強く拒否している。「ある社会では多数派の希望が受け入れられるのだが，修正第1条の国教禁止条項はこうした事態を視野に入れて拒否している。合衆国憲法は，卒業式に出席する代償として，州が生徒に宗教的な同一化を強いることを禁じている」[90]。

　祈りの非宗派的な性格も，憲法上の分析を変えるものではない。なぜなら非宗派性を主張する政府職員が，許されないことなのだが「祈りの内容を指示し統制している」[91]からである。それに目的や内容をみれば，宗教的性格が残っている[92]。

　リー事件と同じようにジョーンズ事件にあっても，卒業式に際して生徒は「州によって祈りを強制されたと考えるのが妥当であり」，これが下限となる[93]。リー事件判決は卒業式での祈りを禁止した。生徒の投票による生徒主導の祈りは，リー判決を切り抜けて新奇な方法を提供するというより，同じような憲法上の問題を提示している。こうした問題は他の連邦裁判所でも認識されており，いずれも第5巡回区の解釈を採用してはいない[94]。

　それでも政府は，——自分個人で——祈りたいとする人を妨げる権限は持たない。卒業生総代の告別演説の場合，総代は学校管理者の奨励，指示，承認なしに，卒業式で祈ることができる。これは国教禁止条項にもリー事件判決の叱責にも違反せず，制限的パブリック・フォーラムでの自発的な言論の自由の権利の行使となる。

6節　結論

　未成年者の修正第1条の権利は成人と同じ広がりを持つのではないが，若い人びとの言論や未成年者による思想や画像へのアクセスの制限に関して，政府の権限には実質的な限界がある。成人と未成年者の取り扱いが異なる1つの側面として，成人にとっては猥褻でなくとも，「未成年者に猥褻」といった資料がある。それでも「未成年者に猥褻」であるためには，普通の17歳の人にとって猥褻でなければならない。

　アクセスの制限に関する政府の規制に基本的障害となるのは，そうした規制が成人による資料へのアクセスを制限するという波及効果を伴ってはならないということである。またそうした政府の規制は，親が自分の子どもの読書や見ることを許す資料の種類について，一般的に親の選択に優先できない。またそうした規制は，年少の子どもには問題があると思われる資料へのアクセスについて，成熟度の高い人や年長未成年者の憲法で保護された権利に配慮しなくてはならない。また子どもの表現の権利は実質的なものとして存在する。したがって学校という環境下で規制できるのと同じようには，街路や公園といった伝統的パブリック・フォーラムでは規制できない。

　学校管理者は混乱や他者の権利への侵害を回避するために，表現の自由という生徒の権利を制限できる。この権限は野卑，冒瀆，下品を理由にしばしば行使されてきたし，裁判所も認めてきた。しかしこの権限を狭い党派的，イデオロギー的な方法で行使してはならない。

　学校管理者の裁量権が頂点に達するのは，学校カリキュラムや学校が承認しているように思われる活動の場合である。したがって他の場合には学校の検閲から免れるような生徒の表現，教科書，その他の事柄が，学校の教育的使命の促進や正当な教育上の理由によって制限されうる。しかしこの場合でも，学校の権限が政治的目標を持って行使されてはならない。また宗教の促進のために行使されてもならない。反進化論や創造主義の法規は違憲となる。また親やさらには多数派の生徒でさえ，己の宗教的見解を促進するために公立学校を使お

うとすれば憲法違反である。最も重要なことだが，法廷は学校や学校図書館を開かれた探求という目標に仕え，思想の探索を促進する場と認識している。こうした目標は明らかに修正第1条の底にある基本思想と軌を一にしている。この理由によって，学校図書館蔵書の除去は厳格な司法上の審査を受けるであろうし，そこでは除去が憲法上の反対を乗り越えるとは思われない。

注
1. *Kingsley Pictures Corp.* v. *Regents,* 360 U.S. 684, 688 (1959).
2. *Prince* v. *Massachusetts,* 321 U.S. 158, 170 (1944).
3. *Ginsberg* v. *New York,* 390 U.S. 629, 639-40 (1968).
4. *Sable Communications, Inc.* v. *FCC,* 492 U.S. 115, 126 (1989).
5. *Ginsberg* v. *New York,* 390 U.S. 629, 639-40 (1968).
6. *FCC* v. *Pacifica Found.,* 438 U.S. 726 (1978).
7. *Bethel School Dist. No.403* v. *Fraser,* 478 U.S. 675 (1986).
8. *Sable Communications, Inc.* v. *FCC,* 492 U.S. 115, 126 (1989).
9. *Butler* v. *Michigan,* 352 U.S. 380, 383 (1957).
10. *Id.*
11. *Reno* v. *ACLU,* 117 S.Ct. 2329 (1997).
12. *Erznoznik* v. *City of Jacksonville,* 422 U.S. 205 (1975).
13. *Id.* at 213-14.
14. *Bolger* v. *Youngs Drug Products Corp.,* 463 U.S. 60, 74 (1983).
15. *Id.* at 75 n. 30 (quoting *Erznoznik* v. *City of Jacksonville,* 422 U.S. 205, 212 (1975)).
16. *Id.*
17. *Id.* at 74-75.
18. *Reno* v. *ACLU,* 117 S.Ct. 2329, 2348 (1997).
19. *Id.* at 2348.
20. *Id.*
21. *American Booksellers* v. *Webb,* 919 F.2d 1493, 1504-05 (11th Cir. 1990) *cert. denied,* 500 U.S. 942 (1991) (relying on *Pope* v. *Illinois,* 481 U.S. 497 (1987)).
22. *Tinker* v. *Des Moines School Dist.,* 393 U.S. 503, 506, 511 (1969).
23. *Id.* at 513.
24. *Id.* at 508.
25. *Id.* at 508-09 (citation omitted).
26. *Erznoznik* v. *City of Jacksonville,* 422 U.S. 205, 213-14 (1975).
27. *Id.* at 214.
28. *Island Trees Union Free School District No.26* v. *Pico,* 457 U.S. 853 (1982).
29. *Id.* at 853.
30. *Id.* at 870 (plurality op.).

第 8 章 子ども，学校，修正第 1 条　*133*

31. *Id.* at 871 (plurality op.).
32. *Id.* (plurality op.).
33. *Id.* (plurality op.).
34. *Id.* at 874 (plurality op.).
35. *Id.* at 879 (opinion of Blackmun, J.).
36. *Id.* at '868 (plurality op.) (footnote and citation omitted).
37. *Id.* at 869 (citing *Right to Read Defense Comm.* v. *School Comm.*, 454 F.Supp. 703, 715 (D. Mass. 1978)).
38. *Id.*
39. *Case* v. *Unified School Dist. No.233*, 908 F.Supp. 864 (D. Kan. 1995).
40. *Id.* at 875-76.
41. *Hazelwood School Dist.* v. *Kuhlmeier*, 484 U.S. 260 (1988).
42. *Id.* at 266 (citations omitted).
43. *Id.* (citation omitted).
44. *Id.* at 271 (footnote omitted).
45. *Id.*
46. *Id.*
47. *Id.* at 272.
48. *Id.* at 273 (footnote omitted).
49. *Virgil* v. *School Board*, 862 F.2d 1517, 1525 (11th 1989).
50. *Hazelwood School Dist.* v. *Kuhlmeier*, 484 U.S. 260, 267 (1988).
51. *See, e.g., Mass. Gen. Laws Ann. Ch. 71*, sec. 82 (West 1982, Supp. 1994).
52. *See, e.g., Desilets* v. *Clearview Reg. Bd. of Educ.*, No. C-23-90 (NJ Super. Ct. Law Div. May 7, 1991), *aff'd on other grounds*, 630 A.2d 333 (NJ Super. Ct. A.D. 1993), *aff'd*, 647 A.2d 150 (NJ 1994); *Barcik* v. *Kubiaczyk*, 912 P.2d 408 (Or. App. 1996).
53. *Seyfried* v. *Walton*, 668 F.2d 213 (3rd Cir. 1981).
54. *Bethel School Dist. No.403* v. *Fraser*, 478 U.S. 675 (1986).
55. *Bystrom* v. *Fridley High School*, 822 F.2d 747 (8th Cir. 1987).
56. *Burch* v. *Barker*, 861 F.2d 1149 (9th Cir. 1987).
57. *Pratt* v. *Independent School Dist. No.831*, 670 F.2d 771 (8th Cir. 1982).
58. *Id.* at 773.
59. *Thomas* v. *Board of Education*, 607 F.2d 1043, 1049 (2d Cir. 1979), *cert. denied*, 444 U.S. 1081 (1980).
60. *Id.* at 1050.
61. *Ambach* v. *Norwick*, 441 U.S. 68, 77 (1979).
62. *Island Trees Union Free School District No.26* v. *Pico*, 457 U.S. 853, 864 (1982) (plurality op.) (citation omitted).
63. *See Abington Township* v. *Schempp*, 374 U.S. 203 (1963).
64. *Epperson* v. *Arkansas*, 393 U.S. 97, 98-99 (1968).
65. *Island Trees Union Free School District No.26* v. *Pico*, 457 U.S. 853, 864 (1982).
66. *Epperson* v. *Arkansas*, 393 U.S. 97, 104 (1968).

67. *Id.* (quoting *Keyishian* v. *Board of Regents,* 385 U.S. 589, 603 (1967)).
68. *Id.* at 103.
69. *Id.* at 103-04.
70. *Id.* at 107.
71. *Id.* at 103.
72. *Edwards* v. *Aguillard,* 482, U.S. 578, 587 (1987).
73. *Id.* at 593.
74. *Id.* at 594.
75. *Id.* at 596.
76. *Smith* v. *Board of School Comm'rs,* 827 F.2d 684 (11th Cir. 1987).
77. *Id.* at 690.
78. *Id.* at 692.
79. *Mozert* v. *Hawkins County Board of Educ.,* 827 F.2d 1058, 1064 (6th Cir. 1987), *cert. denied,* 484 U.S. 1066 (1988).
80. *Epperson* v. *Arkansas,* 393 U.S, 97, 106 (1968).
81. *Mozert* v. *Hawkins County Board of Educ.,* 827 F.2d 1058, 1069 (6th Cir. 1987), *cert. denied,* 484 U.S. 1066 (1988).
82. *Jones* v. *Clear Creek Independent School Dist.,* 977 F.2d 963 (5th Cir. 1992), *cert. denied,* 508 U.S. 967 (1993).
83. *Id.* at 969.
84. *Lee* v. *Weisman,* 505 U.S. 577 (1992).
85. *Id.* at 593-95.
86. *Id.* at 589.
87. *Id.* at 590, 592.
88. *Id.* at 593.
89. *Id.*
90. *Id.* at 596.
91. *Id.* at 588.
92. *See Wallace* v. *Jaffree,* 472 U.S. 38 (1985) （アラバマ州の［学校始業時前における］黙禱時間法を宗教的な動機に基づくと認定した。このような時間は神への祈りのために使われるであろうことが予想され，したがって違憲なものであると判断している）.
93. *Lee* v. *Weisman,* 505 U.S. 577, 593 (1992).
94. *See, e.g., Harris* v. *Joint School Dist. No.241,* 41 F.3d 447 (9th Cir. 1994).

第9章

サイバースペース：最後のフロンティア

　サイバースペースの野性的で革命的な性格は，修正第1条に関する多種多様で広範囲な問題を改めて提起している。それらは従来のあらゆるコミュニケーションの形態を苦しめてきた問題である。裁判所は情報スーパーハイウェイとの脈絡で，言論の自由の問題に関する多くの解決済みと思われてきた問題，それに多くの未解決の問題を再検討するであろう。こうした再検討はまったく予想外というわけでもない。はるか以前に合衆国最高裁判所の裁判官ロバート・ジャクソンは次のように述べている。メディアの各形態は「異なる性格，価値，濫用，それに危険性を有する。私から見ると，各形態が独自の法を持つ」[1]。

　現代のさまざまな判例は，ジャクソンの言及を言論の自由に関する司法の特徴にしてきた。公正理論――かつて論争的問題の放送には，すべての主たる見解が放送にアクセスする保障，および放送で個人攻撃された人物に「反論権」の付与を放送業者に求めていた――の合憲性を支持するに際して，合衆国最高裁判所は「新しいメディアの特徴の相違が，修正第1条上の基準の適用の相違を正当化する」[2]と判断した。最高裁判所によればこうしたメディアの相違が，「反論権」を放送に添える理由を説明する。最高裁判所は，もしこうした権利を新聞に適用すれば，編集権への違憲な侵入になるとしている[3]。

　このように判例法では，「当然ながら個別の表現メディアは，各メディアに適した基準によって修正第1条上の諸目的を評価しなくてはならない。なぜなら各メディアは固有の問題を持つからである」としている[4]。この点について，法は適切な類推によって働く。問題になっているメディアは，活字よりも放送に似ているのだろうか。この問に肯定ならば1つの形の分析を導く。この問に否定ならば他の形の分析となり，肯定の場合と矛盾する結果になったりする。

1節　「通信の品位に関する法律」

　連邦議会は1996年に連邦通信法を検討し，その一部として圧倒的多数で「通信の品位に関する法律」を採択した。このときサイバースペース上での類推の問題が各所に立ち込めていた。「通信の品位に関する法律」は，オンライン上で「下品な……コメント，要求，示唆，提案，画像，その他のコミュニケーション」を18歳未満と知りつつそうした人に送ったり，「明らかに不快な」資料を18歳未満の人が「入手できるように」表示したりした場合，刑事罰を盛り込んでいた。未成年者のアクセスを制限するために「善意で合理的，効果的，適切な措置」を講じることで，あるいはアクセスに年齢の認証を求めることで，同法違反を回避できた。「通信の品位に関する法律」の支持者は，インターネットは放送と異ならない電子コミュニケーションの形態と主張した。合衆国最高裁判所は，連邦通信委員会が若い人びとを保護するために下品な放送を規制することを認めていた[5]。そのためインターネット上の下品は，政府の規制権限のなかに十分に入ると論じたのである。

　立法の主導者は上院議員ジェイムズ・エクソン（民主党，ネブラスカ選出）で，次のように主張した。「個人がポルノ的な写真，漫画，ヴィデオ，物語を子どもに配布するとする。街灯柱や電話柱にだれもが見られるようにみだらな写真を貼るとする。子どもが成人用書店やXXXヴィデオの区画に入り，ブラウジングするのを歓迎するとする。このような事態が生じるならば，世間は［大いに－原書－］怒り……たいていの人が即座に警察に電話する。責任者を逮捕し，有罪にするためである」。エクソンにとって，そうした行動は明らかに刑事罰に相当した。したがって同じ行動が「子どものコンピュータを経由して……アメリカの電子的な近隣社会」で生じた場合，刑事罰を科すことに何の憲法上の障害もないと考えたのである。

　「通信の品位に関する法律」が投票に付される前の審議で，エクソンは次のように続けている。「最も嫌悪すべき不快きわまるポルノグラフィーが，子どものコンピュータから2つ3つのクリックだけで表示される。これは何ら誇張で

はない。単に『プレイボーイ』や『ペントハウス』といった雑誌について話しているのではない。これらの雑誌の不快さは、コンピュータから容易に入手できる資料に見劣りがする。私が話しているのは、ハードコアで正道をはずれた極端なポルノグラフィーや写真、それに拷問、子どもの濫用、獣欲を特徴とする物語である」[6]。

「通信の品位に関する法律」の影響はこの上なく広範であった。「未成年者に有害」との基準を盛り込むよりも、下品、明らかに不快といういっそう漠然とした主観的語句を用いていた。皮肉なことに、同法がおおう資料は非常に広範なので、同法の支持者が合憲性を示すために援用した合衆国最高裁判所の判例自体を、インターネット上に表示するのが不法になる。すなわち連邦通信委員会対パシフィカ財団事件での合衆国最高裁判所判決は、「通信の品位に関する法律」に抵触した。というのは判決は付録の部分でジョージ・カーリンの独白を転載しており、合衆国最高裁判所はこの独白を連邦通信委員会の放送規制の下で下品に相当し、禁止になるとしたからである[7]。こうした広範さのため、利用者にワールド・ワイド・ウェブへのアクセスを提供する公立図書館は、刑事罰に問われかねないのであった。

ただちに2つの原告団が、「通信の品位に関する法律」が禁じる下品および明らかに不快の合憲性について提訴した。同法の反猥褻規定は問題にならなかった。というのは猥褻はサイバースペースにおいてもすでに不法で、修正第1条の保護下にないからである。アメリカ自由人権協会を中心とする最初の原告団は、サイバースペースについての公益グループ、エイズ教育グループ、「家族計画」、それにコミュニケーションの内容が同法に抵触するとされるグループを含んでいた。アメリカ図書館協会と「読書の自由財団」を中心とする第2の原告団は、主要なオンライン会社（アメリカ・オンライン、プロディジー、マイクロソフトなど）、書店、出版社、ジャーナリスト、それに市民グループを含んでいた。この2つの裁判事件は1つに統合された。

フィラデルフィアでの連邦地方裁判所の事実審理のとき、政府側の証人は「通信の品位に関する法律」の実施計画について奇妙な説明をした。コンピュ

ータ犯罪の専門家である連邦職員ハワード・シュミットは，コンドームの正しい使用法を示すために勃起したペニスの写実的描写を用いた反エイズのインターネット・サイトに関して，司法省は摘発の意図はないと述べた。一方，裸体で妊娠中の女優デミ・ムーアを表紙に用いる雑誌『ヴァニティ・フェアー』がオンライン上で表示されると，たとえそれがニューススタンドや新聞広告のものと同じでも取り締まるというのである。シュミットの説明によると，両サイトの決定的な相違は，片方は明らかに教育的であり，もう一方は単なる「娯楽」という点にあった。

　特別な裁判官の構成による連邦地方裁判所は，「通信の品位に関する法律」を憲法違反とした。3つの別途の意見で特に重要なのはスチュアート・ダルツェル裁判官のもので，そこでは「インターネットは世界規模の永続する会話と考えてよいであろう。政府は『通信の品位に関する法律』を用いて，こうした会話を妨げることはできない。インターネットは未曾有の参加型の言論形態であり，政府の侵入から最高度の保護を受けるに値する」[8]と書き込んでいる。さらにダルツェル裁判官は政府への批判を続け，「通信の品位に関する法律」は「やむにやまれないとともに［子どもに］危険である」といった子どもの保護の合理化を前面に立てて，成人への言論の侵害を正当化しようとしていると非難した。「子どもの保護のために言論を規制する法律には，規制を限定する原則がない。内容に依拠して憲法の保護下にある言論を制限する善意の法律であっても，政府による検閲にかわりはない」[9]。

　引き続き合衆国最高裁判所も同じ結論に達した。最高裁判所は，「子どもを有害な資料から保護するという連邦議会の目標を真面目で重要なもの」[10]と同意しうし，インターネット上の性的表現は「少々興味をそそるものから極端なハードコア」[11]にわたることも認めた。それでも「通信の品位に関する法律」は修正第1条に違反すると判断したのである。

　そして合衆国最高裁判所は，政府が「通信の品位に関する法律」を守るために提示した多くの類推を拒否した。最高裁判所の結論によると，同法は「未成年者に猥褻」な法とも，下品な放送を禁じる法とも，さらに同種の事業を1つ

の場所に集中させるゾーニング規制にまつわる法ともみなしがたい。事実として「通信の品位に関する法律」は，こうした諸法よりもはるかに広大なコミュニケーションの範囲にわたり，21世紀における言論の自由に不安定な結果を生じる。

合衆国最高裁判所は「未成年者に有害」な法を支持するに際して，未成年者に直接的に売ることが禁じられている雑誌でも，親が子どもに買ったり見せたりすることを適用除外していると書き留めた[12]。すなわち，政府は妥当にも一般的には親の選択が先行すると認めたのである。それにたいして「通信の品位に関する法律」は，親が自分の子どもにインターネット上の下品なメッセージや明らかに不快なメッセージへのアクセスを許すことについて，そうした親の同意や参画を犯罪行為のように扱っていた。事実，リノ事件の最高裁判所判決は次のように述べている。「通信の品位に関する法律」の下では，「17歳の大学1年生の子どもに電子メールで避妊情報を送る親は，たとえ親，その子ども，あるいは故郷のコミュニティの誰もが当資料を『下品』，『明らかに不快』と考えなくても，もし大学のある町がそのように考えるならば拘置されうる」[13]。

他の相違点として，合衆国最高裁判所が「未成年者に猥褻」の法を支持する場合，そうした法は「通信の品位に関する法律」と異なり，営利取引に限定している[14]。一方，「通信の品位に関する法律」の場合，ウェブ上にあって政府が発する多種多様で広範な無料の資料，それに個人的なコミュニケーションをおおう。しかしそれらの多くは未成年者に有害の規制には服さないものである。2つの法の第3の相違点は，「未成年者に猥褻」の法律は「通信の品位に関する法律」とは異なり，「未成年者にたいして埋め合わせになる社会的重要性」を持つ資料を除外していることにある[15]。たとえ他の点では猥褻と考えられる資料でも，重要な文学的，芸術的，政治的，科学的価値があれば，憲法の保護下に入る。合衆国最高裁判所にとって不思議だったのは，どのようにして下品な資料や不快な資料に猥褻資料よりも少ない保護を授けるのかという点にあった。最後に合衆国最高裁判所が支持する「未成年者に有害」の法は17歳未満を対象としていたが，「通信の品位に関する法律」は18歳未満となっており，成人の下

限年齢をまるまる1年引き上げたのである[16]。合衆国最高裁判所はのちになって,「明らかに未成年者の保護という政府の関心は」,青少年期「全体をとおして同じようには等しくはない」[17]と指摘している。

合衆国最高裁判所はパシフィカ事件判決との類推も拒否した。パシフィカ事件の場合,最高裁判所は連邦通信委員会による下品な放送の規制を支持している。合衆国最高裁判所によると放送への規制とは異なり,「通信の品位に関する法律」の「広範な包括的禁止は特定の時間に限っておらず,インターネット固有の特徴に精通した何らの機関の評価にも拠っていない」[18]と判断した。伝統的に合衆国最高裁判所は専門機関の評価を尊重してきた。しかしインターネットは新しいがゆえに,歴史的に確立された評価機関がない。第2に,パシフィカ事件で問題となった連邦通信委員会の規則は,「通信の品位に関する法律」とは違って刑事罰を盛り込んでいなかった。「通信の品位に関する法律」には刑務所への収容という問題があったし,修正第1条上の競合する諸問題をいっそう慎重に評価することが必要であった。

最後に,「歴史的にみても連邦通信委員会の規則の適用を受けるメディアは『修正第1条による保護を極度に制限されてきた』。その理由の1つは,予期せぬプログラム内容にさらされることから聞き手を保護するには,事前の警告では不十分なことにある」[19]。パシフィカ事件判決はこのような実質論に基づいている。そのように述べて,合衆国最高裁判所はパシフィカ事件判決に言及した。すなわちラジオやテレビの場合,チャンネルを単に回すだけで一連ののののしり言葉に不意に攻撃されるので,時間を意識した規制は正当である[20]。一方,インターネットではこうした事態は生じない。連邦地方裁判所が判断したように,インターネット上でのコミュニケーションには「一連の積極的な取り組み,単にダイアルを回すのではない慎重で方向づけられた取り組みを必要とする」[21]からである。子どもの保護という正当化をダイアルを回すのと同一視する点について,連邦地方裁判所は「子どもが1人でインターネットを利用するには,資料検索のために一定の技量と読む能力を必要とする」[22]と判断している。そして合衆国最高裁判所も連邦地方裁判所の考えを確認したのである。さらに

最高裁判所は，インターネットはテレビと相違して，周波数の希少性を理由に政府が交通巡査のように介入するといった必要はないと述べている。インターネットの場合，表現へのアクセスは普遍的といえよう。

さらに合衆国最高裁判所は，「通信の品位に関する法律」は成人用の書店や映画館を住宅地域から隔離するゾーニング条例と異ならないとの考えも拒絶した。ゾーニング法は近隣に犯罪を誘発するとか，固定資産の価値が減じるといった副次的効果を目的とする。決して望ましくないとか問題とされる言論自体を目標にしていない。しかしながら合衆国最高裁判所によれば，「通信の品位に関する法律」は「サイバースペースの全領域」に適用され，言論の内容に依拠する包括的な制限となる[23]。

合衆国最高裁判所は，インターネット上のコミュニケーションは最高度の憲法上の保護，すなわち厳格審査を受けるべきと決定した。その際，「人間の思想の多様性と同じ」内容を持つ「力動的で多面的なコミュニケーション」に確固たる基礎を据えた。このことは18世紀に修正第1条を作成した人にとって，なじみ深いことであったろう。

　　チャットルームを利用して，電話線を持つ人ならだれもが町の触れ役になれ，その声は演台からのどんな声よりも遠くにまで反響する。ウェブページ，電子メール，ニュースグループを利用して，各人はパンフレッターになることができる[24]。

合衆国最高裁判所によると，「通信の品位に関する法律」は潜在的に有害な資料から未成年者を保護するについて，狭く設定されておらず修正第1条違反であった。それだけでなく，同法は「成人が互いに受け取ったり発表したりする憲法の保護下にある莫大な言論を抑圧している」[25]のである。合衆国最高裁判所が同法の禁止の枠内に入ると認めた言論には，「避妊，同性愛，最高裁判所のパシフィカ判決の付属書類がもたらす修正第1条上の問題，刑務所でのレイプの結果といったことに関する真面目な討議」[26]が入る。また「裸体が混じる芸術的画像，それにおそらくカーネギー図書館のカード目録」[27]も入るだろう。合衆国最高裁判所は，「通信の品位に関する法律」によって，「憲法で保護され

るメッセージの話し手のなかには,まちがいなく沈黙する人が生じる」[28]と結論した。

「通信の品位に関する法律」が憲法の保護下にある言論を黙らせる1つの方法は,技術的に現実性がない条件,過大な出費を伴う条件を課している点にあった。すなわち発し手が,下品とか明らかに不快とされるメッセージにアクセスしようとするすべての人の年齢を認証するというのである。この条件は言論への大きな事前抑制となる。事前抑制は,条件の充足が事実上不可能であったり,余計な出費が必要な場合に生じうる。合衆国最高裁判所によると,受け手の側の場合,そうした資料へのアクセスの統制を望む親は,家のコンピュータにフィルターソフトを組み込むという合理的にして有効な手段で実現できる[29]。

「通信の品位に関する法律」が子どもを養育する親を本当に助けるつもりならば,同法が犯罪とするサイトを見たり,メッセージを受け取ったりすることを子どもに求める親について,そうした親の養育上の決定をもっと考慮すべきであったろう。そうではなく,「親が適切とみな」して許したインターネット上のサイトから,17歳の子どもが情報を得ようとすると,親は「長い刑務所生活に直面しかねない」[30]。「17歳の大学1年生の子どもに,電子メールで避妊情報を送る親」[31]も同じである。

それに合衆国最高裁判所は,政府が「通信の品位に関する法律」を救うために用意した最後の3つの主張も退けた。第1に,政府は下品なコミュニケーションのための代替手段が十分にあると主張した。最高裁判所は軽蔑をこめて,この主張は「個人が自由に図書を刊行できる限り,法律は特定主題のリーフレットを禁止できるというに等しい」[32]と一蹴した。1939年以来,最高裁判所は「表現の自由を他の場所で行使できるとの理由では,当の場所での表現の自由の行使を縮減させることはできない」[33]としている。

第2に,政府は「通信の品位に関する法律」は比較的狭く設定されていると主張した。というのは,18歳未満の人物が受け取ったという明確な事実がある場合にだけ,適用されるからである。最高裁判所はこの主張を拒否し,たとえそれが本当であるとしても,言論の反対者がチャットルームに入り,「会話志願

者に17歳の子どもの……参加を知らす」[34]ことができるからである。こうした状況は「ヤジによる拒否権」となろう。すなわちただ1人の反対者が憲法の保護下にある言論を黙らせうる。これは修正第1条が許さない。

　最後に政府は，「通信の品位に関する法律」には社会的価値という埋め合わせがあるインターネット上のコミュニケーションを除外するとの含意があると主張した。しかし最高裁判所は，この主張は同法の文言および立法記録からして支持できないと判断した。

　合衆国最高裁判所の結論は，「民主的社会において表現の自由を奨励する利益は，いかなる理論的，それでいて証明のない検閲の利益に優越する」[35]となっている。

　未成年者に有害との基準を用いて，「通信の品位に関する法律」を採択する州があった。連邦裁判所はリノ事件判決に依拠して，そうした州法を合衆国憲法の通商条項違反として無効にした[36]。この条項は，州境の外の行為を規制しようとする州の試みを防ぎ，州際通商への負荷を防ぐものである。連邦政府は州際通商の領域に専決権を持つ。同じように，他の連邦裁判所は，オンライン上での匿名の使用を犯罪としたり，商標やロゴを持つサイトへの無許可リンクを犯罪とする州法を打ちのめした[37]。

　最高裁判所のリノ事件判決に対応して，連邦議会はそののち「オンラインから子どもを守る法律」(COPA) を採択した。同法は，「未成年者に有害」なインターネット上の営利的表現を妨げるものである。営利的表現と未成年者に有害という基準に限定したのは，リノ事件判決に沿うためであった。それにも関わらず，連邦の事実審裁判所は暫定的差止命令を発し，「オンラインから子どもを守る法律」の執行を禁じた。それは本案について原告が勝ちそうなこと，および「保護されている言論について成人に負荷を課す」と判断したからである[38]。本件は現時点では依然として係争中である。

　リノ事件判決やその後の判決によると，無邪気な青少年への心配からインターネットへのアクセスを制限しようとする法律や実践は，次のようでなければならない。

1．同じ資料への，成人のアクセスに悪影響を与えてはならない。
2．成人に近い年長未成年者が有するアクセスの権利を尊重しなければならない。
3．いっそう成熟した個人だけのアクセスが適切とされるサイトに関して，親が子どもにアクセスを許すという選択をする場合，そうした親の権利を尊重せねばならない。
4．アクセスを否定するに際して，他の場でアクセスが可能であるとの理由は通用しない。
5．憲法上の目的を評価するについては，新聞や図書などへのアクセスの制限と同じ方式，すなわち言論の自由の保護に関する厳格審査を用いなくてはならない。

第5番目の条件が，リノ事件判決の最重要点であったように思える。公立図書館はインターネットを図書に関する方針と同じように扱わねばならない。リノ事件判決はこの点を強く示唆している。

2節　職場の問題

　インターネット上の言論は厳格審査の基準で評価される。しかし第4巡回区連邦上訴裁判所の最近の判決にしたがえば，公務員が勤務中にインターネットにアクセスする場合は，さらなる制限を持ち込みうる。ヴァージニア州は，州職員が州の所有あるいは賃借のコンピュータを用いて，事前に当局の承諾なしに性的に赤裸々なサイトへアクセスすることを禁じる法律を採択した。そして法採択後に問題が生じてきた。ヴァージニア州は，職務効率の維持および性的に敵対的な職場環境の回避を理由に，同法を正当化した。数名の州立大学教授が，学問の自由への違憲な介入として提訴した。芸術，文学，歴史，哲学の研究，それに性犯罪や性病といった現代的課題の研究にとって，性の研究が欠かせないと論じたのである。

　事実審では原告が勝訴した。たとえ，性的なものを含まない内容であったとしても，場合によっては職員が気を散らすだろうし，他者へのハラスメントに

なりうることから、このような法律は性的な内容にたいする差別であると連邦裁判官は判断したのである。しかし第4巡回区連邦上訴裁判所はこの判決を覆し、同法は州の権限の正当な行使になると判示した。重要なことだが、上訴裁判所判決は、「本件は市民全般の言論の規制ではなく、州職員の言論を被雇用者の職務との関連で規制している」[39]と判断した。裁判所はこのように述べることで、州はたとえ市民への類似の制限ができなくとも、州職員には職務中に表現にアクセスしたり表現活動に従事したりすることを制限できるとしたのである。このように判決は全般的な規則を認めたのだが、1つの例外があった。すなわち公的な関心事に関する表現について、州は職員に制限を設けえないというのである。

第4巡回区の決定は、メリーランド、ヴァージニア、ウェストヴァージニア、ノースカロライナ、サウスカロライナで先例として拘束力を有する。この判決を字義通りに公立図書館に適用して、公立の図書館の職員が勤務中にインターネットにアクセスすることを全般的に制限する法律が、イデオロギーを理由にせずに採択されうる。そして図書館員には立入禁止のサイトへ、利用者がアクセスするという事態さえ生じるかもしれない。図書館は制限的パブリック・フォーラムなので、図書館利用者に内容に依拠する制限を課しえない。こうした法律が存在するヴァージニア州の館長は、それでも職員の真面目なアクセスのニーズに許可を与えることができる。例えば職員に禁じられているサイトへのアクセスについて、図書館員が利用者を助ける場合である。

ヴァージニア州での裁判事件の際、州は同法を正当化する2つの基本的理由を提示した。当初に州法採択の動機となったのは、おそらく道徳を考慮してであったろう。それはともかく州はまず、職員が「勤務」中にのぞきみの娯楽をしないように制限する措置は、職務効率への利益によると主張した。第7章の職場での権利で取り上げたように、勤務中に公の関心事について発言する権利を職員が主張するとき、職務効率はこの主張を打ち負かすために使われる場合があった。第2にヴァージニア州は、同法が州の反セクシュアル・ハラスメントの方針を促進すると主張した。第4巡回区は、この2つ目の理由を取り上げ

なかった。州による同法の正当化を検討するに際して、この側面を検討する必要はないと判断したからである。

 しかし事実審は反ハラスメントの主張を取り上げていた。そしてヴァージニア州による反ハラスメントの主張を，事実というより口実と把握した。すなわち同法は性的に赤裸々なウェブサイトだけを対象にしており，性的に赤裸々でなくとも女性を辱め不快にさせる資料を視野に入れていないと書き込んだ。それに人種，民族，宗教的なハラスメントにあたるインターネット上の資料も扱っていないのである[40]。一方，裁判所によると，性的に赤裸々なサイトを標的にすることは，修正第1条が禁じている内容による差別になる。またヴァージニア州法は過度に広範で，セクシュアル・ハラスメントに該当しない資料もおおっている。それに広範な禁止は、「セクシュアリティや人間の肉体を扱う仕事に関係する州職員の無数の行い」[41]を妨げる。重要なことだが，判決は他の判例を引用して、「性的に赤裸々な資料が単に職場に出現することは，敵対的職場環境を助長することにならないし，性差別に関する法律に違反するものでもない」[42]と判示した。

 事実審の判決は，上訴裁判所が覆しており先例とはなりえない。それでも裁判所の審理の仕方について，一定の説得力ある説明を提供している。

 同じ裁判官が判決を下した第2の事例は，公立図書館がすべてのインターネット・アクセス端末にフィルターソフトを導入し，そのことの合憲性をめぐる事件であった。図書館はこの方針を正当化するために，職員への性的ハラスメント防止を指摘した。裁判所はこの正当化を拒否し，図書館はそうした正当化が「単なる推測ではなく事実であり，規制が直接かつ実質的にこれらの害を現実に解消する」[43]ということの証明責任を負うとした。また判決は他の連邦裁判所の判決に賛成し，単に「性的ハラスメントを回避する必要性という主張では不十分で，……被告は混乱の脅威が現実で実体的，そして実質的であることを示さねばならない」[44]と指摘した。このフィルターソフトの事件で証拠として示されたのは，全国の公立図書館で起こったハラスメントかもしれない孤立した3つの出来事にすぎなかった。こうしたことを基盤にして，ハラスメント

を現実問題と考える理由はないとした[45]。

最後に判決は，性的ハラスメントの防止という利益を進めるについて，図書館の方針は最も制限的でない手段を用いていないと判示した。「プライヴァシー・スクリーン」の使用は他館でうまく作用している証拠があり，他者に画像を見せつけずに言論の自由の権利を守る十分な手段である[46]。

これら2つの判決は，発展途上にある性的ハラスメントに関する法律の動きと軌を一にしている。確かに公立図書館は，職員への性的ハラスメントを防ぐ義務を持つ。同時に図書館がひとたびインターネット・サービスを提供すれば，修正第1条の保護下にある全範囲の言論にアクセスするという修正第1条上の権利が，利用者側に生じる。制限的パブリック・フォーラムとして，公立図書館は利用者が主閲覧室で『プレイボーイ』，『わが闘争』，あるいは憎悪に満ちた文献を読むのを妨げえない。これと同じように，反ハラスメントの方針という名の下で，利用者がポルノグラフィーにアクセスするのを妨げる権限を有しない。

とはいえ利用者がインターネット上の画像を繰り返し利用して，職員への嫌がらせが明白な場合がある。こうしたとき，利用者の矛先から職員を守る手立てを講じなくてはならない。顧客が職員に性的ハラスメントをしている場合，雇用者は防ぐ義務を持つとの判例がある[47]。それでも図書館は，大多数の雇用者とは異なった立場にあるといえよう。裁判所は特に成人向け雑誌の販売店にまつわる事件で，もし反ハラスメントの法律がこの店から成人用資料の除去を求めるなら，法は修正第1条に違反すると判断している[48]。同じように，公立図書館が修正第1条で完全に保護される性的表現資料へのアクセスの禁止を求められるなら，土台となる反ハラスメント法は言論の自由を侵害することになろう。

それでも利用者が職員へのハラスメントを試みる状況では，明確で思慮分別ある巧みな反ハラスメントの方針文書を作成して，周知させる必要がある。そして可能ならば，その種の画像から大した影響を受けない他の職員に，インターネット補助を割り当てるといった方針も必要だろう。この措置によって，利

用者の不快な目標を打ち負かすことができる。また利用者のインターネット利用権を一定期間停止する理由として，反ハラスメントの方針が利用者による職員への継続的で充満性のある嫌がらせを盛り込んでいる場合，利用者の修正第1条の権利を侵害したことにはならない。

3節　フィルターソフトと修正第1条

　公立図書館でのインターネット・アクセスは今や73パーセントに達し，引き続き急速な成長が見込まれている。しかしインターネット・アクセスの導入に怒りの声を上げる人もいる。そうした人は，単なるアクセスの提供を，図書館にポルノショップが居を構えることに相当すると考えている。通信社のコラムニストでレーガン政権の役人でもあったリンダ・チャヴェツは，「Xの格付けの映画館や書店が，対価を払う成人にみだらなものを売れることと，すべての年齢の人が使うカウンティの建物で，納税者に同種の資料やより悪質の資料の提供を強いることとは，まったく別物である」[49]と述べている。

　ある団体は公立図書館でのポルノグラフィーへのアクセス503件を証拠づけ，そのうち231件を成人による性的資料へのアクセスと主張した。これは利用者が利用者用インターネット端末でポルノ的な資料や性的に赤裸々な資料にアクセスしていることに関して，利用者や職員による未確認の苦情，内部の覚書き，電子メールのメッセージ，出来事の記録，さらには新聞記事や図書館員の言及に基づいたものであった。この「フィルタリングについての事実」と称するグループは，公立図書館での性的な表現資料へのアクセス，および知的自由に関するアメリカ図書館協会の方針に反対している。このグループが証拠づけたと主張する出来事のなかには，成人によるチャイルドポルノへのアクセスが20件あった。もしこれが事実なら犯罪となる。また子どもによるポルノグラフィーへのアクセスを195件と報じている。この報告を公表するに際して，「フィルタリングについての事実」の会長ディヴィッド・バートはアメリカ図書館協会を非難した。アメリカ図書館協会はインターネット端末の周囲にプライヴァシー・スクリーンの使用を歓迎するという方針を持っており，「公立図書館は納税

者がすでに25セント払っているので硬貨投入口はないものの，実際は子どものためにピープショーの場を作ること」[50]を欲していると弾劾したのである。

　政治家のなかには出費のない道徳的問題について住民の立場に立ち，公職者が表現の自由に反対して滅多に不利な立場に陥ったことはないことを知っている者がいる。それに真面目な関心を持つ親が上述のような報告を耳にして，図書館にフィルターソフト導入の圧力をかける。そうしたソフトウェアはインターネット上のサイトへのアクセスをブロックする。ブロックには，サイトのデータベースや事前に設けた語の一覧を用いる場合が多く，それらはプログラマーが問題ありそうなサイトに設けたものである。批判者はフィルターソフトの業者が政治的偏向をプログラムに組み込んでいると非難している。

　一般に普及しているフィルターソフト Cybersitter は，「問題ある」内容の95パーセントをブロックしていると主張する。と同時に，問題のないサイトをブロックする「場合もある」と認めている。というのは不快な語からなるブラックリストは，文脈を判断できないからである。性と無関係なサイトのなかで，Cybersitter は例えばフェミニストからなる全国女性協会のホームページをブロックしている。またフィルターソフト Surfwatch は懸念が出されそうな5つの領域，すなわち麻薬・アルコール・煙草，賭事，性的に赤裸々な画像や文，暴力，それに憎悪に満ちた言論をブロックできる。またチャットルームの使用もブロックできると主張している。Surfwatch は赤裸々なサイトの90から95パーセントのブロックに成功していると自慢している。しかしスーパーボール XXXI のホームページなど，XXX があればどんなサイトでもブロックすることがわかっている。

　Cyber Patrol のブロック・プログラムは，暴力，冒瀆，裸体，性，「粗野な描写」，不寛容，悪魔主義／カルト，麻薬／麻薬文化，軍国主義者／過激者，性教育，問題ある／不法な資料，賭事，それにアルコールと煙草をブロックできる[51]。1997年の報告は，Cyber Patrol がリベラルな政治的立場のサイトをブロックしていると非難した。例えば，インターネット上での自由な言論を主張する「電子フロンティア財団」，「家族計画」，動物の権利擁護グループ，それにフ

ェミニストのグループである。このフィルターソフトは感受性が強すぎるので，個人的な宣伝のサイトさえもブロックする。Cyber Patrol は洗練されてきたものの，依然としてニュースグループを満載しているサイト Deja News をブロックしている。というのはこのサイトのアーカイヴに，Cyber Patrol があまりにも性的と考えるメッセージが含まれているためである。またフィルターソフト X-Stop は，驚くことに99パーセントのハードコア・ポルノグラフィーのサイトをブロックしていると主張している。しかし検査した人によると，ゴディヴァ・チョコレートや雑誌『レッドブック』，それにハードコア・セックスとは無関係の医学やゲイのサイトもブロックしていた。

　新たなシステムも開発途上にある。PICS は企業が開発したシステムで，将来的にはフィルタリングの提供が可能となろう。PICS はウェブサイトの自発的格付けに頼って，サイト自体に暗号化して組み込むものである。インターネットのブラウザが格付けを読みとり，利用者の設定状態に応じてアクセスを提供したり拒否したりする。自発的に格付けをしなかったウェブサイトについては，企業が性的，暴力的内容に拠って初期設定した格付けを付与する。

　現在のフィルターソフトの欠点にもかかわらず，そうしたソフトウェアは公立図書館に足場をみつけ，ときには法律の力で足掛りをつかんでいる。アメリカ図書館協会情報技術方針部によると，インターネット・アクセスを提供する公立図書館のうち，14.6パーセントがフィルターソフトを用いている。この数値はいくつかの州全域調査にも合致する。無制限の利用に供している図書館でも，次のような警告文を貼付していたりする。

　　　インターネットは規制のないメディアで，個人的，専門的，文化的に滋養となる豊かな資料へのアクセスを提供する。と同時に不快，混乱，および／あるいは不法な資料へのアクセスも可能にする。

　カリフォルニア州リヴァモアの公立図書館は，無制限のアクセスを提供していた。親がこうした方針に挑戦したのだが失敗に帰している。12歳の息子が公立図書館で女性の裸体画像を何回かダウンロードし，親戚の家で印刷した。このことを知った母親が，政治的に保守的な弁護士グループの助けを得て提訴し

た。そして市にたいして，子どもが有害な資料にアクセスできるようなコンピュータの運営をやめさせようとした。州裁判所の裁判官は，実体的事項がないとして提訴を却下した。合衆国憲法は図書館にフィルターソフトの導入を強いる根拠を何ら提供していないというのである[52]。

しかしインターネット・アクセス端末にフィルターソフトを組み込むという公立図書館の方針について，合衆国憲法は挑戦に足る根拠を提供していると思える。子どもへの懸念から全端末にフィルターソフトを導入することは，「成人に向けて発する言論に不必要にして広範な抑圧」[53]となる。

現在までのところ1つの裁判所だけがこの問題を扱った。その分析は修正第1条の基本原則に沿っており，他の裁判所も見習うと思われる。ヴァージニア州ラウドン・カウンティの公立図書館理事会は，「インターネット上での性的ハラスメントに関する方針」を採択した。この方針はチャイルドポルノ，猥褻，それに未成年者に有害な資料へのアクセスを禁じる目的で，図書館の全コンピュータにサイトをブロックするソフトウェアの装備を求めていた。そしてコンピュータは監視のために，図書館職員がはっきりと見られる位置に配置される。さらに電子メール，チャットルーム，ポルノグラフィーを提供しない。ポルノグラフィーにアクセスし，停止を拒否した利用者は警察に報じられる。この方針を実施するために，図書館はフィルターソフト X-Stop を購入した。方針が予期するサイトのブロックに加えて，方針が許していると思えるサイトへのアクセスも禁じていた。例えば「安全なセックスのページ」，「ゲイやレズビアンの青少年向きの図書」，「ルネサンス性転換協会」である。

方針は利用者にたいして，特定のサイトのブロック解除を認めていた。その場合，利用者は名前，サイト名，それにアクセスを求める理由などを記入した用紙を提供する。図書館員はその申込書を検討し，当のサイトのブロックを手動で解除するか否か決定する。

住民グループがこの方針の合憲性をめぐって連邦裁判所に提訴した。裁判所は図書館の方針を修正第1条違反と判示した[54]。図書館理事会側の専門家証人で「フィルタリングについての事実」のディヴィッド・バートは，「フィルタリ

ングは『選択』と正しく符合するのではない。というのはフィルタリングは，ある種の内容の資料を消極的にではなく，積極的に排除するからである」と認めていた。裁判所はこうしたバートの言に触れ，同裁判所が先立って下した決定を確認した。すなわち，図書館理事会の措置は「除去の決定と把握するのが適切」で，内容に依拠する制限であり厳格審査に値すると確認したのである[55]。

また同館を制限的パブリック・フォーラムと位置づけ，図書館理事会は繰り返し図書館の「主たる目標」が，住民にたいして年齢，人種，宗教，出生，経歴，見解にかかわらず，制限のない「あらゆる種類の思想へのアクセス」を提供することにあると述べていると指摘した[56]。したがって厳格審査が適用されるのである。また図書館側は制限を時間，場所，態様による規制と訴えたが，裁判所はこの訴えを否定した。

裁判所は時間，場所，態様での制限との主張を拒否するに際して，合衆国最高裁判所の判決を拠り所にした。すなわち「言論の内容に依拠する包括的な制限」やゾーニング規制を正当化する「副次的効果」の類は，言論の主題や見解に依拠できないのである[57]。

厳格審査の適用を決定したのち，裁判所は無制限のインターネット・アクセスから現実的に問題が生じているか検討したが，生じているとの証拠をほとんど発見できなかった。図書館側の専門家の証人バートは，全国で4つの出来事を指摘できただけであった。

1．ヴァージニア州の他のカウンティで，1人の少年がポルノグラフィーにアクセスしているとの苦情があった。図書館は不快に感じる利用者を保護するために，プライヴァシー・スクリーンを設置して解決した。
2．カリフォルニア州ロサンゼルス・カウンティからの新聞報道によると，Xの格付けのチャットルーム，個人の広告，性的サイトの利用によって，インターネットで調べ物をする人が待たされている。
3．フロリダ州オレンジ・カウンティでは，図書館のコンピュータをポルノグラフィーを見るために使用する人がおり，フィルターソフト導入の方針を採択することになった。

4．テキサス州オースティンの図書館では，子どもがポルノグラフィーにアクセスするという2つの事例があった。

　ハラスメントや敵対的環境への不満の事例はなかった。また図書館を実質的に混乱させるとして指摘された証拠も不十分であった。そのため裁判所は，ラウドン公立図書館の方針は政府の真の利益を達成するについて，理にかなった必要性を示していないと判示した。

　最後に判決は，たとえやむにやまれない政府の利益が危うくなっているとしても，正当な目的を達成するについて，より制限的でない手段が可能であると判断した。

　　第1に，性的敵対環境の増大を防ぐという［図書館理事会の－原書－］利益を促進するに際して，プライヴァシー・スクリーンの使用は，はるかに制限的でない他の手段になる。第2に，インターネットの利用を図書館職員がときおり監視することは，極度に［利用者を］侵害するのでも，図書館の方針の変更を迫るのでもなく，この点については争えない証拠がある。「思春期前の少年が医学書の婦人科の写真を見て忍び笑いをしているとき，図書館員はきまって『しっと言って追い払う』。同じように問題あるサイトから『しっと言って追い払う』ことには何の問題もなく，［この点は証言ではっきりしている－原書－］。……。第3に，フィルターソフトを一部の端末だけに導入し，未成年者の使用をそうした端末に制限できた。あるいは成人が端末を利用する場合に，フィルターソフトを作動しないようにするフィルターソフトを用いることもできた。こうしたいずれの代替手段もラウドン公立図書館の方針よりも制限的でない。もっともこうした手段を用いた場合，必然的に合憲というわけではない。この問題は本件では提示されていない[58]。

　この裁判官は法律家になる前は司書であった。上の判断の場合，裁判官は提起されている問題について，いっそう言論の自由を重視した諸々の解決法があることを指摘したにすぎない。すなわち，これらのいっそう制限的でない手立てのいずれについても，合憲か否かについて助言的意見を表明していない。本

章で後述するように,代替措置のいくつかはかなり憲法上の反対に直面するであろう。

　厳格審査の要件に合致しないことに加えて,ラウドン公立図書館の方針は「過度に包括的である」と判断された。というのは「成人も青少年も含めて,すべての利用者を青少年に適するとされる資料」[59]に押し込めているからである。最後に判決は,方針が示すアクセスの制限基準を不十分としたし,非常に強固な制限について速やかな司法的検討を保障する手立てが不十分とした。事実,X-Stopの使用には基準がなかった。X-Stopはインターネット上の約8万のサイトをブロックしている。そのうち図書館職員が調べたのは約172のサイトである。ブロックするとの最初の決定を,ブロックするサイトの規準を共有しない私企業に任すことで,図書館はアクセスへの正当な制限に必要な第1要件,すなわち十分な基準を満たすことに失敗した。

　裁判所は,政府の利益を実行する方法を第三者に委ねる決定が,どのような憲法上の含意を持つか検討しなかった。しかし法律の他の領域の場合,第三者が政府自体の代替をする場合,その第三者は憲法に合致した基準を採用せねばならず,これは確固たる原則である。しかしいかなるフィルターソフトもこうした基準に合致していない。フィルターソフトは主として親が家庭で使うもので,親は憲法上の要件を充足する必要はない。また親が子どもにとって困った表現と考える資料にたいする対処を意図したもので,そこには修正第1条の保護下にある表現も含まれる。

　さらに図書館の方針はサイトのブロック解除に申込みを強いることで,「重大な萎縮効果」を生じる。すなわち誰かが不適切とみなしている資料について,当の資料を利用したいと公に声を上げねばならないからである[60]。たとえ解除の要件が利用者に威嚇的でなくても,裁判所によれば修正第1条の自由の行使に許されない遅滞が生じる[61]。この点についての判決も,合衆国最高裁判所の判決に十分に依拠していた。1965年に最高裁判所は,「共産主義の政治プロパガンダ」の郵便物を受け取るに際して受領の意志があると書面で郵便局に告げることを強いる法律を憲法違反とした。最高裁判所によると,この要件は郵便物

の受領人に汚点を着せる。そのためそうした資料を欲すると認めることについて，人びとの意志をくじく結果になる。すなわち「同法は公的な行為（すなわち返信用のハガキを戻す）を求めており，そうした行為は名宛人が修正第1条上の権利を自由に行使することに制限となる」[62]のである。同じことは，未成年者が無制限のインターネット・アクセスをする前提として，親の許可書を提供するという要件にあてはまるかもしれない。合衆国最高裁判所は，未成年者が親の許可を求めたり親に知らせたりすることなしに，情報へのアクセスの権利を持つ場合があると認めている[63]。

いっそう最近の法は，利用者が書面で申し込まない限り，ケーブルテレビの経営者に下品な番組からの利用者の隔離とブロックを求めていた。合衆国最高裁判所はこの法律を無効としている。過度に制限的で，「ゆき過ぎた『推論に基づく利益』のために重要な修正第1条上の関心を『犠牲にしている』」[64]との理由である。

4節　「肩たたき」，およびその他の利用の監視

このメインストリーム・ラウドン事件の判決は，同じような問題に直面している他の裁判所が参考にするだろう。図書の選択対検閲の場合は購入図書費が限られているので，図書館員が選択に大きな裁量権を持つ。しかしインターネット全体へのアクセスは，一部分へのアクセスと価格が変わらない。価格の比較が，検討材料から除かれるので，いっそう率直な修正第1条の分析が必然的に伴う。それがために，ラウドン事件で裁判所が指摘した制限的でない代替方式のいくつかも，憲法上の問題を持つことになる。

例えば問題あるサイトから「しっ」と言って追い払う——「肩たたき」の方法と言われたりする——のは，インターネット・アクセスの制限について，理解しやすい十分な基準を設定しえない。また公務員に過大な裁量権を付与することになる。明らかなことだが，不快さは修正第1条上の権利を制限する基盤になり得ない[65]。同じようにアクセスされた表現への他者の反応は，言論の制限にあたって内容中立の正当化に使えない[66]。厳格審査が修正第1条の適切な

分析水準となるので，憲法の保護下にない言論のサイト，あるいはやむにやまれない政府の利益のために，図書館での図書その他の資料として許されないサイトだけが制限されうる。そうであっても，端末の正面にいる人だけが内容を見られるプライヴァシー・スクリーンや偏光カヴァーは，政府のやむにやまれない利益を成し遂げるためのいっそう制限的でない手立てとなる。

「しっ」とか「肩たたき」の権限を持たす場合，図書館員にかなりな裁量権を与えるという問題も生じる。「基準を適用しなくては［ならない－原書－］人のために明確な基準」がなければ，「……［図書館員は排除について－原書－］場当たり的にして主観的な判断に依拠し，これは許されない。そこでは恣意的で差別的な適用の恐れがつきまとう」[67]。

メインストリーム・ラウドン事件の判決は，未成年者の利用をフィルターソフトを作動させた端末に限定し，成人の利用に際して図書館員がフィルターソフトの作動を中止するという可能性を示唆していた。しかしこの方式も問題をはらんでいる。第8章で指摘したように，子どもは実質的な修正第1条の権利を持つ。未成年者に有害に関する法律でさえも，「普通の真面目な少数派の年長未成年者にとって重要な文学的，芸術的，政治的，科学的な価値を有する」[68]資料について，若者への配布を許さねばならない。裸体というだけでは，未成年者のアクセスを禁じる十分な理由にはなり得ない[69]。見るという言論の自由の権利を未成年者が持つ資料があり，過度に広範にブロックするフィルターソフトがアクセスを妨げる場合，未成年者の権利が侵害されたことになる。

持ちこたえられないことだが，フィルターソフトの一律性は6歳の子どもに適切と思えるサイトに，成人に近い17歳の未成年者も制限してしまう。これは不合理で憲法にも合致しない[70]。図書館利用者はあらゆる年齢にわたり，フィルターソフトは十分に年齢に対応できない。最後に成人が図書館員にフィルターソフトの作動中止を申し出るという要件は，既述のような萎縮効果と汚点を［利用者に］課す可能性がある。合衆国憲法は，フィルターソフトの「無い」状態が，どのようなフィルターソフトを使うにしてもデフォルトの状態であることを求めていよう。

5節　結論

　合衆国最高裁判所は，サイバースペースは修正第1条が供する最高水準の保護を受けると結論している。結果として，活字や画像に適用されるのと同じ検討が，電子的な語や画像にも適用される。公立図書館が採択するいかなるインターネット・アクセスの方針も，憲法の保護下にある言論への成人のアクセスに悪影響を与えてはならない。また年長および年少の未成年者によるアクセスの権利を尊重せねばならない。未成年者は憲法の保護下にある言論，および親が不快に感じても若者に重要な価値がある言論に，アクセスする権利を有している。またそうした方針は，他者がいっそう成熟した個人に適するとみなすサイトに関して，自分の子どもにアクセスを許すという親の権利を尊重しなくてはならない。最も重要なことだが，方針は内容や見解の点で完全に中立でなくてはならない。

　多くの親は小さなジョニーが図書館の端末を使って裸体画像にアクセスできるのを心配するだろう。しかし修正第1条は，公立図書館がこうした親の懸念を実行することを許していない。子ども用の図書館カードの発行手続をみると，大部分の図書館は親が子どもの読書資料に責任を持つよう求めている。この免責は親にたいして，子どもが図書館にいるあいだ，図書館員は親代わり（法律概念としては in loco parentis）にならないことを通知している。賢明なことだが，こうした免責は図書館でのインターネット利用にも適用できる。

　事実として，インターネットに関する図書館の方針は，だれもが容易に知らねばならず，館内の目立つ場所に掲示すべきである。さらに子どもが見るサイトを心配する親を助けるために，図書館は推奨サイト一覧の提供に努力してよい。例えばアメリカ図書館協会が編纂した「偉大なサイト」で，以下を参照されたい。http://www.ala.org/parentspage/greatsites

　それに他の手立ても用いて，利用者や職員の不快を軽減する努力をすべきである。プライヴァシー・スクリーンや偏光スクリーンは，不快かもしれない資料にアクセスする利用者が，他者を不快にしないことを保障するだろう。情報

スーパーハイウェイは知識へのアクセスという思想を好む。現実に存在する暗い路地や気分がすぐれない近隣社会への懸念によって，情報スーパーハイウェイが妨げられてはならない。

注
1. *Kovacs* v. *Cooper*, 336 U.S. 77, 97 (1949) (Jackson, J., concurring).
2. *Red Lion Broadcasting Co.* v. *FCC*, 395 U.S. 367, 386 (1969).
3. *Miami Herald Publishing Co.* v. *Tornillo*, 418 U.S. 241 (1974).
4. *Southeastern Promotions, Ltd.* v. *Conrad*, 420 U.S. 546, 557 (1975) (citing *Joseph Burstyn, Inc.* v. *Wilson*, 343 U.S. 495, 503 (1952)).
5. *FCC* v. *Pacifica Found.*, 438 U.S. 726 (1978).
6. Cong. Rec., 104th Cong., at S8330 (Remarks of Sen. Exon) (June 14, 1995).
7. *FCC* v. *Pacifica Found.*, 438 U.S. 726 (1978).
8. *ACLU* v. *Reno*, 929 F.Supp. 824, 883 (E.D. Pa. 1996) (Dalzell, J.), aff'd, 117 S.Ct. 2329 (1997).
9. *Id.* at 882.
10. *Reno* v. *ACLU*, 117 S.Ct. 2329, 2334 (1997).
11. *Id.* at 2336 (footnote omitted).
12. *Ginsberg* v. *New York*, 390 U.S. 629, 639 (1968).
13. *Reno* v. *ACLU*, 117 S.Ct. 2329, 2348 (1997).
14. *Id.* at 2341.
15. *Id.* (quoting *Ginsberg* v. *New York*, 390 U.S. 629, 646 (1968)).
16. *Id.*
17. *Id.* at 2348.
18. *Id.* at 2342.
19. *Id.* (citation omitted).
20. *FCC* v. *Pacifica Found.*, 438 U.S. 726, 750 (1978).
21. *Reno* v. *ACLU*, 117 S.Ct. 2329, 2336 (1997) (citation omitted).
22. *Id.*
23. *Id.* at 2342.
24. *Id.* at 2344.
25. *Id.* at 2346.
26. *Id.* at 2344.
27. *Id.* at 2348.
28. *Id.* at 2346.
29. *Id.* at 2347.
30. *Id.* at 2348.
31. *Id.*
32. *Id.* at 2348-49.

第9章 サイバースペース:最後のフロンティア　*159*

33. *Id.* at 2349 (quoting *Schneider* v. *State*, 308 U.S. 147, 163 (1939)).
34. *Id.*
35. *Id.* at 2351.
36. *American Library Association* v. *Pataki*, 969 F.Supp. 160 (S.D. N.Y. 1997).
37. *ACLU* v. *Miller*, 977 F.Supp. 1228 (N.D. Ga. 1997).
38. *ACLU* v. *Reno*, 31 F.Supp.2d 473 (E.D. Pa. 1999).
39. *Urofsky* v. *Gilmore*, 1999 WL 61952, at 4 (4th Cir. Feb. 10, 1999).
40. *Urofsky* v. *Allen*, 995 F.Supp. 634, 640 (E.D. Va. 1998) *rvd on other grounds, sub. nom., Urofsky* v. *Gilmore*, 1999 WL 61952 (4th Cir. Feb. 10, 1999).
41. *Id.*
42. *Id.* at 640 (footnote omitted).
43. *Mainstream Loudoun* v. *Board of Trustees*, 24 F.Supp.2d 552, 565 (E.D. Va. 1998) (quoting *Turner Broadcasting Sys., Inc.* v. *FCC*, 512 U.S. 622, 664 (1994)).
44. *Id.* (quoting *Johnson* v. *County of Los Angeles Fire Dep't*, 865 F.Supp. 1430, 1439 (C.D. Cal. 1994)).
45. *Id.* at 566.
46. *Id.* at 567.
47. *See, e.g., Lockard* v. *Pizza Hut, Inc.*, 162 F.3d 1062 (10th Cir. 1998).
48. *Stanley* v. *The Lawson Co.*, 993 F.Supp. 1084, 1089 (N.D. Ohio 1997).
49. www.filteringfacts.org (Aug. 16, 1999).
50. *Id.*
51. www.cyberpatrol.com/cp_block.htm (Aug. 16, 1999).
52. *Kathleen R.* v. *City of Livermore*, VO152664 (Alameda Cty. Super. Ct. Jan. 14, 1999).
53. *Reno* v. *ACLU*, 117 S.Ct. 2329, 2346 (1997).
54. *Mainstream Loudoun* v. *Board of Trustees*, 24 F.Supp.2d 552 (E.D. Va. 1998).
55. *Id.* at 561 (reaffirming *Mainstream Loudoun* v. *Board of Trustees*, 2 F.Supp.2d 783, 794-95 (E.D. Va. 1998).
56. *Id.* at 563.
57. *Id.* at 563-64 (relying upon *Reno* v. *ACLU*, 117 S.Ct. 2329, 2342 (1997) and *Boos* v. *Barry*, 485 U.S. 312, 321 (1988)).
58. *Id.* at 567.
59. *Id.*
60. *Id.* at 570 n.22
61. *Id.*
62. *Lamont* v. *Postmaster General*, 381 U.S. 301, 304 (1965).
63. *See Lambert* v. *Wicklund*, 117 S.Ct. 1169 (1997).
64. *Denver Area Educational Telecommun. Consortium* v. *FCC*, 518 U.S. 727, 760 (1996) (citation omitted).
65. *See, e.g., Street* v. *New York*, 394 U.S. 576, 592 (1969).
66. *Boos* v. *Barry*, 485 U.S. 312, 321 (1988).

67. *Grayned* v. *City of Rockford,* 408 U.S. 104, 108-09 (1972).
68. *American Booksellers Ass'n* v. *Virginia,* 882 F.2d 125, 127 (4th Cir. 1989) (citation omitted).
69. *Erznoznik* v. *City of Jacksonville,* 422 U.S. 205, 212-14 (1975).
70. *See Reno* v. *ACLU,* 117 S.Ct. 2329, 2348 (1997) (インターネット・サイトへのアクセスを制限する政府の利益について，未成年者の年齢と成長にしたがって減少することが認定された).

【訳者付録】判例の説明

1. *ACLU of New Jersey* v. *Schundler,* 1999 WL 7766 (3d Cir. Feb. 16, 1999).
事案は本文第5章（注22）前後を参照。

2. *ACLU* v. *Miller,* 977 F.Supp. 1228 (N.D. Ga. 1997).
事案は本文第9章（注37）前後を参照。

3. *ACLU* v. *Reno,* 929 F.Supp. 824 (E.D. Pa. 1996), *Reno* v. *ACLU,* 521 U.S. 844 (1997), *ACLU* v. *Reno,* 31 F.Supp.2d 473 (E.D. Pa. 1999).
事案は本文第9章1節を参照。

4. *Abington Township* v. *Schempp,* 374 U.S. 203 (1963).
ペンシルヴァニア州法では，公立学校の始業時に，解説を差しはさむことなく聖書を10節以上読むことが規定されていた。これは，親の文書による申し入れにより参加を拒否することもできた。Abington高校では学校放送により始業時に聖書の朗読を行っていた。Schempp家は，聖書を字句通りに解釈しないユニテリアン派に属しており，子どもたちに参加を拒否させたかったが，友人や先生に対する悪影響を考え，余儀なく参加していた。このため，Schemppは州法が憲法修正第14条に反するとして提訴した。連邦最高裁判所は同州法を違憲とした。
＜文献＞瀧沢信彦『国家と宗教の分離』（早稲田大学出版部，1985）p.104.

5. *Abrams* v. *United States,* 250 U.S. 616 (1919).
ロシア生まれのAbramsら5人は大統領のソビエト派兵行為や資本主義を非難するビラをまき，戦争遂行を妨害したことを理由にスパイ禁止法違反で起訴された。彼らは，「世界の労働者よ立ち上がれ！　決起しろ！」という内容のビラや，弾薬工場の労働者に対してゼネラル・ストライキを行うよう働きかけるビラを地下室で5,000枚印刷し配布した。Abramsは憲法修正第1条の権利を侵害すると主張したが，連邦最高裁判所はこれを認めなかった。
＜文献＞奥平康弘『「表現の自由」を求めて』（岩波書店，1999）p.144.

6. *Adderley* v. *Florida,* 385 U.S. 39 (1966).

フロリダ A. & M. 大学の学生である Adderley らが，前日の抗議行動で仲間の学生が逮捕されたこと，および，刑務所内を含む州や自治体が人種差別を行っていることに対する抗議行動を学校から1マイル離れた刑務所構内で行った。刑務所構内からの退去をカウンティの保安官が警告したにもかかわらず，これに従わなかったAdderley と31人の学生は不法侵入を理由に逮捕された。連邦最高裁判所は下級審が下した有罪判決を維持した。
＜文献＞『アメリカ法』(1969-2号，日米法学会，1969) p.243.

7．*Allegheny County* v. *Greater Pittsburgh ACLU,* 492 U.S. 573 (1989).
事案は本文第5章（注23）前後を参照。

8．*Ambach* v. *Norwick,* 441 U.S. 68 (1979).
ニューヨーク州法は，合衆国市民権を取得していない外国人に，公立学校教員の終身免許証を発行することを禁じていた。スコットランド生まれのイギリス人 Norwick はアメリカ人と結婚し，市民権取得の要件は満たしていたものの，実際には取得申請を行わなかった。Norwick は教育上の要件をすべて満たしていたにもかかわらず，ニューヨーク州法に反することを理由に，6年間有効の保育園教員免許証発行を拒否された。連邦最高裁判所は州法は平等条項に違反しないとした。
＜文献＞『アメリカ法』(1981-2号，日米法学会，1981) p.322.

9．*American Booksellers Ass'n* v. *McAuliffe,* 533 F.Supp. 50 (N.D. Ga. 1981).
事案は本文第3章（注52）前後を参照。

10．*American Booksellers Ass'n* v. *Virginia,* 882 F.2d 125 (4th Cir. 1989).
ヴァージニア州法は，未成年者が店頭で内容を見たり，購入できたりする場所で，性的に赤裸々な書籍を陳列することを禁止していた。書店，出版社から構成される団体である American Booksellers Association がこのヴァージニア州法の違憲性を主張した。連邦地方裁判所による違憲判決を，連邦上訴裁判所はいったん認容したものの，連邦最高裁判所による破棄差戻しを受け，最終的には合憲と判断した。

11．*American Booksellers Ass'n* v. *Webb,* 919 F.2d 1493 (11th Cir. 1990).
ジョージア州において，未成年者に有害だと思われる，性的に赤裸々な物を配布・陳列することを規制する法律が成立した。まもなく，書店，出版社などで構成される団体である American Booksellers Association は州法の違憲性を主張し，宣言的差止を求めた。連邦上訴裁判所はこれを認めなかった。

12. *American Booksellers Association, Inc.* v. *Hudnut,* 598 F.Supp. 1316 (S.D. Ind. 1984).
　事案は本文第3章（注43）前後を参照。

13. *American Council for the Blind* v. *Boorstin,* 644 F.Supp. 811 (D.D.C. 1986).
　事案は本文第3章（注57）前後を参照。

14. *American Library Association* v. *Pataki,* 969 F.Supp. 160 (S.D. N.Y. 1997).
　事案は本文第9章（注36）前後を参照。

15. *Baggett* v. *Bullitt,* 377 U.S. 360 (1964).
　1931年ワシントン州法は，合衆国とワシントン州の国旗と社会制度を尊重し，法と秩序を敬い，合衆国政府への忠誠をつくすという宣誓を州による雇用の条件としていた。また，1955年ワシントン州法は雇用条件として，自らが破壊分子でないことの宣誓を要求していた。ワシントン大学の教職員と学生は集合代表訴訟により，これら州法の違憲確認を求めて提訴した。連邦最高裁判所は違憲性を認めた。

16. *Bantam Books* v. *Sullivan,* 372 U.S. 58 (1963).
　事案は本文第6章（注3）前後を参照。

17. *Barcik* v. *Kubiaczyk,* 912 p.2d 408 (Or. App. 1996).
　オレゴン州 Tigard-Tualatin 学区は生徒による出版について検閲することを定めていた。このため Tigard 高校の生徒と親が表現の自由に反すると主張して提訴した。上訴裁判所では，生徒が卒業したため訴えの利益が失われた点について主に争われ，事実審で却下された結論について触れなかった。

18. *Barnes* v. *Glen Theatre, Inc.,* 501 U.S. 560 (1991).
　事案は本文第2章（注53）前後を参照。
＜文献＞憲法訴訟研究会・芦部信喜『アメリカ憲法判例』（有斐閣，1998) p.34; 岡田信弘「ヌード・ダンスに対する州の規制と修正一条」『ジュリスト』(1012号，有斐閣，1992) p.121.

19. *Baskerville* v. *Culligan Int'l Co.,* 50 F.3d 428 (7th Cir. 1995).
　Baskerville は Culligan 社のマーケティング部門に属し，西部地区マネージャーとして赴任した Michael Hall の秘書として働いていた。Hall は Baskerville に触

ったこともなく，デートもしていなかったが，かわいこちゃん（pretty girl）と呼んだり，革製のスカートをはいてくると"um um um"と不平をいったりした。Culligan 社は人事部門に苦情窓口を設けており，Baskerville はかなり後になってから苦情を申し立て，人事監督者から注意を受けた Hall はおとなしくなった。Baskerville は猥褻な言葉や身振り，嫌がらせの言葉がハラスメントにあたるとして，公民権法第 7 編を理由に提訴したが，連邦上訴裁判所はこれを認めなかった。

20. *Baumgartner* v. *United States*, 322 U.S. 665（1944）.
　市民権を与える要件として連邦国籍法が定めていたのは，以前属していた国への忠誠を放棄することの宣誓，および，合衆国の憲法と法を支持し，海外や国内の敵から法を擁護することの宣誓であった。ドイツ生まれの Baumgartner は1932年に要件を具備したとして，ミズーリ西地区連邦地方裁判所の判断で市民権を与えられ，帰化証明書が発行された。しかし，実際は Adolf Hitler の熱狂的な支持者であり，周囲の人びとにたいしてナチズムを賞賛していた。また，帰化後も各所でナチズムを説いて回った。このため，帰化から約10年後の1942年に合衆国は連邦国籍法の規定に基づき帰化を取り消し，証明書を無効とするよう提訴した。連邦最高裁判所はこれを認めなかった。

21. *Bennett* v. *Corroon & Black Corp.*, 845 F.2d 104（5th Cir. 1988）.
　事案は本文第 7 章（注42）前後を参照。

22. *Bethel School Dist. No.403* v. *Fraser*, 478 U.S. 675（1986）.
　事案は本文第 8 章（注54）前後を参照。
＜文献＞H.ライヒマン『学校図書館の検閲と選択』（川崎良孝訳，青木書店，1993）p.148.

23. *Blount* v. *Rizzi*, 400 U.S. 410（1971）.
　連邦法は，郵便物が猥褻物を取引するものと郵便局長が判断したならば，「違法」というスタンプを押して送付人に送り返し，郵便料金の返金要求にも応じないことができると定めていた。郵便局長により当該連邦法の適用を受けた小売り雑誌の取次店が，連邦法の差止と宣言による救済を求め提訴した。連邦最高裁判所は連邦法の違憲性を認めた。

24. *Board of Education of Kiryas Joel Village Sch. Dist.* v. *Grumet*, 512 U.S. 687（1994）.

ユダヤ教の一派である Satmar Hasidim は，家庭外での男女別行動，イディッシュ語使用の徹底，男女別の特別な服装を特徴としている。ニューヨーク州 Orange カウンティ Kiryas Joel 村は Satmar が設立した村であり，住民すべてが Satmar である。同村の私立学校では障害者課程がないため，障害者は同一学区ではあるものの村外の一般公立学校に通うしかなく，結局 1 人を除き村外の公立学校には通わなくなった。このため，学区が分離され，Satmar 障害者専門の公立学校が新設された。Grumet らは憲法の国教禁止条項に違反するとして提訴し，連邦最高裁判所はこれを認めた。
＜文献＞君塚正臣「学校区の分割，新設と政教分離」『ジュリスト』(1069号，有斐閣，1995) p.136; 憲法訴訟研究会・芦部信喜『アメリカ憲法判例』(有斐閣，1998) p.84.

25. *Board of Education* v. *Allen,* 392 U.S. 236 (1968).
　ニューヨーク州法は，公立学校の教科書を公費で購入し，生徒に貸与または販売するとしていた。1965年になると，国土の防衛と公共の福祉のためには教育への援助が必要であることが付け加えられ，1966年度からは，義務教育期間である第 7 学年から第12学年までの生徒への教科書無償貸与を決定した。無償貸与の対象となった学校は，公立学校のみならず，教会学校を含む私立学校であったため，憲法の国教禁止条項との整合性が争われた。連邦最高裁判所は合憲とした。
＜文献＞瀧澤信彦『国家と宗教の分離』(早稲田大学出版部，1985) p.240.

26. *Board of Trustees of the State University of New York* v. *Fox,* 492 U.S. 469 (1989).
　ニューヨーク州立大学の学校財産使用規則は寄宿舎を含む校内での，私企業の営業および学校設備の使用を禁止していた。食器などの家庭用品を販売する会社が，寄宿舎の一室で商品を実演販売したところ，学校規則に反するとして学校警備員により捕らえられた。これにたいして客との議論を妨げる学校規則は修正第 1 条に反すると主張し，生徒と会社は提訴した。連邦最高裁判所は営利的言論と非営利的言論を区別すべきであるとして，連邦上訴裁判所に事実判断のやり直しを命じ，事件を差戻した。

27. *Bolger* v. *Youngs Drug Products Corp.,* 463 U.S. 60 (1983).
　事案は本文第 8 章（注14）前後を参照。

28. *Boos* v. *Barry,* 485 U.S. 312 (1988).

サウスカロライナ州コロンビア区の条例は外国の大使館から500フィート以内で，(1)外国政府に反感を抱かせたりその名誉を侵害するような掲示を掲げること，(2) 3人以上の集会を開くことを禁止していた。Bridget M. Brooker と Michael Boos はソビエト大使館の前で「SAKHAROV の解放を求む」，「団結を」といった掲示をすることと集会を開くことを望んでいた。また，J. Michael Waller は「殺りくをやめよ」という看板をニカラグア大使館付近で掲示し，また集会を開くことを望んでいた。訴訟では(1)の合憲性が争われ，連邦最高裁判所は違憲の結論を下した。

29. *Bose Corp.* v. *Consumers Union,* 466 U.S. 485 (1984).
　Consumers Union は中級スピーカーの品質評価を行い，その結果を雑誌に掲載した。オーディオメーカである Bose 社製の Bose 901型スピーカーについて，個々の楽器の音が「部屋中に」ただよう傾向がある（wander "about the room"）とし，オーケストラ音楽はともかく，バイオリンなどのソロ楽器演奏を聴くには音が誇張されすぎるとした。これに対し，Bose 社は「部屋に沿って」流れる（wander "along the room"）と表現するのが事実であり，製品の名誉を毀損されたとして訴えた。連邦最高裁判所は Bose 社の主張を認めなかった。
＜文献＞早川武夫『アメリカ法の最前線』（日本評論社，1989）p.106.

30. *Brandenburg* v. *Ohio,* 395 U.S. 447 (1969).
　オハイオ州サンディカリズム処罰法はサボタージュ，暴力行為，違法なテロリズム的手法について，これらを正義としたり，不可欠性，正当性を主張することを，たとえ産業上・政治上の改革をなしとげる手段としてでも禁止していた。Brandenburg は人種差別団体である Ku Klux Klan の指導者であったが，集会で白人への抑圧を続ける政府への「報復」（revengeance）を主張して起訴された。連邦最高裁判所は同法を違憲とした。
＜文献＞奥平康弘『「表現の自由」を求めて』（岩波書店，1999）p.258.

31. *Brown* v. *Johnston,* 328 N.W.2d 510 (Iowa 1983).
　事案は本文第6章（注14）前後を参照。
＜文献＞川崎良孝『図書館の自由とは何か』（教育史料出版会，1996）p.59.

32. *Brown* v. *Louisiana,* 383 U.S. 131 (1966).
　ルイジアナ州 Audubon 公立図書館の建物には事務所と閲覧室があり，この他に図書館は2台の移動図書館も運営していた。移動図書館は，赤い自動車は白人専用，青い自動車は黒人専用であった。事前に登録した者のみが書籍を借りることができ，

黒人の登録証には「黒人」と記載された。若い黒人である Brown らが差別に対する抗議のため地区図書館を訪れ，Brown は座り込み，その他の者は図書館員の側に立った。彼らは無言のまま音もたてず騒ぎもしなかったが，図書館員や保安官の立ち退き要求には応じなかったため，逮捕された。連邦最高裁判所はこれを無罪とした。
＜文献＞榎原猛『表現理論の新展開』(法律文化社，1982) p.97.

33. *Burch* v. *Barker,* 861 F.2d 1149 (9th Cir. 1987).
　ワシントン州レントン学区は，学内における検閲方針を規定した。その方針によると，生徒が自分で書いたものを学内で配布する場合は，学校の公式出版物を除き，事前に学校に届け，許可が出た場合のみ配布できるとしていた。ある日，Lindbergh 高校の生徒が学校主催の校庭バーベキュー会で，許可なしに学校を批判する新聞を配布した。この新聞を PTA 会長である親のひとりが職員室などにも配布した。この行為に対して，校長は新聞の内容にふれることなく，検閲手続きに反した理由で，生徒を懲戒処分に付した。生徒および親は，修正第1条違反を主張し，確認と差止を求め提訴した。連邦上訴裁判所は方針が修正第1条違反であるとした。

34. *Butler* v. *Michigan,* 352 U.S. 380 (1957).
　ミシガン州法は，未成年者を道徳的に堕落させるおそれのある書籍や雑誌などの販売頒布を禁じていた。Butler は猥褻，不道徳，みだら，下劣な言葉や描写で書かれた本を販売したとされ，起訴された。Butler は，州法が表現の自由を侵害するものであると主張し，連邦最高裁判所はこれを認め無罪とした。
＜文献＞塚本重頼「わいせつな表現と言論の自由」『自由と正義』(22巻8号，日本弁護士連合会，1971) p.32.

35. *Bystrom* v. *Fridley High School,* 822 F.2d 747 (8th Cir. 1987).
　事案は本文第8章（注55）前後を参照。
＜文献＞H.ライヒマン『学校図書館の検閲と選択』(川崎良孝訳，青木書店，1993) p.150.

36. *Capitol Square Review Bd.* v. *Pinette,* 515 U.S. 753 (1995).
　事案は本文第5章（注27）前後を参照。

37. *Carey* v. *Population Services International,* 431 U.S. 678 (1977).
　ノースカロライナに事務所を有する Population Planning Associates, Inc. は避

妊具の広告をニューヨーク州で発行される雑誌に掲載するとともに，ニューヨーク州の住民に通信販売した。ニューヨーク州教育法は16歳未満の未成年者に販売頒布することを禁止し，16歳以上の者に避妊具を販売する場合であっても資格ある薬剤師による販売に限定し，広告展示を禁じていた。このため，ニューヨーク州法に反する旨の警告書を受けたが，これに対して違憲の宣言と差止命令を請求し，連邦最高裁判所はこれを認めた。
＜文献＞鈴木義男編『アメリカ刑事判例研究　第1巻』(成文堂, 1982) p.330.

38. *Case* v. *Unified School Dist. No.233*, 908 F.Supp. 864 (D. Kan. 1995).
事案は本文第8章（注39）前後を参照。

39. *Central Hudson Gas & Electric Corp.* v. *Public Service Commission*, 447 U.S. 557 (1980).
ニューヨーク州公共サービス委員会は，電力消費を奨励する広告を行うことを禁じる命令を州内の電力会社に対して出した。これは，冬の電力需要に見合う発電燃料供給が危ぶまれていたためであった。命令が出されてから3年がたち，燃料不足は解消されたが，命令は存続したため，Central Hudson ガス電力会社が，憲法修正第1条に違反するとして提訴した。連邦最高裁判所はこの主張を認めなかった。
＜文献＞憲法訴訟研究会・芦部信喜『アメリカ憲法判例』(有斐閣, 1998) p.55;『アメリカ法』(1982-1号, 日米法学会, 1982) p.68; 土井靖美『アメリカ憲法と司法審査基準の研究＜愛媛法学会叢書第3号＞』(嵯峨野書院, 1985) p.261.

40. *Chaplinsky* v. *New Hampshire*, 315 U.S. 568 (1942).
ニューハンプシャー州法では攻撃・愚弄したり，困惑させる(offensive, derisive or annoying) 言葉を公共の場で他人に発すること，攻撃・愚弄する言い方で呼びつけること，を禁止していた。「エホバの証人」の信者である Chaplinsky が公道上で警察官を「おまえは神により地獄に落とされるペテン師だ」とか「地獄に落とされるファシストだ」などと罵倒して処罰された。連邦最高裁判所は Chaplinsky を有罪とした。

41. *Church of the Lukumi Babalu Aye* v. *City of Hialeah*, 508 U.S. 520 (1993).
事案は本文第5章（注30）前後を参照。

42. *City Council of Los Angeles* v. *Taxpayers for Vincent*, 466 U.S. 789 (1984).
ロサンゼルス市議会選挙の候補者 Vincent の支援団体である Taxpayers for

Vincent が看板業者に依頼して街に看板を設置した。「Vincent を議員に」という看板が数多くの公共的な支柱にくくり付けられたため，市の清掃局が条例に従って1,207枚の看板を撤去した。Taxpayer の差止・損害賠償請求に対し連邦上訴裁判所は「公共財へ看板を張ってはならない」とする条例が過度に広範であり違憲であるとしたが，最高裁判所では破棄差戻となった。

43. *City of Boerne* v. *Flores,* 521 U.S. 507 (1997).
　テキサス州 Boerne 市にある St. Peter カトリック教会は1923年に建てられ，地域創設期における建築様式を現していた。しかし，礼拝者の増加によって230席の礼拝堂は手狭になり，San Antonio 大主教は教会の改築を決断した。数か月後，Boerne 市議会は史跡保存条例を可決した。教会は建築許可申請を行ったが，条例を理由に却下された。連邦最高裁判所は条例を違憲とした。

44. *City of Houston* v. *Hill,* 482 U.S. 451 (1987).
　テキサス州 Houston 市の条例では，何らかの方法で警察官の業務を，反抗，妨害，罵倒，中断させることを違法としていた。Hill は友人の前に立ちはだかった警察官をどなりつけたため，逮捕された。条例が憲法修正第1条に反すると Hill は主張し，連邦最高裁判所は条例を無効とした。

45. *Clark* v. *Community for Creative Non-Violence,* 468 U.S. 288 (1984).
　事案は本文第2章（注51）前後を参照。

46. *Cohen* v. *California,* 403 U.S. 15 (1971).
　事案は本文第3章（注25），第4章（注14）前後を参照。
＜文献＞榎原猛『表現理論の新展開』（法律文化社, 1982) p.118.

47. *Commonwealth* v. *Holmes,* 17 Mass. 336 (1821).
　事案は本文第3章（注5）前後を参照。

48. *Concerned Women for America* v. *Lafayette County,* 883 F.2d 32 (5th Cir. 1989).
　事案は本文第2章（注64）前後を参照。

49. *Connick* v. *Myers,* 461 U.S. 138 (1983).
　事案は本文第7章（注5）前後を参照。

＜文献＞憲法訴訟研究会・芦部信喜『アメリカ憲法判例』（有斐閣，1998）p.10.

50. *Curtis Publishing Co.* v. *Butts,* 388 U.S. 130 (1966).
　Butts はジョージア州立大学の運動競技全般の指導者で，かつては同大学フットボール・チームのヘッドコーチであった。もっとも，雇用上の地位は私企業であるジョージア競技協会に属していた。Curtis Publishing は発行する雑誌に「大学フットボール買収劇」という暴露記事を掲載し，ジョージア大学対アラバマ大学戦で Butts による八百長試合が行われたと報じた。Butts は Curtis に対して名誉毀損による損害賠償を請求した。連邦最高裁判所はこれを認める結論を下した。
＜文献＞『アメリカ法』（1969-1号，日米法学会，1969）p.64.

51. *Davis-Kidd Booksellers, Inc.* v. *McWherter,* 866 S.W.2d 520 (Tenn. 1993).
　テネシー州法は未成年者が法律に基づいて立ち入ることのできる場所において，未成年者に対し有害な物を陳列，販売，貸与することを罰していた。書店の Davis-Kidd Booksellers 等は，テネシー州法が憲法上保護されている言論に対しての成人と年長未成年者によるアクセスを制限するのは違憲であるとして宣言・差止を求めた。テネシー州最高裁判所は違憲性を認めた。

52. *DeAngelis* v. *El Paso Municipal Police Officers Ass'n,* 51 F.3d 591 (5th Cir. 1995).
　事案は本文第7章（注38）前後を参照。

53. *Denver Area Educational Telecommunications Consortium, Inc.* v. *FCC,* 116 S.Ct. 2374 (1996).
　事案は本文第9章（注64）前後を参照。

54. *Desilets* v. *Clearview Reg. Bd. of Educ.,* No. C-23-90 (NJ Super. Ct. Law Div. May 7, 1991).
　ニュージャージー州において，ある生徒が R 指定（未成年者禁止）となっている映画の批評文を書き，これを学生新聞に掲載しようとした。しかし，学校は掲載を許可しなかった。このため，中学校の生徒の母親が，表現の自由の侵害を理由として，教育委員会，教育長，校長を訴えた。ニュージャージー州最高裁判所は学校の処分を合憲であるとした。

55. *Doe* v. *University of Michigan,* 721 F.Supp. 852 (E.D. Mich. 1989).

事案は本文第4章（注25）前後を参照。
＜文献＞『アメリカ法』（1993-1号，日米法学会，1993）p.110.

56. *Dun & Bradstreet* v. *Greenmoss Builders, Inc.,* 472 U.S. 749 (1985).
　Dun & Bradstreetは信用調査機関であり，顧客に他社の財務情報などを提供していた。ある日，同社は5人の顧客に，建設会社のGreenmoss Buildersが自己破産申告をしたという情報を提供した。しかし，その情報は誤りで，資産，負債ともに真実と大きく食い違っていた。取引銀行を通じてこれを知ったGreenmoss Buildersは顧客への訂正と情報受領者リストの提供を求めたが，Dun & Bradstreetは訂正を行ったものの，リストの提供は行わなかった。このため，名誉毀損により提訴し，連邦最高裁判所はこれを認めた。
＜文献＞『アメリカ法』（1987-2号，日米法学会，1987）p.412.

57. *Edwards* v. *Aguillard,* 482, U.S. 578 (1987).
　事案は本文第8章（注72）前後を参照。
＜文献＞H.ライヒマン『学校図書館の検閲と選択』（川崎良孝訳，青木書店，1993）p.151.

58. *Elrod* v. *Burns,* 427 U.S. 347 (1976).
　イリノイ州Cookカウンティに民主党員の新しい保安官が赴任した。旧保安官は共和党員であり，Burnsをはじめとする保安官事務所職員も共和党員であった。Burnsらは，一般職公務員であり，自由裁量による解雇が法律・条例で制限されなかった。このため，もっぱら，共和党に加入，支持したという理由で，新保安官により解雇され，あるいは解雇の危険にさらされた。このため，修正第1条の権利侵害を主張し，宣言・差止判決を求めた。連邦最高裁判所はこれを肯定した。

59. *Employment Division* v. *Smith,* 494 U.S. 872 (1990).
　Smithらは薬物中毒のリハビリ施設に勤務していたが，ペヨーテという幻覚剤を宗教儀式の際に使用したかどで，解雇された。そこで，オレゴン州人材雇用部に失業保険の支給を求めたところ，オレゴン州法で禁制品となっているペヨーテの使用は支給欠格要件の「非行」にあたるとされた。ペヨーテはアメリカ原住民の間で長年にわたり教会儀式として宗教上の目的で使用されてきており，支給拒否は信教の自由を否定するとしてSmithらは提訴した。連邦最高裁判所は支給を認めなかった。
＜文献＞憲法訴訟研究会・芦部信喜『アメリカ憲法判例』（有斐閣，1998）p.156.

60. *Engel* v. *Vitale*, 370 U.S. 421 (1962).
ニューヨーク州ニューハイドパーク第9学区の教育委員会は，区内の校長に対し毎日の授業開始前に先生の前でクラス全員が祈禱文を唱和する旨命じた。祈禱文は「全能の神よ，われわれは汝を頼れることを感謝する。われわれに，両親に，教師に，この国に汝の恵みを与え給え」という内容であった。この制度は修正第1条の国教禁止事項に抵触するとして10人の生徒の父兄が提訴し，連邦最高裁判所はこれを認めた。

61. *Epperson* v. *Arkansas*, 393 U.S. 97(1968).
事案は本文第8章（注64）前後を参照。
＜文献＞瀧澤信彦『国家と宗教の分離』（早稲田大学出版部，1985）p.299.

62. *Erznoznik* v. *City of Jacksonville*, 422 U.S. 205 (1975).
事案は本文第2章（注74），第3章（注53），第8章（注12）前後を参照。
＜文献＞塚本重頼『アメリカ憲法研究』（酒井書店，1985）p.187.

63. *Estate of Thornton* v. *Caldor*, 472 U.S. 703 (1985).
事案は本文第5章（注19）前後を参照。

64. *FCC* v. *League of Women Voters*, 468 U.S. 364 (1984).
スポンサーから独立した放送の必要性から，連邦公共放送法は非営利法人である公共放送機構の設立を規定し，非商業的なテレビ・ラジオ局への歳費による助成を行うことを定めていた。そして，助成を受けている放送局は放送の中で私見をさしはさむことを禁じられていた。カリフォルニア League of Women Voters，同法の適用を受ける Pacifica Foundation，視聴者の連邦下院議員は，自己の主張を禁じることが憲法修正第1条，修正第5条に反するとして提訴し，連邦最高裁判所は修正第1条違反についてこれを認めた。
＜文献＞『アメリカ法』（1986-1号，日米法学会，1986）p.187.

65. *FCC* v. *Pacifica Found.*, 438 U.S. 726 (1978).
事案は本文第2章（注49）前後を参照。
＜文献＞『アメリカ法』（1980-1号，日米法学会，1980）p.148.

66. *FEC* v. *Massachusetts Citizens for Life, Inc.*, 479 U.S. 238 (1986).
Massachusetts Citizens for Life (MCFL) は妊娠中絶反対（pro-life）活動を

支援する非営利，非株式組織であり，広報誌を発行していた。予備選挙（primary election）を目前に控え，MCFL は通常号よりも発行部数が多い特別号を発行した。そこでは，予備選挙の候補者を妊娠中絶反対の度合いに応じて格付けをし，MCFL の主張を支持する13候補者への投票を勧めていた。これが，連邦選挙に関連する法人基金への公費支出を禁じた連邦選挙活動法に反するとされ起訴された。連邦最高裁判所は当該事例への連邦法の適用を違憲とした。

67. *Faragher v. City of Boca Raton,* 524 U.S. 775 (1998).
　大学生の Faragher はフロリダ州 Boca Raton 市で市営プール監視員のアルバイトをしていた。Faragher は市の代理人である管理者から，みだらで不快な言葉とともに意に反して触られ，また，「デートするか1年間の便所掃除か，どちらかを選べ」などと言われ，やむなく退職した。Faragher は職を辞したあと，性的敵対環境生成により公民権法第7編と州法に違反したとして提訴した。連邦上訴裁判所は Faragher の訴えを却下したが，連邦最高裁判所は却下せず，さらなる審理を求め差戻した。

68. *Forsyth County v. Nationalist Movement,* 505 U.S. 123 (1992).
　アトランタの北西50キロに位置するジョージア州 Forsyth カウンティは，民族間における緊張・対立の歴史を持っていた。住民らによるデモンストレーションは巨大化・過激化を重ね，警備費用が670,000ドルまで増大していた。田舎の自治体にはあまりに過大な費用であったため，条例が制定された。個人的討議や集会は公共の場で慣習的に容認されていたが，公的な場所での集会や行進に対しては，関係者を保護する特別な警備のため，1,000ドルまでの許可料を志願者ごとに要求することにしたのである。連邦上訴裁判所は集会に公共の場を使うための許可料金を課金する条例は修正第1条に違反するとし，連邦最高裁判所もこれを容認した。

69. *Freedman v. Maryland,* 380 U.S. 51 (1965).
　Freedman はメリーランド州検閲委員会の検閲を受けることなく『夜明け前の復讐』(*Revenge at Daybreak*)という映画を上映したため，メリーランド映画検閲法違反で起訴された。『夜明け前の復讐』は何ら違法な内容を含まないにしても，検閲手続きを受けなかったことがその理由であった。Freedman は検閲制が憲法修正第1条および憲法修正第14条に反することを主張したが，連邦最高裁判所はこれを認めなかった。
＜文献＞『アメリカ法』(1966-2号，日米法学会，1966) p.311.

70. *Gertz* v. *Robert Welch, Inc.,* 418 U.S. 323 (1974).

　警察官 Nuccio が Nelson 青年を殺害した事件の民事訴訟代理人である Gertz は，検視に立ち会う以外には一切刑事事件に関わっていなかった。Robert Welch は極右団体であるジョン・バーチ協会の広報誌 *American Opinion* を出版しており，誌上において殺人事件をでっちあげたのは Gertz であるとし，彼を「レーニン主義者」「共産主義者」であると決めつけた。このため，Gertz は名誉毀損で提訴し，連邦最高裁判所はこれを認めた。
＜文献＞『アメリカ法』(1976-1号，日米法学会，1976) p.114; 奥平康弘『ジャーナリズムと法』(新世社，1997) p.190.

71. *Ginsberg* v. *New York,* 390 U.S. 629 (1968).

　Ginsberg とその妻はニューヨーク州ロングアイランドで「Sam の文具・軽食」を経営し，ランチコーナーで若い女性のヌード写真がたくさん載った雑誌 (girlie magazines) を販売していた。ニューヨーク州刑法では，未成年者に有害なヌード写真，および未成年者に有害な雑誌の販売を禁止しており，このうち2冊を16歳の少年に販売した Ginsberg は起訴された。連邦最高裁判所は Ginsberg を有罪とした。
＜文献＞『アメリカ法』(1969-1号，日米法学会，1969) p.68; 塚本重頼「わいせつな表現と言論の自由」『自由と正義』(22巻8号，日本弁護士連合会，1971) p.33.

72. *Gitlow* v. *New York,* 268 U.S. 652 (1925).

　ニューヨーク州法は犯罪的無政府主義 (criminal anarchy) を定義し，これを主張する行為を犯罪としていた。Gitlow は社会党左派 (Left Wing Section of the Socialist Party) のメンバーであった。Gitlow は，議会制国家を転覆，破壊し，共産革命を実現することを主張する左派宣言 (Left Wing Manifest) を同派機関誌に掲載した。このため，ニューヨーク州法に違反したとして起訴された。Gitlow は修正第1条違反による無罪を主張したものの，連邦最高裁判所は有罪であるとした。
＜文献＞奥平康弘『「表現の自由」を求めて』(岩波書店，1999) p.157; 熊本信夫『アメリカにおける政教分離の原則　増補版』(北海道大学図書刊行会，1989) p.208.

73. *Givhan* v. *Western Line Consolidated Sch. Dist.,* 439 U.S. 410 (1979).

　Bessie Givhan は中学校の国語教師を解任された。その理由は校長によると，侮辱的・敵対的・下品・無礼な方法で，卑劣で不合理な要求を行ったということであった。しかし実際は，人種差別であると思われる，学区の慣行および方針を批判したことが主な理由であった。連邦上訴裁判所は校長にたいする私的な表現は憲法修正第1条の保護を受けないとしたが，連邦最高裁判所はこれを破棄し，差戻した。

74. *Gooding* v. *Wilson,* 405 U.S. 518 (1972).

　ジョージア州法は，相手から挑発を受けることなく，他人の面前で，秩序を害する傾向がある侮辱的な単語や汚い言葉を使うことを軽犯罪としていた。Wilson は，2つの発言により罪に問われたが，州法は漠然としており過度に広範であり，合衆国憲法修正第1条および第14条に反し違憲であると主張し，連邦最高裁判所はこれを認めた。

75. *Grayned* v. *City of Rockford,* 408 U.S. 104 (1972).

　イリノイ州にある Rockford 西高校の横にあるグラウンドで200人程度がデモ行進を行った。警告の後，警察が40人を市のピケ禁止条例と騒音防止条例違反で逮捕した。このうち騒音防止条例では授業中に学校近辺で故意に授業を妨害する行為を禁じていた。起訴された者のうち Grayned は条例の違憲性を主張し，連邦最高裁判所はピケ禁止条例を違憲としつつも，騒音防止条例は合憲とした。

76. *Greer* v. *Spock,* 424 U.S. 828 (1976).

　Fort Dix は新入軍人訓練のための連邦陸軍保留地 (reservation) であり，ゲリラ兵の政治的性格を演説・実演することや，司令部の事前の許可なきビラの配布を禁止していた。大統領選挙における候補者である Greer は知名度を上げる目的で，保留地内でのビラ配り，および，職員と選挙についての討論の許可申請をしたが，Fort Dix の士官に拒否された。Greer は違憲性を主張したが，合衆国最高裁判所は当該規制は違憲ではないとした。

77. *Gross* v. *Burggraf Construction Co.,* 53 F.3d 1531 (10th Cir. 1995).

　建設会社 Burggraf Construction は5月から10月までの建築シーズンに労働者を雇っていた。Gross は同社に時間給勤務する女性の給水トラック運転手で Jenny Lake Project にかかわっていた。Gross は管理者である Anderson から「愚か ("dumb")，あばずれ女 ("cunt")」などと呼ばれ，他の従業員の前で恥をかかされ，その後10月に一時解雇された。実際，Jenny Lake Project ではそれ以降給水車を必要としなかったのであるが，Gross は性差別および不当解雇であると主張し，公民権法第7編違反で会社および管理者を訴えた。連邦上訴裁判所は Gross の主張を認めなかった。

78. *Hague* v. *CIO,* 307 U.S. 496 (1939).

　ニュージャージー州 Jersey 市の条例は道路その他公の場所における印刷物の配布等を禁止するとともに，行進，集会などの集団行動を行うには警察の事前許可が

必要であるとしていた。ただし,集団行動の許可を却下するのは騒擾,混乱もしくは無秩序の集会を防止する目的の場合に限定されていた。Jersey 市民,市民により構成された労働者団体,およびその会員は,条例の違憲性を主張し,Jersey 市公共安全局長,警察署長,市政府を訴えた。連邦最高裁判所は条例を無効とした。
＜文献＞奥平康弘『表現の自由Ⅲ』(有斐閣,1984) p.197.

79. *Harris* v. *Forklift Systems, Inc.,* 50 U.S. 17 (1993).
Teresa Harris は機材レンタル会社である Forklift Systems のマネージャーとして働いていた。同社の社長である Hardy は Harris を女性として辱めたり,暗示的にであるものの性的対象とした。たとえば,男性のマネージャーが欲しいとか,ホテルで昇級の話をしようという内容であった。彼女の抗議に Hardy は一度は謝罪したが,その後も,「顧客とどんな夜の約束をしたのか」,などという言を吐いた。このため,Harris は会社を退職し,セクシャル・ハラスメントを理由に公民権法第7編違反で訴え,連邦最高裁判所はこれを認めた。
＜文献＞池添弘邦「環境型セクシャル・ハラスメントの違法性判断基準」『労働法旬報』(1371号,1995) p.30.

80. *Hazelwood School Dist.* v. *Kuhlmeier,* 484 U.S. 260 (1988).
事案は本文第8章 (注41) 前後を参照。
＜文献＞H.ライヒマン『学校図書館の検閲と選択』(川崎良孝訳,青木書店,1993) p.152; 川崎良孝『図書館の自由とは何か』(教育史料出版会,1996) p.172; 青柳幸一「学校が後援する生徒新聞の検閲と修正1条：Hazelwood School District v. Kuhlmeier, 198 S. Ct. 562 (1988)」『ジュリスト』(943号,有斐閣,1989) p.103.

81. *Home Box Office, Inc.* v. *FCC,* 567 F.2d 9 (D.C. Cir. 1977).
連邦通信委員会 (FCC) が行った,ケーブルテレビ放送局(cablecasters)と,有料テレビ放送局 (subscription broadcast television stations) への規制について問題となった。FCC は番組・チャンネルごとに料金を徴収する放送局に対し,3年前から10年前までの長編映画や,最近5年以内に放送された特定のスポーツ番組の有料放送を禁ずるなどの規制を行っていた。連邦上訴裁判所はこの規制の合理性を認めなかった。

82. *Hutchinson* v. *Proxmire,* 443 U.S. 111 (1979).
上院議員の Proxmire は歳費の無駄遣いを主張するため「Golden Fleece (金を巻き上げる)」月間賞を創設した。ある動物の行動を研究している科学者の Hutchin-

son がこの賞を受け，テレビによる取材を受けた。このため，職業上，学問上の名誉を傷つけられ，仕事上の関係を妨害されたとして，Proxmire とその政策秘書を訴えた。連邦地方裁判所と連邦上訴裁判所は Hutchinson を公的人物であると認定したが，連邦最高裁判所はこれを否定した。

83. *In the Matter of Quad/Graphics, Inc. v. Southern Adirondack Library System,* 664 N.Y.S.2d 225 (Super. Ct. Saratoga Cty. 1997).
事案は本文第6章（注10）前後を参照。

84. *Interstate Circuit, Inc. v. Dallas,* 390 U.S. 676 (1968).
Interstate Circuit は Viva Maria という映画を配給・上映する会社である。ダラス市条例は，映画上映を行う前に映画格付け委員会にフィルムを提出することを義務づけていた。そして，条例では16歳未満の青少年に適しない区分基準として，残虐，暴行，堕落をそそのかす態様での描写，性的乱交，婚姻外性交渉，アブノーマルな性関係の描写をあげていた。Viva Maria が委員会により不適と判断されたため Interstate Circuit は憲法修正第1条違反を主張し，連邦最高裁判所はこれを認めた。
＜文献＞塚本重頼「わいせつな表現と言論の自由」『自由と正義』(22巻8号，日本弁護士連合会，1971) p.39.

85. *Iota Xi Chapter of Slgma Chi Fraternity v. George Mason University,* 773 F.Supp. 792 (E.D. Va. 1991).
学生互助会が互助会祭で賭け金を慈善団体に寄付する目的で「醜い女性」コンテストを行った。コンテストでは，学生が黒塗りの顔，枕による胸や尻，カツラなどで変装した。これに対し，一部の学生が人種・性への固定概念を増長すると大学当局に申し出たため，学生互助会は懲罰処分を受けた。互助会は処分の修正第1条違反を理由に違憲確認差止を求め，略式裁判の申立を行った。連邦地方裁判所は申立を認めた。

86. *Island Trees Union Free School District No.26 v. Pico,* 457 U.S. 853 (1982).
事案は本文第8章（注28）前後を参照。
＜文献＞H.ライヒマン『学校図書館の検閲と選択』(川崎良孝訳，青木書店，1993) p.147; アメリカ図書館協会知的自由部編『図書館の原則（新版）：図書館における知的自由マニュアル（第5版）』(川崎良孝・川崎佳代子訳，日本図書館協会，1997) p.328; 憲法訴訟研究会・芦部信喜『アメリカ憲法判例』(有斐閣，1998) p.100; ウェ

イン・A.ウィーガンド編『「図書館の権利宣言」を論じる』(川崎良孝・薬師院はるみ訳,京都大学図書館情報学研究会発行,日本図書館協会発売,2000) p.21; 大滝則忠「学校図書館蔵書をめぐる憲法問題の状況:資料・アイランドトリーズ事件」『学校と図書館の自由』(日本図書館協会,1983) p.76.

87. *Jacobellis* v. *Ohio,* 378 U.S. 184 (1964).
オハイオ州法は猥褻物の販売,陳列,所持などを禁止していた。Jacobellisは映画館のマネージャーであり,フランス映画『愛人』(*Les Amants*)を上映したところ,猥褻映画を所持し上映したとされ,州法違反で起訴された。Jacobellisは表現の自由の権利を主張し,連邦最高裁判所はこれを認め,無罪とした。
<文献>塚本重頼「わいせつな表現と言論の自由」『自由と正義』(22巻8号,日本弁護士連合会,1971) p.35.

88. *Jenkins* v. *Georgia,* 418 U.S. 153 (1974).
事案は本文第2章(注20)前後を参照。

89. *Johnson* v. *County of Los Angeles Fire Dep't,* 865 F.Supp. 1430 (C.D. Cal. 1994).
事案は本文第7章(注23)前後を参照。

90. *Jones* v. *Clear Creek Independent School Dist.,* 977 F.2d 963 (5th Cir. 1992).
事案は本文第8章(注82)前後を参照。

91. *Kaplan* v. *California,* 413 U.S. 115 (1973).
カリフォルニア州ロサンゼルスには約250の成人向け書店があり,Kaplanはそのうちのひとつ Peek-A-Boo を経営していた。書籍や雑誌を丹念に調べる私服警察官に対しKaplanは「図書館じゃないよ」と注意し,「すごくセクシーな本が欲しいのだが」と尋ねられると「うちの本はすべてセクシーだ」といい,ある本の内容を読み上げた。この本には写真がなかったものの,警察官はこれを購入し,Kaplanはカリフォルニア猥褻処罰法で起訴された。連邦最高裁判所は猥褻性判断のやり直しを命じ差し戻した。
<文献>『アメリカ法』(1975-1号,日米法学会,1975) p.97.

92. *Keyishian* v. *Board of Regents,* 385 U.S. 589 (1967).
英語学の講師としてニューヨーク州立大学に勤めるKeyishianおよび他の教職

員らは，宣誓書への署名を拒否したため，職を失うか失うおそれが生じた。その宣誓書とは理事会に対するものであり，自分が共産党員ではなく，かつて共産党員であった場合には学長に申告済みであるということを宣誓するものであった。このような宣誓書が要求された背景には，ニューヨーク教育法が定めた破壊主義的分子を排除する忠誠計画諸規定がある。Keyishianらは忠誠計画全体の違憲性を主張して提訴し，連邦最高裁判所は法令の違憲性を認めた。
＜文献＞『アメリカ法』(1969-1号，日米法学会，1969) p.57.

93. *Kingsley Pictures Corp.* v. *Regents,* 360 U.S. 684 (1959).
　ニューヨーク州法は映画の上映の際に教育局による許可が必要であるとし，猥褻・下品・不道徳・残虐・神の冒瀆といった内容を含む場合は許可されないとしていた。映画『チャタレー夫人の恋人』について，配給元であるKingsley Picturesは，ニューヨーク教育局映画部門の審査を受けた。しかし，不道徳な内容を含むという理由で上映許可が下りなかった。このため，Kingsleyは憲法修正第1条および修正第14条違反で提訴し，連邦最高裁判所はこれを認めた。

94. *Kovacs* v. *Cooper,* 336 U.S. 77 (1949).
　New Jersey州のビジネス街Trenton市は，公道において街頭宣伝車を使用することを禁止する条例を定めた。すなわち，(1)個人，企業，団体は，(2)長・代理人・従業員であったとしても，(3) Trenton市の，街路，小道，大通りにおいて，(4)拡声器などの，大きく耳障りな音を発生させる装置を取り付けた自動車を使用することを違法であるとしていた。市条例に違反し起訴されたKovacsは，修正第1条の権利への侵害を主張したが，連邦最高裁判所はこれを認めなかった。

95. *Kreimer* v. *Bureau of Police,* 958 F.2d 1242 (3d Cir. 1992).
　ニュージャージー州Morristown公立図書館は，ホームレスRichard R. Kreimerを他の利用者に対しての凝視や悪臭を理由として退館させた。その後利用者行動規則を採択し，無目的なぶらつきや不必要な凝視を禁止し，身なりの衛生状態の改善を求めた。この規則により再び退館させられたKreimerはアメリカ自由人権協会に相談した。図書館は同協会の勧告を受け，無目的なぶらつきの禁止条項や「通常」，「不必要」などの言葉を削除して要件を厳格にし，図書館の裁量範囲を狭めた。Kreimerは新規則によっても退館させられ，警察や図書館を相手に提訴したが，連邦上訴裁判所は認めなかった。
＜文献＞川崎良孝『図書館の自由とは何か』(教育史料出版会，1996) p.84; アメリカ図書館協会知的自由部編『図書館の原則(新版)：図書館における知的自由マニュ

アル(第5版)』(日本図書館協会, 1997) p.358; ウェイン・A.ウィーガンド編『「図書館の権利宣言」を論じる』(川崎良孝・薬師院はるみ訳, 京都大学図書館情報学研究会発行, 日本図書館協会発売, 2000) p.13; バーバラ・M. ジョーンズ『図書館・アクセス・知的自由：公立図書館と大学図書館の方針作成』(川崎良孝・村上加代子訳, 京都大学図書館情報学研究会発行, 日本図書館協会発売, 2000) p.9.

96. *Lakewood* v. *Plain Dealer,* 486 U.S. 750 (1988).

Lakewood 市の条例は，公共施設のなかに私有物を設置しようとする場合に毎年許可を必要とした。もし，却下された場合にはその理由を市長が明示することを要求した。Plain Dealer はコイン投入式の新聞販売機を市の歩道に設置しようとし許可を求めたが否認された。このため，Plain Dealer は違憲であるとし，提訴した。連邦最高裁判所は Plain Dealer の主張を一部認めた。

97. *Lamb's Chapel* v. *Center Moriches Sch. Dist.,* 508 U.S. 385 (1993).

事案は本文第5章（注28）前後を参照。
＜文献＞憲法訴訟研究会・芦部信喜『アメリカ憲法判例』(有斐閣, 1998) p.176; 金原恭子「宗教的言論と公立学校施設の使用許可」『ジュリスト』(1086号, 有斐閣, 1996) p.93.

98. *Lambert* v. *Wicklund,* 117 S.Ct. 1169 (1997).

ミネソタ州法は，医師が未成年者の中絶手術を行う際に，親への告知を行うことを要求し，告知後48時間以内は中絶を行ってはならないとし，裁判所による代替手続も規定していた。また，代替手続では(1)未成年者に十分な判断能力がある場合，(2)親による虐待を受けている場合，(3)親への告知が未成年者にとって「最大の利益」とならない場合は親への告知を不要としていた。中絶を行う医師などが，この州法の施行前に違憲性を主張し，宣言差止を求めた。連邦最高裁判所はこの州法について合憲であるとした。

99. *Lamont* v. *Postmaster General,* 381 U.S. 301 (1965).

事案は本文第9章（注62）前後を参照。
＜文献＞『アメリカ法』(1966-2号, 日米法学会, 1966) p.306.

100. *Lee* v. *Weisman,* 505 U.S. 577 (1992).

14歳の Deborah Weisman はロードアイランド州 Providence 公立中学校の卒業式を迎えた。Providence の中学，高校では長年にわたり卒業式に聖職者による祈

禱を行う慣行があり，彼女の父である Daniel Weisman は卒業式の4日前に祈禱の差止を裁判所に求めたものの時間不足を理由に却下された。これを受け，校長の Lee は包括性と感受性（inclusiveness and sensitivity）をもって祈禱文を作成すべきことが記載されたガイドライン・パンフレットを Gutterman 牧師に手渡し，特定の宗派に偏らぬことを要請した。しかし，卒業式では"God"で始まり"Amen"で終わるキリスト教的な祈禱を Gutterman は行った。Weisman は国教禁止条項違反で再び提訴し，連邦最高裁判所はこれを認めた。
＜文献＞憲法訴訟研究会・芦部信喜『アメリカ憲法判例』（有斐閣，1998）p.162;『アメリカ法』(1993-2号，日米法学会，1993) p.298.

101. *Lehman* v. *City of Shaker Heights*, 418 U.S. 298, 319 (1974).
オハイオ州 Shaker Heights 市は，市営バスの車内広告を商業的なものに限定する方針を規定していた。市議会議員である Lehman は立候補挨拶を内容とする広告掲載を申し込んだが，方針違反を理由に拒絶された。このため，修正第1条，修正第14条違反を理由に提訴した。連邦最高裁判所は，Lehman の訴えを棄却した。
＜文献＞塚本重頼『アメリカ憲法研究』（酒井書店，1985）p.181.

102. *Lemon* v. *Kurtzman,* 403 U.S. 602 (1971).
原告の1人である Lemon はペンシルヴァニア州の公立学校に通う生徒の親である。本事例では，ペンシルヴァニア州法とロードアイランド州法がそれぞれ国教禁止条項に反し違憲であるか否かが併合審理された。ペンシルヴァニア州法では初等，中等学校における非宗教的科目の教師給料，教材費の実費を州が支給することを定めており，宗教科目費と会計上分離すること，州の監査に服することが要求されていた。ロードアイランド州法では，非宗教科目の教師に直接年収の15パーセントまでの額を州から支払えるとしていた。両者とも，適用を受けた学校は実際にはほとんどがカトリック系の学校であり，連邦最高裁判所は違憲とした。
＜文献＞『英米法判例百選(第3版)』（有斐閣，1996）p.40.

103. *Lloyd* v. *Tanner,* 407 U.S. 551 (1972).
Lloyd 社はオレゴン州 Portland 市で1マイル四方の広大なショッピング・センターを経営していた。ショッピング・センターには住民が自由に立ち入ることができたものの，Lloyd 社により，業務と無関係な利用を禁止する旨の掲示がなされていた。ある日，ヴェトナムへのアメリカの軍事活動に抗議する反戦ビラを，5人の若者たちがショッピング・センター内の商店街で配布した。ガードマンが彼らに対して立ち退きを命じ，彼らはその場を立ち退いた。その後，言論の自由への侵害を主

張し，提訴したが，連邦邦最高裁判所はこれを認めず差戻した。
＜文献＞『アメリカ法』(1974-1号，日米法学会，1974) p.182.

104. *Lockard* v. *Pizza Hut, Inc.,* 162 F.3d 1062 (10th Cir. 1998).
　Pizza Hut 社はピザレストラン・チェーンのフランチャイズ元である。同社の作成した従業員向けマニュアルには，セクシャル・ハラスメントを受けた場合の苦情申し立て方法が記載されており，苦情受付マネージャーとして現場，エリア，マーケットの3段階が用意されていた。A&M Food Service 社は Pizza Hut 社からライセンスを受け，Pizza Hut レストランを経営していた。Rena Lockard はこのレストランでウェイトレスをしていたが，他の従業員からセクシャル・ハラスメントを受けた。Lockard は A&M Food Service と Pizza Hut の両者を公民権法第7編違反で訴えた。連邦上訴裁判所は，A&M Food Service 社については Lockard の主張を認めたものの，Pizza Hut に対しては認めなかった。

105. *Lowe* v. *Angelo's Italian Foods, Inc.,* 87 F.3d 1170 (10th Cir. 1996).
　Lowe はカンザス州にあるイタリアン・レストランにレジ係，在庫確認係として就職した。従業員や管理者から「スカート，厨房立入禁止」，「お嬢ちゃん (girlie)」などと呼ばれ，また，要求されたドレス姿ではなく赤いスラックスとシャツ姿で出社したところ，「赤いものは着るな」といわれた。精神的・肉体的疲労により，右足に障害を負い，物の上げ下げや階段の歩行が困難になり，退職を余儀なくされた。これを理由に，公民権法第7編違反，および，アメリカ障害者法に基づき Lowe はレストランを訴えた。連邦上訴裁判所は，略式裁判開始の決定を下した。

106. *Lynch* v. *Donnelly,* 465 U.S. 668 (1984).
　事案は本文第5章（注21）前後を参照。
＜文献＞横田耕一「市によるクリスマスの展示と政教分離の原則：Lynch v. Donnelly, 104 S.Ct. 1355 (1984)」『ジュリスト』(846号，有斐閣，1985) p.111.

107. *Mainstream Loudoun* v. *Board of Trustees,* 24 F.Supp.2d 552 (E.D. Va. 1998).
　事案は本文第9章（注43）前後を参照。
＜文献＞川崎良孝・高鍬裕樹『図書館・インターネット・知的自由』（京都大学図書館情報学研究会発行，日本図書館協会発売，2000) p.119; 前田稔「フィルターソフトを用いた公立図書館による『わいせつ物』インターネット利用規制の合憲性－ルーデューン判決の評価－」『筑波法政』(29号，筑波大学，2000) p.131.

108. *Marsh* v. *Chambers,* 463 U.S. 783 (1983).

　Ernest Chamber はネブラスカ州議会の議員であり，州出納係の Frank Marsh 他を訴えた。アメリカの多くの議会で長年にわたり行われているのと同様に，ネブラスカ州議会は各会期の開始時に祈禱を行っており，Chamber はこれを国教禁止条項に違反し違憲であると主張した。祈禱を行うのは牧師であり，公金により手当を支給され，2年ごとに立法委員会により選任されることになっていたものの，16年間同一の牧師が選任されていた。連邦最高裁判所は，これを合憲であるとした。
＜文献＞『ジュリスト』(811号，有斐閣，1984) p.50; 土井靖美『アメリカ憲法と司法審査基準の研究＜愛媛法学会叢書第3号＞』(嵯峨野書院，1985) p.68.

109. *Martin* v. *City of Struthers,* 319 U.S. 141 (1943).

　オハイオ州 Struthers 市では鉄鋼産業従事者が多く，シフトの関係から夜勤をして朝に寝ることもあった。政治的・宗教的といった目的のために戸別訪問することはアメリカの慣例として許容されていたが，市の条例では，住民の生活を乱し，勧誘員になりすます窃盗行為を助長するおそれがあるとして，チラシを配るために戸別訪問することを禁じていた。「エホバの証人」の信者である Martin が，宗教広告の印刷物をその家の者に渡すためドアをたたきベルを鳴らしたために起訴された。Martin は条例の違憲性を主張し，連邦最高裁判所はこれを認めた。

110. *McCollum* v. *Board of Educ.,* 333 U.S. 203 (1948).

　イリノイ州 Champaign カウンティで，ユダヤ教，ローマ・カトリック，プロテスタントの教徒による宗教教育協議会が組織され，公立学校教育委員会との間で授業時間免除協定を締結した。協定によれば，両親による要求があれば，毎週30分から45分を教室内での協議会派遣の教師による宗教教育に割くことができた。ある日，宗教授業を受けていた他の生徒と異なり，教室の中で1人で正規授業を受けていた生徒が友人にからかわれた。この生徒の親である Vashti McCollum は，国教禁止条項違反で協定が違憲であるとして提訴し，連邦最高裁判所はこれを認めた。
＜文献＞熊本信夫『アメリカにおける政教分離の原則　増補版』(北海道大学図書刊行会，1989) p.339; 瀧澤信彦『国家と宗教の分離』(早稲田大学出版部，1985) p.283.

111. *McGowan* v. *Maryland,* 366 U.S. 420 (1961).

　McGowan はメリーランド州 Anne Arundel County の高速道路で大きなディスカウント・ショップを経営していた。メリーランド州法では原則として日曜日に商業活動を行うことを禁止していたが，McGowan はこれに反し，日曜日の特売品として，ルーズリーフ式バインダー，床ワックス，ホッチキスおよび針，おもちゃの

潜水艦を販売した。州法違反で起訴された McGowan は憲法違反を主張したが，連邦最高裁判所はこれを認めなかった。
＜文献＞瀧澤信彦『国家と宗教の分離』（早稲田大学出版部，1985）p.39.

112. *Meritor Savings Bank* v. *Vinson,* 477 U.S. 57 (1986).
　Vinson は Meritor Savings Bank の支店に勤務していた。支店長の Taylor は彼女の入社にかかわるとともに，仕事上の上司であった。Taylor は最初は父親のように接していたが，やがて Vinson に性的関係を要求した。Vinson はいったんは断ったものの，職を失う恐怖から40～50回におよび Taylor を受け入れた。この間に，Vinson は出納係見習いから支店長補佐に昇進したが，あるとき不定期の休暇を Taylor に申し出，その後，Vinson は病気休暇が長すぎるという理由で解雇された。Vinson はセクシャル・ハラスメントを理由に公民権法第7編違反で訴え，連邦最高裁判所はこれを認めた。

113. *Miami Herald Publishing Co.* v. *Tornillo,* 418 U.S. 241 (1974).
　フロリダ州法はいわゆる反論権（right of reply）法を定めていた。すなわち，新聞が選挙の候補者を批判した場合などに，候補者の要求に従い反論を無料で直ちに掲載することを要求し，違反した者を軽罪とした。Miami Herald 社はフロリダ州下院議員候補 Tornillo の候補資格を批判する社説を2度にわたり新聞に掲載した。Tornillo は反論文をそのまま載せるよう要求したが，Miami Herald に拒絶されたため，提訴した。Miami Herald は州法の違憲性を主張し，連邦最高裁判所はこれを認めた。
＜文献＞塚本重頼『アメリカ憲法研究』（酒井書店，1985）p.44; 堀部政男『アクセス権』（東京大学出版会，1977）p.111.

114. *Miller* v. *California,* 413 U.S. 15 (1973).
　カリフォルニア州 Newport Beach のレストランに5点のダイレクトメールが届いた。封筒はレストランの店長と彼の母親により開けられた。この封筒は Miller により大々的に送られた大人向けの本4冊と映画1本の広告であり，男女間の性行為を露骨に描写した写真や絵からなり，性器を強調するものが多かった。レストランの店長と母親が警察を呼んだため，Miller はわいせつ物頒布行為を処罰する州法の罪を問われ，起訴された。Miller は修正第1条の権利を主張した。連邦最高裁判所は猥褻性についての基準を提示し原審に差し戻した。
＜文献＞『アメリカ法』（1975-1号，日米法学会，1975）p.97;『英米法判例百選（第3版）』（有斐閣，1996）p.48; 奥平康弘『「表現の自由」を求めて』（岩波書店，1999）

p.304.

115. *Mills* v. *Alabama,* 384 U.S. 214 (1966).
　James E. Mills は日刊紙である *Birmingham Post-Herald* の編集者である。市長および市議会議員選挙当日の紙上において，Mills は編集者の勧める候補者を提示した。アラバマ州法は選挙当日の選挙運動や投票の勧誘を禁止しており，Mills は州法違反とされ，起訴された。連邦最高裁判所は州法を違憲とした。

116. *Monteiro* v. *Tempe Union High Sch. Dist.,* 158 F.3d 1022 (9th Cir. 1998).
　アフリカ系アメリカ人高校生 Jane Doe の母親である Monteiro が，英語の授業で生徒に古典の読書を要求したとして，平等条項と公民権法第6編違反で学区を訴えた。Mark Twain の『ハックルベリー・フィンの冒険』と William Faulkner の『エミリーに薔薇を』[高橋正雄，ベネッセコーポレーション，1988]を必修とされたが，同書には「ニガー」("nigger") という人種差別的な言葉が頻出するため，問題となった。連邦上訴裁判所は両書の割り当て表からの除去請求については却下したが，人種差別については裁判の開始を決定した。

117. *Mozert* v. *Hawkins County Board of Educ.,* 827 F.2d 1058 (6th Cir. 1987).
　事案は本文第8章（注79）前後を参照。
＜文献＞H.ライヒマン『学校図書館の検閲と選択』(川崎良孝訳，青木書店，1993) p.151.

118. *Mr. Healthy City Sch. Dist. Bd. of Educ.* v. *Doyle,* 429 U.S. 274 (1977).
　終身在職権を有しない教師がラジオ番組に電話出演した。彼は番組で教師の服装に対する学校内での規律について話し，校長が監視していることを話した。これが理由の1つとなって，教育委員会による再雇用審査に際して教育長の推薦を得られなかったため，修正第1条の権利を侵害するか否かが争われた。連邦上訴裁判所は憲法違反を認めたが，連邦最高裁判所は破棄差戻をした。
＜文献＞塚本重頼『アメリカ憲法研究』(酒井書店，1985) p.190.

119. *NAACP* v. *Button,* 371 U.S. 415 (1963).
　ヴァージニア州法は，訴訟手続と無関係あるいは金銭的利害をもたない者を，訴訟手続に勧誘することを禁止していた。NAACP (National Association for the Advancement of Colored People, Inc.) は人種差別排除を推進する非営利団体であり，人種差別撤廃訴訟の際には，弁護士を選任し訴訟参加させようとしていた。

NAACP は同法の違憲性を主張し，連邦最高裁判所はこれを認めた。

120. *New York Times* v. *Sullivan,* 376 U.S. 254 (1964).
　ニューヨーク・タイムズは「マーティン・ルーサー・キングおよび南部における自由への闘争を擁護する委員会」による意見広告を掲載した。この広告は南部の何千という黒人学生が人間の尊厳を求めて非暴力的なデモを行っていること，そして，これに対する弾圧があることを知らしめることが目的であった。弾圧の例として若干の例をあげていたが，これがアラバマ州 Montgomery 市の委員を誹謗するものであるとして，委員である Sullivan は名誉毀損を理由に訴えた。広告は事実と相違した供述を含んでいたものの，著名人が多数署名しており，また，虚偽と信じる理由がなかったことから，ニューヨーク・タイムズは記事の正確性を自らは確認していなかったが，連邦最高裁判所は Sullivan の主張を認めなかった。
＜文献＞堀部政男『アクセス権』(東京大学出版会，1977) p.138;『英米法判例百選(第3版)』(有斐閣，1996) p.50; 奥平康弘『『表現の自由』を求めて』(岩波書店，1999) p.234; 榎原猛『表現理論の新展開』(法律文化社，1982) p.39; 松井茂記「New York Times 判決の法理の再検討」『民商法雑誌』(有斐閣，115巻2号，1996) p.175.

121. *New York Times* v. *United States,* 403 U.S. 713 (1971).
　ニューヨーク・タイムズは国防省が内部秘密文書に基づいて作成したベトナム戦争分析の秘密文書を入手し，誌面においてその公表を連載形式で開始した。同文書は議会や国民に明らかにされていた内容と異なっていたため，司法省は裁判所に差止命令を求めた。ワシントン・ポストも文書を入手しており，記事連載を開始したため，政府は直ちに差止命令の申立をした。両事件は併合審理され，連邦最高裁判所は政府の主張を認めなかった。
＜文献＞『英米法判例百選(第3版)』(有斐閣，1996) p.46.

122. *New York* v. *Ferber,* 458 U.S. 747 (1982).
　子どもをポルノの対象として搾取的に利用することが深刻な社会問題となっていることを背景に，ニューヨーク州法はチャイルドポルノを禁止していた。同法では16歳未満の児童の性行為場面を，故意に制作，監督，演出，プロモートすることを処罰している。マンハッタン地区でアダルトショップを経営する Ferber は，少年の自慰行為を描写したフィルム2本を私服捜査官に販売したため，州法違反で起訴された。連邦最高裁判所は，合憲の結論を下した。
＜文献＞渥美東洋編『米国刑事判例の動向II』(中央大学出版部，1989) p.506;『アメリカ法』(1983-2号，日米法学会，1983) p.373.

123. *Niemotko* v. *Maryland,* 340 U.S. 268 (1951).
　市の公園を集会目的で使用する場合に，許可申請を行う慣行があった。「エホバの証人」に属するメリーランドの2人の男性はこの慣行に基づいて使用許可申請を行ったが却下された。このため，許可を受けぬまま集会を強行し，治安紊乱を理由に起訴された。連邦最高裁判所はこれを無罪とした。

124. *Noble* v. *Monsanto Co.,* 973 F.Supp. 849 (S.D. Iowa 1997).
　事案は本文第7章（注36）前後を参照。

125. *Orr* v. *Crowder,* 315 S.E.2d 593 (W. Va. 1983).
　事案は本文第7章（注11）前後を参照。

126. *Osborne* v. *Ohio,* 495 U.S. 103 (1990).
　オハイオ州Columbusに住んでいたOsborneは，警察による適法な捜索を受けた。警察はその際，寝室の机の引き出しから男子児童のポルノ写真を4枚発見し，押収した。写真には肛門や性器の露出や肛門へのプラスチック器具の挿入などが写っていた。Osborneは児童ポルノ写真の所持を禁止するオハイオ州法に違反するとして起訴された。連邦最高裁判所は下級審の有罪判決を破棄し，差し戻した。
＜文献＞矢口俊昭「児童ポルノの私的所持と修正一条の保護」『ジュリスト』(1019号，有斐閣，1993) p.161;憲法訴訟研究会・芦部信喜『アメリカ憲法判例』（有斐閣，1998) p.41;『アメリカ法』(1992-1号，日米法学会，1992) p.121.

127. *Pacific Gas & Electric* v. *Public Utilities Comm'n,* 475 U.S. 1 (1986).
　Pacific Gas and Electric Co.は300万の顧客をかかえるガス・電気会社である。毎月の料金請求書に，政治論説や読み物などを掲載したニューズレターを62年間にわたり同封していた。カリフォルニア州公益事業委員会は要求に基づき，市民団体が封筒の空きスペース（extra space）を利用することを認めた。封筒の空きスペースは料金負担者の財産であり，料金負担者の利益を代表する団体が，多様な意見を表明するために利用することは合理的であるというものであった。Pacific社は自らが望まぬメッセージの流布に助力しない権利を害するとして提訴し，連邦最高裁判所はこれを認めた。
＜文献＞憲法訴訟研究会・芦部信喜『アメリカ憲法判例』（有斐閣，1998) p.116;右崎正博「会社の消極的言論の権利」『ジュリスト』(906号，有斐閣，1988) p.87.

128. *Palko* v. *Connecticut,* 302 U.S. 319 (1937).

Palko はコネチカット州 Fairfield カウンティで第 1 級謀殺の嫌疑で起訴されたが，陪審はより軽い罪である第 2 級謀殺を認定し，彼は終身刑を宣告された。その後，事実審理の誤りがあったとして，州法に基づく再審理が行われた。Palko は，州法によりいったん有罪の危険にさらされた以上，連邦法によって 2 重の危険を受けることは憲法修正第14条の定めるデュープロセス条項を通じて適用される憲法修正第 5 条違反であると異議を申し立てた。しかし，異議は却下され，結局陪審は第 1 級謀殺で有罪とし，死刑を宣告した。そこで，Palko は上告したものの，連邦最高裁判所は上告を棄却した。
＜文献＞『英米法判例百選(第3版)』(有斐閣，1996) p.36.

129. *Papish* v. *Board of Curators of the University of Missouri,* 410 U.S. 667 (1973).
　Papish は学内新聞の表紙に，自由の女神と正義の女神を強姦する警察官を描いた風刺漫画を掲載した。これに対し，学内新聞に「下品な言論」(indecent speech) を掲載したことを理由に，大学は Papish を学内規則違反で退学処分にした。Papish は退学処分の取り消しを求めて大学を訴え，連邦最高裁判所はこれを認めた。

130. *Paris Adult Theatre I* v. *Slaton,* 413 U.S. 49 (1973).
　ジョージア州 Atlanta にある成人向け映画館が "Magic Mirror"，"It All Comes Out in the End" という 2 本のハードコア・ポルノ映画を上映した。映画館入口のドアには「成人向け映画館。21歳以上の証明が必要です。裸体がいやな人は入らないでください」と掲示した。起訴された映画館主などは憲法違反を主張したが，連邦最高裁判所はこれを認めなかった。
＜文献＞奥平康弘『『表現の自由』を求めて』(岩波書店，1999) p.396.

131. *Perry Educational Ass'n* v. *Perry Local Educators' Ass'n,* 460 U.S. 37 (1983).
　インディアナ州 Perry 町 Metropolitan 学区には13の学校があり，それぞれには教師間などでメッセージを交換するための郵便受けがあった。当初は，Perry 教育組合 (PEA) と Perry 地方教職者組合 (PLEA) の両者とも郵便受けの使用を許可されていた。しかし，PEA が交渉代表として選挙により選出され，学区との間で労働協約が結ばれた後は，対抗関係にある PLEA は郵便受けの使用から排除された。このため，PLEA は修正第 1 条および修正第14条の平等条項違反を主張して提訴したが，連邦最高裁判所はこれを認めなかった。

＜文献＞憲法訴訟研究会・芦部信喜『アメリカ憲法判例』（有斐閣，1998) p.129.

132. *Pickering* v. *Board of Education,* 391 U.S. 563 (1968).
事案は本文第7章（注1）前後を参照。

133. *Police Department* v. *Mosley,* 408 U.S. 92 (1972).
シカゴ市の条例では小学校または中学校から150フィート以内の公道で，授業中，あるいは，授業前後1時間半の間に故意にピケあるいはデモ行動を行う者を処罰していた。ただし，学校に対する平和的な労働争議を除外している。郵便局員Mosleyは，学校前の歩道で「同校は黒人を差別している」というプラカードとともに1人で平穏なピケを行っていた。警察に逮捕されるおそれがあると聞き，ピケをやめて条例の無効宣言を求める訴えを提起した。連邦最高裁判所は違憲性を認めた。
＜文献＞塚本重頼『アメリカ憲法研究』（酒井書店，1985) p.279.

134. *Pratt* v. *Independent School Dist. No.831,* 670 F.2d 771 (8th Cir. 1982).
事案は本文第8章（注57）前後を参照。
＜文献＞H.ライヒマン『学校図書館の検閲と選択』（川崎良孝訳，青木書店，1993) p.146.

135. *Prince* v. *Massachusetts,* 321 U.S. 158 (1944).
Princeの2人の子どもは「エホバの証人」に属しており，Princeの許しの下，毎週広報誌を街角で配布していた。マサチューセッツ州法は12歳未満の男子および16歳未満の女子が道路などの公共的場所で新聞や雑誌などを販売・頒布することを禁じており，これを許可した両親も有罪であるとしていたため，Princeは起訴された。Princeは宗教者としての義務を侵害すると主張したが，連邦最高裁判所はこれを認めなかった。

136. *R.A.V.* v. *City of St. Paul,* 505 U.S. 377 (1992).
未成年者であるR.A.V.と数人のティーンエイジャーは壊れた椅子の足をテープでとめただけの無骨な十字架をつくった。そして自宅の向かい側に住む黒人家族の庭に入り込み，その十字架を燃やした。この行為はいくつかの法律に抵触したが，特にセントポール市の偏見を動機とする犯罪条例が問題となった。条例では，人種などに起因して他人に怒り，不安，憤りを引き起こすことが知られているもの（シンボル，物，名称を記載したもの，特徴の描写，落書き）を設置する行為を秩序紊乱行為とし，軽罪に付していた。連邦最高裁判所はこの条例を無効とした。

＜文献＞憲法訴訟研究会・芦部信喜『アメリカ憲法判例』（有斐閣，1998）p.63;
『アメリカ法』（1993-2号，日米法学会，1993）p.305.

137. *Rankin* v. *McPherson,* 483 U.S. 378 (1987).
事案は本文第7章（注8）前後を参照。

138. *Red Lion Broadcasting Co.* v. *FCC,* 395 U.S. 367 (1969).
事案は本文第9章（注2）前後を参照。
＜文献＞奥平康弘『「表現の自由」を求めて』（岩波書店，1999）p.278;『アメリカ法』（1970-2号，日米法学会，1970）p.273.

139. *Reynolds* v. *United States,* 98 U.S. 145 (1879).
事案は本文第5章（注2）前後を参照。

140. *Riley* v. *National Federation of the Blind of North Carolina, Inc.* 487 U.S. 781 (1988).
募金に名を借りた営利行為を防止するために，職業的な募金勧誘集団が受け取れる報酬額について，合理的な範囲をノースカロライナ州法は定めていた。特に35パーセントを超える場合は，不合理であると推定し，募金勧誘集団側で必要性を証明しなければならなかった。また，同法は過去12か月の間に実際に慈善に供された割合の告知を要求し，さらに，職業的な募金勧誘に免許を必要とした。複数の職業的な募金勧誘集団，および，慈善団体，将来募金をしようとする者が，同法の宣言的差止請求を行った。連邦最高裁判所は，同法を違憲とした。

141. *Robinson* v. *Jacksonville Shipyards, Inc.,* 760 F.Supp. 1486 (M.D. Fla. 1991).
事案は本文第7章（注30）前後を参照。

142. *Rosenberger* v. *University of Virginia,* 515 U.S. 819 (1995).
ヴァージニア州立大学では，公認学生団体は大学から補助金を得られ，さらに，各学生から徴収された基金による償還金を受けることができた。Wide Awake Productionsは出版団体という性格に基づき，公認学生団体となった。そして，クリスチャンの観点から個人・社会・学校問題を論じた新聞を出版したところ，宗教行為であるとの理由で学生評議会は基金からの償還を拒否した。このため，Wide Awakeは違憲の宣言と差止を求め，連邦最高裁判所はこれを認めた。
＜文献＞ウェイン・A.ウィーガンド編『「図書館の権利宣言」を論じる』（川崎良

孝・薬師院はるみ訳，京都大学図書館情報学研究会発行，日本図書館協会発売，2000) p.15.

143. *Roth* v. *United States,* 354 U.S. 476 (1957).
　連邦最高裁判所では2つの事件が併合審理された。第1の事件で起訴されたのはニューヨーク州で書籍・写真集・雑誌を出版販売していたRothである。猥褻なちらしや広告の郵送，そして，猥褻書籍の郵送が連邦猥褻法に反するとして起訴された。第2の事件は，カリフォルニア州ロサンゼルスで通信販売業を営むAlbertsが，販売目的で猥褻・下品な書籍を所持し，これらの広告を作成したため，カリフォルニア州法違反で起訴された事件である。連邦最高裁判所は両事件ともに有罪であるとした。
＜文献＞塚本重頼「わいせつな表現と言論の自由」『自由と正義』(22巻8号，日本弁護士連合会，1971) p.32.

144. *Sable Communications* v. *FCC,* 492 U.S. 115 (1989).
　事案は本文第2章（注43）前後を参照。
＜文献＞橋本裕蔵「営利目的による州際間の猥褻内容の電話通信を禁止する法律は違憲ではないが，猥褻にいたらない猥褻な内容の通信までも禁ずることは合衆国憲法第1修正に違反する，とされた事例」『比較法雑誌』(24巻2号，日本比較法研究所，1990) p.75.

145. *Saia* v. *New York,* 334 U.S. 558 (1948).
　ニューヨーク州Lockport市条例は，警察署長の許可なしに公共的な場所で拡声器を使用することを禁止していた。また，同条例は警察署長の裁量行使の基準について，何ら規定していなかった。宗教団体「エホバの証人」の牧師Saiaは自動車の上に拡声器を設置し，説教を日曜日の公園で行う許可を得た。許可の期限が過ぎ，再び申請したところ，その場で拒絶されたため，Saiaは無許可で4か所で拡声器を使用した。このため，Saiaは起訴された。連邦最高裁判所は条例を違憲とした。

146. *Schad* v. *Borough of Mount Ephraim,* 452 U.S. 61 (1985).
　ニュージャージー州Mount Ephraimの商業専用地区でSchadは成人向け書店を開店した。まもなく，個室内で成人向け映画を客に見せるコイン式の設備を設け，娯楽事業免許も取得した。3年後，Schadは客がガラス越しにヌードダンサーを生で見るコイン式の設備を増設した。このため，Schadは商業地区で営業可能な業種を事務所，銀行，レストラン，本屋など約40に限定列挙した条例に違反したことを

理由に起訴された。Schad は条例の違憲性を主張し，連邦最高裁判所はこれを認めた。

147. *Schaumburg* v. *Citizens for a Better Environment,* 444 U.S. 620 (1980).
　イリノイ州の Schaumburg 村は「慈善団体による勧誘行為規制条例」を採択した。同条例は，戸別訪問または街路での募金勧誘を行う慈善団体の行為を許可制とするとともに，許可の申し立ての際には募金額の75パーセント以上が慈善目的に直接用いられることの証明を必要とした。Citizens for a Better Environment は環境保護を目的とした非営利団体であり，許可を申請したところ，団体目的遂行のための情報収集に支出した金額は慈善目的に含まれないとし，75パーセント条項を証明できないことを理由に拒絶された。連邦最高裁判所は同条例を違憲とした。
＜文献＞『ジュリスト』(722号，有斐閣，1980) p.266.

148. *Seyfried* v. *Walton,* 668 F.2d 213 (3rd Cir. 1981).
　事案は本文第8章（注53）前後を参照。
＜文献＞H.ライヒマン『学校図書館の検閲と選択』(川崎良孝訳，青木書店，1993) p.146.

149. *Smith* v. *Board of School Comm'rs,* 827 F.2d 684 (11th Cir. 1987).
　事案は本文第8章（注76）前後を参照。
＜文献＞H.ライヒマン『学校図書館の検閲と選択』(川崎良孝訳，青木書店，1993) p.150.

150. *Smith* v. *Goguen,* 415 U.S. 566 (1974).
　マサチューセッツ州 Leominster において，Goguen は10×15センチメートル程度の小さな合衆国国旗をジーンズの左尻に縫い込んだ。Goguen はジーンズを着用し，特に抗議行動やデモをするものでもなく，友人と街で立ち話をしていた。これを警官が発見し，これが国旗を公然と軽蔑的に取り扱う（treats contemptuously）ことを禁ずるマサチューセッツ国旗悪用禁止法に反するとされ，Goguen は起訴された。連邦最高裁判所は規定の違憲性を認めた。

151. *Smith* v. *United States,* 431 U.S. 291 (1977).
　男女の性行為を描写した成人向けの雑誌・映画を郵送したことが，連邦法に反するとして，アイオワ州連邦地方裁判所で Smith は起訴された。Smith は，陪審が「性行為」，「裸体」について地域独自の基準を考慮した点について異議を申し立て

たが，連邦地方裁判所・連邦上訴裁判所には認められず，合衆国最高裁判所でも棄却された。

152. *Society of Jesus v. Boston Landmarks Comm'n,* 564 N.E.2d 571 (Mass. 1990).
事案は本文第5章（注31）前後を参照。

153. *Southeastern Promotions, Ltd. v. Conrad,* 420 U.S. 546 (1975).
Southeastern Promotions は市営劇場を使用してミュージカル「Hair」を上演することを企画した。しかし，裸体の露出，猥褻性のある演出は清潔で健全な娯楽により市民生活の向上をはかるという劇場の目的に反するとして上演は許可されなかった。Southeastern Promotions は違憲性を主張し差止を求め，連邦最高裁判所はこれを認めた。
＜文献＞塚本重頼『アメリカ憲法研究』（酒井書店，1985）p.184.

154. *Speiser v. Randall,* 357 U.S. 513 (1958).
カリフォルニア州法は，以下の主張 (advocate) を行わないことの宣誓署名を退役軍人課税控除の要件としていた。第1に，実力行使・暴力行為・その他の違法行為による連邦政府・州政府の転覆を主張すること，第2に，合衆国と交戦中である政府の支持を主張することである。第2次世界大戦の退役軍人はこの州法は表現の自由を侵害するものとして提訴した。連邦最高裁判所はこれを認めた。

155. *Stanley v. Georgia,* 394 U.S. 557 (1969).
Stanley は出版行為についての捜索令状によって，自宅を捜索された。出版行為についての証拠はほとんど発見されなかったものの，かわりに，寝室の机で3本の8ミリフィルムが，居間で映写設備が見つかった。警察官はこれらを押収し，猥褻物所持を理由に Stanley を逮捕した。Stanley は家庭内で所持することまでを処罰することは修正第1条に反すると主張し，連邦最高裁判所はこれを認めた。

156. *Stanley v. The Lawson Co.,* 993 F.Supp. 1084 N.D. Ohio (1997).
キリスト教徒である Stanley は Lawson Co. の経営するコンビニエンスストアの従業員であった。アダルト雑誌の販売が彼女の宗教上の信条に反するほか，ポルノは女性に苦痛を与えることを理由に，Stanley はアダルト雑誌の仕入れと販売を拒絶した。この結果解雇され，Stanley は宗教上の差別，性差別，セクシャル・ハラスメントにより，公民権法第7編と州法に違反したとして提訴した。連邦地方裁判所

は宗教上の差別については略式裁判の開始を却下したものの，性差別およびセクシャル・ハラスメントについては認める決定を下した。

157. *State v. Henry,* 732 p.2d 9 (Or. 1987).
　オレゴン州 Redmond で Earl Henry はアダルト書店を開店した。まもなく，猥褻物の陳列・販売等を禁じる州法に違反するとして，捜索令状が地方裁判所判事から下された。その結果，捜索が行われ，雑誌，書籍，新聞，映画，映写機，トランプ，営業記録など，ほとんどすべての店内の物品が差押えられた。州法は猥褻の定義について，(1)サド・マゾ的な虐待，性行為といった攻撃的手法で描写すること，(2)行為当時の一般人の基準において，全体として好色な性的興味を訴えること，(3)文学的，芸術的，政治的，科学的価値を全体として欠くこと，と定めていた。Henry は州法が憲法に反すると主張し，州最高裁判所はこれを認めた。

158. *State v. Kam,* 748 p.2d 372 (Ha. 1988).
　ハワイ州ダウンタウンの Lido 書店の店員 Brian Kam は性的内容であることを知りながらアダルト雑誌を私服警官に売り，その後逮捕された。同じように，他の店員 Deborah Cohen も私服警官に売り逮捕された。彼らはアダルトポルノ雑誌を助長するとされ，巡回裁判所で有罪の宣告を受けた。このため，彼らはハワイ州法が過度に広範・曖昧として不明確であることを主張し，また，猥褻物の私的所有がプライヴァシー権で保護される以上，その前提としての販売も保護されると主張し，上訴した。これに対しハワイ州最高裁判所は，過度に広範・曖昧として不明確とはいえないが，ハワイ州憲法第1条が定めるプライヴァシー権を州法は侵害するとして，破棄差戻しをした。

159. *State v. Maynard*, 910 p.2d 1115 (Or. App. 1996).
　事案は本文第3章（注35）前後を参照。

160. *Stone v. Graham,* 449 U.S. 39 (1980).
　ケンタッキー州法は，公立学校の教室の壁に私費でコピーされたモーゼの十戒を掲示することを要求していた。同時に，「十戒の非宗教的使用は西洋文明の基本的法規，合衆国のコモンローに照らして定着している」というメモを掲示の下部に付すことが州法により規定されている。Stone は同法が憲法の定める国教禁止条項に違反するとして，差止請求を裁判所に対して行った。連邦最高裁判所は違憲であるとした。
＜文献＞瀧沢信彦『国家と宗教の分離』（早稲田大学出版部，1985）p.302.

161. *Street* v. *New York,* 394 U.S. 576 (1969).

　権利擁護運動の指導者 James Meredith がミシシッピーで抗議デモの最中に銃撃された。これに激怒し，黒人の Street がアメリカ国旗をハーレムの町かどに持ち出し，「いまいましい国旗などいらない」とののしりながら，国旗を燃やした。ニューヨーク州刑法は，行為または言語により，公然と国旗を毀損，冒瀆，反抗，踏みつけ，侮辱することを禁じており，起訴された。連邦最高裁判所は Street の発言に対する処罰を認めなかった。

＜文献＞奥平康弘『「表現の自由」を求めて』(岩波書店，1999) p.269; 榎原猛『表現理論の新展開』(法律文化社，1982) p.112.

162. *Sweezy* v. *New Hampshire,* 354 U.S. 234 (1957).

　破壊分子が州内にいるか否かを解明するため，ニューハンプシャー州議会に代わって司法長官が Sweezy に尋問した。質問のなかには彼が共産主義者であるかということも含まれ，州立大学で講義した内容，州内の進歩党(Progressive Party)について知っていることなどを尋問された。これに対し，Sweezy は回答を拒否した。ただし，自己負罪特権（黙秘権）を行使したからではなく，憲法修正第１条の権利を主張したためであった。Sweezy は頑固に拒否し続けたため法廷侮辱罪に問われたが，連邦最高裁判所は彼を無罪とした。

163. *Terminello* v. *Chicago,* 337 U.S. 1 (1949).

　事案は本文第４章（注22）前後を参照。

164. *Texas* v. *Johnson,* 491 U.S. 397 (1989).

　テキサス州ダラス市において共和党大会が開催され，"Republican War Chest Tour"と称し，レーガン政権の政策や市内の企業方針へ抗議する政治デモが行われた。ビラの配布や演説が行われ，人びとは市内を行進し，政治的スローガンを叫び，目標企業の建物をペンキで汚したり，植木鉢をひっくり返したりした。Johnson はこの行為には無関係であったが，誰かが旗掲揚柱から持ち出したアメリカ国旗を受け取り，終点のダラス市庁舎の前で，この国旗を広げて，灯油をかけ，火を放った。目撃した者の何人かは著しく感情を害されたと証言している。このため，州旗，国旗を故意に汚損，損傷などをすることを罰するテキサス州法違反で起訴された。連邦最高裁判所は，同法の Johnson への適用を違憲であるとした。

＜文献＞『アメリカ法』(1991-2号，日米法学会，1991) p.262;『英米法判例百選(第３版)』(有斐閣，1996) p.52; 憲法訴訟研究会・芦部信喜『アメリカ憲法判例』(有斐閣，1998) p.138; 紙谷雅子「象徴的言論としての国旗の焼却」『ジュリスト』

(963号,有斐閣,1990) p.134; 奥平康弘『「表現の自由」を求めて』(岩波書店,1999) p.334.

165. *Thomas v. Board of Education,* 607 F.2d 1043 (2d Cir. 1979).
事案は本文第 8 章(注59)前後を参照。

166. *Thomas v. Collins,* 323 U.S. 516 (1945).
テキサス州法は労働組合員を勧誘せんとする者は,事前に州の登録票に記載し登録しなければならないと規定していた。Thomas は州に事前に登録せずに300人の労働者集団の前で演説を行い,演説の最後に組合へ加入することを勧誘し,加入希望者名簿への名前の記載を要請した。このため,Thomas は他の 2 人とともに逮捕され起訴された。Thomas は憲法修正第 1 条違反を主張し,連邦最高裁判所はこれを認めた。

167. *Tinker v. Des Moines Independent Community School Dist.,* 393 U.S. 503 (1969).
事案は本文第 8 章(注22)前後を参照。
＜文献＞H.ライヒマン『学校図書館の検閲と選択』(川崎良孝訳,青木書店,1993) p.141;塚本重頼『アメリカ憲法研究』(酒井書店,1985) p.132;「学生による政治活動の限界」『ジュリスト』(429号,有斐閣,1969) p.110;『アメリカ法』(1971-2号,日米法学会,1971) p.329.

168. *Turner Broadcasting System, Inc. v. FCC,* 512 U.S. 622 (1994).
技術発展と経済力集中のため,45年を経るなかでケーブルテレビの役割は劇的に変化し,地上波局をしのぐ勢いを有するにいたっている。このため,競争維持目的で,連邦議会はケーブルテレビ消費者保護および競争法を制定した。同法では,地域で競合する地上波局の放送をケーブルテレビで再送信することを義務づけていた(must-carry 規定)。Turner Broadcasting System らはこの規定が修正第 1 条の権利を侵害するものだと主張し,宣言的判決および差止命令による救済を求める訴えを提起した。連邦最高裁判所は合憲であるとした上訴裁判所判決を破棄し,差戻した。
＜文献＞『アメリカ法』(1995-2号,日米法学会,1995) p.288.

169. *U.S. Postal Service v. Council of Greenburgh Civic Ass'n,* 453 U.S. 114 (1981).

連邦法は，各家庭に設置されている郵便局公認の郵便受けに，郵便料金を払わない物を投函することを罰金つきで禁止している。Council of Greenburgh Civic Associations はニューヨーク州 Westchester カウンティの市民団体であり，通知やパンフレットを各家庭の郵便受けに投函していた。しかし，それには切手が貼られていなかったため，警告を受けた。このため，宣言的差止を求め，提訴したが，連邦最高裁判所は修正第1条違反を認めなかった。

170. *United States* v. *Associated Press,* 52 F. Supp. 362 (S.D. N.Y. 1943).

Associated Press（AP 通信社）はニュースを独自にあるいは加盟企業から収集し，加盟社に配信する非営利企業である。アメリカの朝刊紙会社の81パーセント，発行部数では96パーセントがAP 通信社に加盟している。AP 通信社は加盟企業が非加盟企業へ情報を受け渡すこと等を禁止していた。このため，独占的地位を利用して不法に加盟社間の競争を制限していることを理由に，AP 通信社は Sherman 反トラスト法および Clayton 法違反で起訴された。ニューヨーク州地方裁判所は略式裁判の開始を否定した。

171. *United States* v. *Eichman,* 496 U.S. 310 (1990).

Texas v. *Johnson*（→164）が連邦最高裁判所により適用違憲となったことに対応して，国旗の毀損，焼毀などを禁止する改正連邦国旗保護法が成立した（Flag Protection Act of 1989）。これに抗議する集会が各地で開かれ，ワシントン州シアトル市で行われた国旗焼却とワシントン特別区の合衆国議事堂で行われた Eichman による国旗焼却が起訴された。両者は併合審理され，連邦最高裁判所は Johnson 事件と同様，適用違憲とした。
＜文献＞『アメリカ法』(1991-2号，日米法学会，1991) p.262.

172. *United States* v. *Grace,* 461 U.S. 171 (1983).

Zywicki は連邦最高裁判所前の歩道で裁判結果に抗議するビラなどを三度にわたり通行人に配り，最高裁判所刑務官から連邦法違反で逮捕すると警告を受け，その度にその場を立ち去った。しばらく後，Grace は同歩道に修正第1条の条文の立て看板を設置し，刑務官から置きたいのなら歩道の向こう側にしなさいと言われ，さもないと逮捕するとの警告を受けた。問題となった連邦法は連邦最高裁判所の庁舎または敷地内での集団行動，物品の陳列等を禁止していた。Zywicki と Grace は法令実施の差止と違憲の宣言を求めて提訴した。連邦最高裁判所は適用上違憲であるとした。
＜文献＞紙谷雅子「パブリック・フォーラム」『ジュリスト』（821号，有斐閣，

1984) p.87;『判例タイムズ』(535号, 1984) p.26.

173. *United States* v. *O'Brien,* 391 U.S. 367 (1968).
　ある朝 David Paul O'Brien と 3 人の仲間は, South Boston 裁判所の階段で, 徴兵登録書を焼却した。FBI の職員を含むかなりの数の群衆がこれを目撃した。この直後, 群衆内の人びとは O'Brien に襲いかかった。彼らの安全のため裁判所構内に避難させた FBI の職員に対し, O'Brien は「連邦法に違反していることを知りながら, 信念の故に登録書を焼いた」と述べた。連邦法は証書を故意に破棄, 損壊する行為を禁じていたため, O'Brien は連邦法違反で起訴された。O'Brien による修正第 1 条違反の主張にたいし, 連邦最高裁判所は有罪判決を維持した。
＜文献＞奥平康弘『「表現の自由」を求めて』(岩波書店, 1999) p.265;榎原猛『表現理論の新展開』(法律文化社, 1982) p.103;『英米法判例百選 I 第1版(公法)』(有斐閣, 1979) p.114.

174. *United States* v. *One Book called Ulysses,* 5 F.Supp. 182 (S.D.N.Y. 1933).
　名誉毀損事件に関連し, James Joyce 作の心理小説『ユリシーズ』の猥褻性について連邦地方裁判所が判断することになった。裁判官は全編を通読し, 猥褻ではないとした。

175. *United States* v. *Rumely,* 345 U.S. 41 (1953).
　連邦法は, 連邦議会の「すべての物事についての」尋問に対して, 証言や文書の提出を拒否した場合を処罰している。Rumely は Committee for Constitutional Government の秘書であるとともに, 政治的宣伝が内容である書籍の販売に従事していた。下院のロビー活動委員会で, 書籍経費を誰が負担したかを明らかにしなかったため, 連邦法違反で起訴されたが, 連邦最高裁判所は無罪とした。

176. *United States* v. *Schwimmer,* 279 U.S. 644 (1929).
　ハンガリー人の女性学者 Schwimmer は講義のためイリノイ州に居住し, 合衆国の市民権を得ることを決意し, 帰化申請を行った。帰化のための予備審問において,「もし, 合衆国を防衛する事態になったなら武器をとり立ち上がる決意はありますか」という質問に対して, Schwimmer は「個人的には武器を使用することに反対である」と答え, 帰化申請が受理されなかった。連邦最高裁判所は帰化拒否の判断を肯定した。

177. *United States* v. *X-Citement Video, Inc.,* 513 U.S. 64 (1994).

The Protection of Children Against Sexual Exploitation Act は「故意に」18歳未満の者が性的に赤裸々な行為にたずさわる視覚表現を州間で輸送・運搬・受領・配布・複製することを禁じている。ポルノヴィデオ会社の X-Citement Video に対する警察の内偵の結果，18歳未満の女性のヴィデオを販売することがわかった。おとり捜査官の Steven Takeshita がヴィデオを注文し，オーナー兼従業員の Rubin Gottesman はハワイにヴィデオを送った。このため，連邦法違反で起訴され，連邦最高裁判所は無罪としなかった。

178. *Urofsky* v. *Allen,* 995 F.Supp. 634 (E.D. Va. 1998).
事案は本文第9章（注40）前後を参照。

179. *Vance* v. *Universal Amusement Co.,* Inc., 445 U.S. 308 (1980).
テキサス州公衆迷惑法は，猥褻映画を過去に常習的に上映した映画館に対して，将来にわたる上映を猥褻と事前に判断されなくても禁ずることができるとしていた。King Arts Theatre 社は成人向け屋内映画館を運営していた。ある日，映画館の地主は映画館の賃貸借を終了する旨を同社に告知した。州の代理人が地主を訪れ，将来の猥褻映画の上映を妨げるために映画上映の差止命令を得たと伝えたからであった。このため，King Arts Theatre は州法の差止と宣言による救済を求めて提訴した。連邦最高裁判所は憲法違反を認めた。

180. *Video Software Dealers Ass'n* v. *Webster,* 968 F.2d 684 (8th Cir. 1992).
事案は本文第2章（注72）前後を参照。

181. *Village of Hoffman Estates* v. *Flipside, Hoffman Estates, Inc.,* 455 U.S. 489 (1982).
The Flipside, Hoffman Estates, Inc.はレコードやたばこ道具，装飾品などを扱う雑貨商店であり，マリファナ用吸い差し (roach clips) やマリファナパイプといった道具も販売していた。イリノイ州 Hoffman Estates 村はマリファナなどの違法薬物使用を補助する道具を免許なしに販売することを違法とする条例を議決した。このため，警告を受けた Flipside は宣言差止を求めて提訴した。連邦最高裁判所は条例を合憲であるとした。

182. *Virgil* v. *School Board,* 862 F.2d 1517 (11th 1989).
事案は本文第8章（注49）前後を参照。

183. *Virginia Pharmacy Bd.* v. *Virginia Citizens Consumer Council, Inc.*, 425 U.S. 748 (1976).

ヴァージニア州法は処方箋の対象となる薬の価格を薬剤師が広告する行為を，職業倫理に反する行為であると定義し，職業倫理に反する行為に対しては過料のほか薬剤師免許の剥奪を規定していた。消費者団体である Virginia Citizens Consumer Council は憲法修正第1条および修正第14条に反すると主張し，連邦最高裁判所はこれを認めた。
＜文献＞憲法訴訟研究会・芦部信喜『アメリカ憲法判例』（有斐閣，1998）p.48.

184. *Virginia* v. *American Booksellers Ass'n*, 484 U.S. 383 (1988).

ヴァージニア州法は未成年者に有害な性的な書物やサド・マゾ的な図書を未成年者が見られるような形で書店に陳列することを違法であるとしていた。American Booksellers Association は特に成人向けを目的としない一般書店による業界団体であるが，未成年者に有害か否かが不明確であること等を理由に，憲法修正第1条違反で提訴した。連邦最高裁判所は説示結論を留保し州最高裁判所へ論点を提示した。

185. *Wallace* v. *Jaffree*, 472 U.S. 38 (1985).

アラバマ州 Mobile カウンティの住人である Jaffree は，アラバマの州立小学校・幼稚園に通う3人の子どもの父親である。このうち2人の子どものクラスでは毎日始業前に祈りの時間が設けられ，これに参加しなかった下の子どもは友達から仲間はずれにされた。アラバマ州法は始業時に祈りの時間を設けることを許容していたため，Jaffree は宣言的救済と差止を求め提訴した。連邦最高裁判所はこれを認めた。
＜文献＞H.ライヒマン『学校図書館の検閲と選択』（川崎良孝訳，青木書店，1993）p.148; 喜田村洋一「政教分離の原則」『ジュリスト』（868号，有斐閣，1986）p.84.

186. *Ward* v. *Rock Against Racism*, 491 U.S. 781 (1989).

例年，ニューヨーク市セントラルパークではロックコンサート Naumberg Acoustic Bandshell が開催されており，Rock Against Racism (RAR) は自ら音響装置・技術者を提供するとともに，コンサートのスポンサーをしていた。極端に大きく耳障りな音について市民から非常に多くの苦情・不満があり，市は音量を下げる要請をした。しかし，RAR はこれを無視したため，演奏電源の供給を絶ったり，違う年にRAR以外の他の団体にまかせたりしたが，いずれも聴衆は不満で会場は騒然となった。このため，市は使用指針を作成し，市の用意した優秀な音響装

置と技術者を使用するように定めた。これに対し，RAR は憲法修正第 1 条違反であるとして提訴した。連邦最高裁判所は合憲であるとした。

187. *Whitney v. California,* 274 U.S. 357 (1927).
　Whitney は社会党を他の急進派とともに離党し，共産労働党を結成した。彼女は現在の議会主義に沿って改革することを新党内で主張したが，否決され，急進派の主張する政府転覆を軸とした結党目的が採択された。党の一員である Whitney は，1919年に制定されたサンジカリズム刑事法に違反したとして起訴された。カリフォルニア州サンジカリズム処罰法は，企業の所有権・支配権の変革その他の政治変革を目的として，犯罪・サボタージュその他実力や暴力による違法行為を行うよう主張，教授，助成，教唆する組織に関与（結成，参加）する者を重罪に処するとしていた。Whitney は違憲性を主張したが，連邦最高裁判所は合憲であるとした。
＜文献＞奥平康弘『「表現の自由」を求めて』（岩波書店，1999）p.165.

188. *Winters v. New York,* 333 U.S. 507 (1948).
　ニューヨーク市で書店を経営する Winters は，ニューヨーク州刑法で禁止されている雑誌を販売目的で所持していたために軽罪の罪に問われた。州法では，犯罪に関するニュース，警察による報告書，犯罪行為の説明，殺戮・情欲・犯罪を内容とする写真や記事，を主な内容とする雑誌などの販売・販売目的の所持他を禁じていた。連邦最高裁判所は州法の違憲性を認めた。

189. *Wisconsin v. Mitchell,* 508 U.S. 476 (1993).
　ウィスコンシン州 Kenosha において，ある日の夕方 Mitchell をはじめとする黒人の青少年が団地に集まり，懇願する黒人の少年を白人が殴打する映画の場面について話し合った。家の外に出ると Mitchell は「興奮したことだし，白人を追い出そうじゃないか」と仲間をけしかけ，通りの反対側をたまたま通りかかった白人少年を襲撃した。少年は激しく殴打され，テニスシューズを奪われ，4 日間昏睡状態となった。ウィスコンシン州法は人種を理由に被害者の選択が行われた場合に刑の加重を定めていたため，起訴された Mitchell は思想を処罰することの違憲性を主張した。連邦最高裁判所は合憲であるとした。
＜文献＞『比較法雑誌』(28巻2号，日本比較法研究所，1994) p.75.

190. *Wolston v. Reader's Digest Ass'n,* 443 U.S. 157 (1979).
　ソビエト連邦諜報機関の第 2 次世界大戦までの活動履歴を内容とする書籍をリーダーズ・ダイジェスト社は出版した。その書籍のなかでは，Wolston は合衆国にス

パイであると認知されていたと記載されており，また，スパイ嫌疑の法廷に出廷しなかったため法廷侮辱罪に問われたとされていた。さらに，巻末の索引には「合衆国内のソビエト連邦スパイ」と記載されていた。Wolstonはかつて法廷侮辱罪に問われていたものの，実際には，叔父と叔母のスパイ容疑事件に関してであった。このため，名誉毀損で提訴し，連邦最高裁判所はこれを認めた。

訳者あとがき

　本訳書はロバート・S.ペック (Robert S. Peck)『図書館・表現の自由・サイバースペース』(*Libraries, the First Amendment, and Cyberspace: What You Need to Know,* Chicago and London, American Library Association, 2000) の全訳である。ペックは法律研究者で，合衆国『権利章典』への造詣が深く，『「権利章典」とその解釈についての政治学』(*The Bill of Rights and the Politics of Interpretation,* 1992) といった著作があるとともに，アメリカン大学(American University) などで憲法学を講じている。またアメリカ図書館協会「読書の自由財団」の会長をつとめており，表現の自由の法理論と実際，および図書館の思想と実践の両方に長じた人物である。またインターネットの問題が図書館界で大きくなっているという状況，それに図書館を考えるについて法律の重要性が高まっている状況の下で，本書は時機を得た刊行と言えるだろう。

　本書は一言でいえば，図書館の思想と実践に関わる事例を具体的にとりあげ，それを修正第1条の一般的な法解釈という枠のなかで把握し，そのことによって図書館界での捉え方の強さや弱さを客観的に指摘しつつ，司法に耐える施策の方向を示唆している。したがって本書の基本的な態度は，ペックの法解釈を示すとか，アメリカ図書館協会の立場を補強するといったことではない。また図書館の思想や実践を強調することでもない。いわば図書館関係者に「正しい」法律の理解を持ってもらうことを意図したものであり，法律の知識がない一般読者にも理解しやすいように執筆されている。それは決して，レベルが低いということでも，内容を薄めたということでもない。例えばヘンリー・ライヒマン (Henry Reichman, *Censorship and Selection: Issues and Answers for Schools,* Third ed., Chicago and London, 2001, p. 199) は，本書について「修正第1条とインターネットについての最も透徹した業績で，公立図書館と学校図書館を扱う。法律研究者による著作であるが，一般読者が理解できる言葉で諸問題を扱

っている」と紹介している。

　第1章「修正第1条に関する問答集：性，嘘，サイバースペース」は，「問答集」という語句からもわかるように，問題にたいする解答であり，その意味では結論でもある。しかし同時にこの章は，第2章以下の導入部になっている。すなわち，第2章以下は本章のさまざまな問答をいっそう充実させ深めたものと考えてよい。言葉を換えて言えば，第1章は問題と結論や解答を示しているのだが，第2章以下は問題から結論にいたるプロセスを具体例を豊富に入れて解説していると言えよう。

　そして第2章「修正第1条の基本原則と図書館への適用」は最も基本的な部分であり，第3章以下の図書館での具体的な問題を考えるについての法的枠組みを要領よく概説している。続く章は，第3章「性についての難問」，第4章「不快にする権利」，第5章「宗教的動機と図書館利用」，第6章「利用者と図書館員の関係：図書館の秘密性に関する法律」，第7章「職場の問題：職員の言論の自由とハラスメント」，第8章「子ども，学校，修正第1条」，第9章「サイバースペース：最後のフロンティア」となっている。これらはいずれも知的自由に関する重要な領域というだけでなく，知的自由の領域をほぼ網羅していると考えてよく，かつすべてが最新の事例や説明であり，日本の読者にも大いに参考になるはずである。

　なお原書は付録として『図書館の権利宣言』とその解説文，『図書館の資料，サービス，施設へのアクセスに影響する方針，規則，手続きの作成と実施に関する指針』，『図書館資源への懸念にたいする処置』，『図書館利用者の個人識別情報の秘密性に関する方針』，「公聴会の扱い」などを添えている。これらについては全面的に割愛した。というのは，川崎良孝訳『図書館の原則（新版）：図書館における知的自由マニュアル（第5版）』（日本図書館協会，1997），川崎良孝・村上加代子訳『図書館・アクセス・知的自由：公立図書館と大学図書館の方針作成』（京都大学図書館情報学研究会発行，日本図書館協会発売，2000）にすでに翻訳されているからである。ただ1つ翻訳されていないのは，アメリカ図書館協会知的自由委員会が1998年6月に採択した『公立図書館でのインターネ

ット利用方針を作成するための指針と検討』(*Guidelines and Considerations for Developing a Public Library Internet Use Policy*) である。これについては，近く日本図書館協会から翻訳刊行される『図書館の原則：図書館における知的自由マニュアル（第6版）』(仮題，川崎良孝・川崎佳代子・村上加代子訳) に収録されるので省略した。その代わりとして訳者付録として，本書でとりあげられた諸判例についての説明「判例の説明」を組み込み，読者の便宜に供することにした。

なお合衆国憲法の条文の訳については，チャールズ・ビーアド他『新版　アメリカ合衆国史』(松本重治・岸村金次郎・本間長世共訳，岩波，1964) を採用した。

本書は2001年度の京都大学大学院教育学研究科の図書館学講読演習（半期）のテキストとして使用したものでもある。最低限の法律の説明が必要なため，残念ながら半期ではすべてを読破できなかった。この演習には，筑波大学大学院博士課程でアメリカ憲法学（表現の自由）を学んでいる前田稔も参加し，ゼミ参加者の法律の理解を深めてくれた。今回は前田との共訳になったが，筆者の訳稿を前田が法律用語を中心に検討し，それをさらに川崎が検討するという方式にした。付録として「判例の説明」を用意したが，これは判例の収集を川崎が，原稿の執筆を前田がおこなった。また日本図書館協会からの依頼もあって，修正第1条の基本的な解説を本書の冒頭に配したが，これは前田が執筆している。そして判例や文献の収集には，矢野麻里美（京都大学大学院教育学研究科生涯教育学講座事務助手），村上加代子（元・京都大学大学院教育学研究科生涯教育学講座事務助手，ウィスコンシン大学図書館情報学大学院）の助力を得られた。ありがたい限りである。

最後に，出版をお引き受けくださった日本図書館協会にあらためてお礼申しあげたい。

2002年5月　川崎良孝

索 引

[あ行]

『愛の狩人』 Carnal Knowledge 53-54
曖昧 16, 42-44, 58, 66, 75, 117
アクセスの権利 4, 66, 144, 155, 157
『悪魔の詩』 Satanic Verses 89
アーチャー, ジェローム Archer, Jerome 118
アメリカ書籍商協会 American Booksellers Association 60
アメリカ図書館協会 American Library Association 23, 62, 137, 148, 150, 157
『アメリカの悲劇』 American Tragedy 50
『アリス愛と死の日記』 Go Ask Alice 118
アリストファネス Aristphanes 122
アンジェロウ, マヤ Angelou, Maya 69
『アンネの日記』 The Diary of Anne Frank 70, 127
萎縮効果 16, 18, 43, 93, 97, 154, 156
イデオロギー 21, 28, 44, 73, 119, 123, 131, 145
インターネット 11, 20-23, 51, 62, 64, 97-98, 110, 115, 136-155, 157
『ヴァニティ・フェアー』 Vanity Fair 138
ビデオ・プライヴァシー法 Video Privacy Act 18, 94-96
ウィリアムズ, ロジャー Williams, Roger 80
ウィンターズ対ニューヨーク事件 Winters v. New York 43
ヴォネガット・ジュニア, カート Vonnegut Jr., Kurt 118
ウォレン, アール Warren, Earl 76
『ウォーレン夫人の職業』 Mrs. Warren's Profession 50
『歌え, 飛べない鳥達よ』 I Know Why the Caged Bird Sings 69
『英雄はサンドウィッチ』 A Hero Ain't Nothin' But a Sandwitch 118
営利的言論 11-12, 34
エクソン, ジェイムズ Exon, James 136
エパソン対アーカンソー事件 Epperson v. Arkansas 128
エルツノツニック対ジャクソンヴィル市事件 Erznoznik v. City of Jacksonville 44, 115
『オズの魔法使い』 The Wizard of Oz 69, 128
親 19, 22-23, 37, 57, 59, 69-70, 79, 98-99, 114, 116, 120-123, 126-128, 131, 139, 142, 144, 149-150, 154-155, 157
『女の平和』 Lysistrata 50, 122
オンラインから子どもを守る法律 Child Online Protection Act (COPA) 143

[か行]

カエザル Caesar 80
学校図書館 1, 7, 17, 54, 89, 103, 118-120, 122, 125, 132
家庭 19, 86, 123, 128, 154

索引　207

カドーゾ, ベンジャミン　Cardozo, Benjamin　*2*
過度に広範　*16, 42, 44, 59, 63, 115, 146, 156*
ガーファンクル, アート　Garfunkel, Art　*53*
『神の小さな土地』　*God's Little Acre*　*50*
カリキュラム　*7, 37, 69-70, 120-126, 128, 131*
『カンタベリ物語』(『粉屋の物語』)　*Canterbury Tales*　*50, 122*
ギトロー対ニューヨーク事件　*Gitlow v. New York*　*30*
キリスト教　*7, 41, 81, 85-86, 118, 126*
クー・クラックス・クラン　Ku Klux Klan　*86*
『くじ』　*The Lottery*　*123*
クリーヴァー, エルドリッジ　Cleaver, Eldridge　*118*
『グリム童話』　*Grimm's Fairy Tales*　*70*
下品　*6, 33, 36, 49, 51, 54-55, 61-62, 115, 123, 131, 136-140, 142, 155*
検閲　*9, 17, 21, 32-33, 35, 39, 45, 52, 56, 70, 77, 93, 121-122, 131, 138, 143, 155*
厳格審査　*20, 35, 36-37, 87, 141, 144, 152, 154-155*
喧嘩言葉　*5, 8-9, 33, 51*
検察官　*59, 98*
『権利章典』　*Bill of Rights*　*1, 29-31, 50, 80, 82*
公的な関心事　*101-104, 110, 145*
公民権法　*10, 104-106, 108-110*
公務員　*2-3, 7, 9-10, 15, 32-34, 39-40, 54, 97, 99, 101-102, 104, 119, 124, 144-155*
公立図書館　*1, 16-19, 21, 23, 31, 39, 42, 44, 54, 58, 62, 64, 68-69, 76, 79, 85-86, 88-89, 92, 94, 97, 99, 103, 111, 137, 144-148, 150-151, 153-154, 157*
『氷の上の魂』　*Soul on Ice*　*118*
『黒人作家最秀作短編集』　*Best Short Stories of Negro Writers*　*118*
国教禁止条項　*18, 44, 79-80, 82, 84, 86-87, 124, 128-130*
国教の樹立　*79*
子どもの権利　*19, 62, 128*
『粉屋の物語』(『カンタベリ物語』)　*Miller's Tale*　*122*
コミュニケーション　*11, 13-15, 19-20, 33-34, 38, 40-41, 44, 74, 135-137, 139-143*
コミュニティ　*7, 9, 17-18, 22, 28, 33, 39, 52-54, 57, 64, 68-69, 71, 75, 86-87, 89-90, 102, 124, 139*
雇用部門対スミス事件判決　*Employment Division v. Smith*　*87*

[さ行]

サイバースペース　*1, 21, 135-137, 141, 157*
『作家のための読本』　*A Reader for Writers*　*118*
差別　*10-11, 37, 41-43, 54, 60-61, 65, 70, 74-75, 85, 87-88, 90, 103-111, 145-146, 156*
サラトガ公立図書館　Saratoga Springs　*97*
『サンクチュアリ』　*Sanctuary*　*50*
三権分立　*80*
ジェファソン, トマス　Jefferson, Thomas　*80-82*
視覚障害者　*65*
実質的に猥褻　*62*
児童図書館　*68*
シーフリード対ウォルトン事件　*Seyfried*

v. Walton 123
ジャクソン, シャーリー Jackson, Shirley 123
ジャクソン, ロバート Jackson, Robert 27, 135
ジャコベリーズ対オハイオ事件 Jacobellis v. Ohio 49
集会室 18, 42, 71, 79, 86-87, 90
州議会広場検討委員会対ピネット事件 Capitol Square Review Board v. Pinette 86
宗教条項 79, 88, 90
宗教 17-18, 27, 41-42, 44-45, 59, 68, 75, 79 - 90, 101, 105, 111, 114, 123 - 131, 146, 152
修正第14条 1, 30-31, 82
自由な礼拝 17, 79, 87
『修理屋』 The Fixer 118
シュミット, ハワード Schmidt, Howard 138
ジョイス, ジェイムズ Joyce, James 51
情報自由法 18, 96-99
女性 29, 42, 53, 60-61, 106-110, 128, 146, 149-150
ジョーンズ対クリアークリーク独立学校区事件 Jones v. Clear Creek Independent School District 129-130
シンシナチ市立図書館 Cincinnati 68
スウィージー対ニューハンプシャー事件 Sweezy v. New Hampshire 76
スコープス Scopes 124
スチュアート, ポッター Stewart, Potter 7, 49
スミス対教育委員会事件 Smith v. Board of School Comm'rs 126
『スローターハウス5』 Slaughterhouse Five 118
政教分離 17-18, 79-80, 82, 89, 127
制限的パブリック・フォーラム 15-16, 40-42, 44, 87, 90, 130, 145, 147, 152
聖書 43, 80, 89, 124, 127-128
精神の自由 3, 28, 92
性的表現 6, 49-50, 53, 55-56, 62, 64-65, 108, 138, 147
セイブル・コミュニケーションズ対連邦通信委員会事件 Sable Communications v. FCC. 36
セウス博士 Dr. Seuss 68
『セックス』 Sex 58
憎悪に満ちた言論 9, 75, 149
『ソロモンの歌』 Song of Solomon 69

[た行]

ダイアルポルノ 12-13, 36, 61-62
第26アイランドトゥリーズ合同学区対ピコ事件 Island Trees Union Free School District No.26 v. Pico 118
ダグラス, ウィリアム Douglas, William O. 74, 93
ターミネロ対シカゴ事件 Terminello v. Chicago 74
ダルツェル, スチュアート Dalzell, Stewart 138
ダンバリー・バプテスト協会 Danbury Baptist Association 80
知的自由 45, 71, 76, 92, 148
チャイルドポルノ 8, 23, 33-35, 59-60, 65, 148, 151
チャイルドレス, アリス Childress, Alice 118
『チャタレー夫人の恋人』 Lady Chatterley's Lover 50
チャット 21, 141-142, 149, 151-152
チャプリンスキー事件 Chaplinsky v. New Hampshire 51
チョーサー, ジェフリー Chaucer, Geoffrey 122
通信の品位に関する法律 Communica-

tions Decency Act　22, 62, 115-116, 136-143
適正手続　7, 30-31, 35, 56
敵対的環境　10-11, 105-106, 108, 153
手続的保障　35
点字図書　65
電子メール　21, 116, 139, 141-142, 148, 151
伝統的パブリック・フォーラム　14-15, 40-41, 86, 131
トウェイン, マーク　Twain, Mark　69
ドゥ対ミシガン大学事件　Doe v. University of Michigan　75
読書の自由財団　Freedom to Read Foundation　62, 137
図書館（職）　1, 10, 11, 23, 58-59, 79, 92, 103-104, 110-111, 145-148, 151, 153, 155-157
図書館記録　18, 93-94, 97-99
トマス, ピリ　Thomas, Piri　118
捕われの聴衆　5, 55, 124

[な行]

内容中立　13-14, 37-38, 42, 155
ナボコフ, ウラジミール　Nabokov, Vladimir　59
ニコルズ, マイク　Nichols, Mike　53
ニコルソン, ジャック　Nicholson, Jack　53
ニューヨーク州対ファーバー事件　New York v. Ferber　59
『ニューヨーク・タイムズ』　New York Times　12, 58

[は行]

ハーラン, ジョン　Harlan, John　52
『ハックルベリー・フィンの冒険』　Adventures of Huckleberry Finn　69
バーゲン, キャンディス　Bergen, Candace　53
パシフィカ事件　FCC v. Pacifica Found　140-141
『裸のサル』　The Naked Ape　118
ハードコア　6, 33, 49, 51, 54, 137-138, 150
『ハード・タイムズ』　Hard Times　124
バート, ディヴィッド　Burt, David　148, 151-152
パブリック・フォーラム　14-16, 40-42, 44, 86-87, 90, 130-131, 145, 147
ハラスメント　10-11, 101, 104-111, 144-148, 151, 153
『ハーレムに生まれて』　Manchild in the Promised Land　75
バンタム・ブックス社対サリヴァン　Bantam Books, Inc. v. Sullivan　93
非パブリック・フォーラム　15, 40-41, 65
『ピピン』　Pippin　123
秘密性（図書館記録）　18, 92-94, 96-99
ヒューズ, ラングストン　Hughes, Langston　118
ヒンクリー, ジョン　Hinckley, John　103
『貧民街』　Down These Mean Streets　118
『ファニーヒル』　Memoirs of a Woman of Pleasure　50
フィルター（フィルタリング・ソフト）　22-23, 142, 146, 148-154, 156
副次的効果　14, 39, 141, 152
プライヴァシー　55, 93-96
プライヴァシー・スクリーン　11, 22, 110-111, 147-148, 152-153, 156-157
ブラウン, クラウデ　Brown, Claude　75
ブラウン対ジョンストン事件　Brown v. Johnston　98
ブラックマン, ハリー　Blackman, Harry

119

プラット対第831独立学校区事件　*Pratt v. Independent School District No.831*　123

フランクファーター, フェリックス　Frankfurter, Felix　*28, 74, 82, 115*

ブランダイズ, ルイス　Brandeis, Louis　*29, 96*

『プレイガール』　*Playgirl*　106

『プレイボーイ』　*Playboy*　*65, 106, 137, 147*

ブレナン, ウィリアム　Brennan, William　*28, 52, 76*

ヘイゼルウッド対クールマイヤー事件　*Hazelwood School District v. Kuhlmeier*　*120, 122*

『ベトナム秘密報告』　*Pentagon Papers*　*12*

ベネット対コローン・アンド・ブラック会社事件　*Bennett v. Corroon & Black Corporation.*　*109*

ペリー教育組合対ペリー地方教職員組合事件　*Perry Educational Ass'n v. Perry Local Educators' Ass'n*　*40, 42*

『ペントハウス』　*Pent House*　*106, 137*

ヘンリー, パトリック　Henry, Patrick　*81*

ボイス市立図書館　Boise　*68*

ボーク, ロバート　Bork, Robert　*94*

ホームズ・ジュニア, オリヴァ　Holmes J., Oliver W.　*28-29, 70*

ポルノグラフィー　*6, 8, 33, 35, 49, 60, 136-137, 147-148, 150-152*

[ま行]

マーガレット, アン　Margaret, Ann　*53*

マーシャル, サーグッド　Marshall, Thurgood　*71, 103*

マディソン, ジェイムズ　Madison, James　*30, 80-82, 92*

マドンナ　Madonna　*58*

マラマッド, バーナード　Malamud, Bernard　*118*

『マルコの福音書』　*80*

未成年者　*4, 5, 8, 12-13, 19, 22-23, 35-36, 43, 55-60, 62-66, 114-118, 123, 131, 136-141, 143-144, 151, 153, 155-157*

ミラーテスト (事件)　*52-53, 56, 60*

民主的　*9, 33, 71-72, 124, 143*

ムーア, デミ　Moore, Demi　*138*

名誉毀損　*5, 9, 33-34, 123*

メインストリーム・ラウドン事件　*Mainstream Loudoun v. Board of Trustees*　*155-156*

「目が見えない人と象」　The Blind Men and the Elephant　*127*

メディア　*10, 19-20, 34, 49, 101, 135, 140, 150*

最も制限的でない手段　*12-13, 20, 36, 65, 88, 94, 147*

モリスタウン公立図書館　Morristown　*16, 44*

モリス, デズモンド　Morris, Desmond　*118*

モリソン, トニ　Morrison, Toni　*69*

モレノ, リタ　Moreno, Rita　*53*

[や行]

やむにやまれない利益　*12-14, 19-20, 36, 38, 41, 57, 59, 62, 65, 94, 115-116, 156*

有害な資料　*4, 138, 141, 151*

『ユリシーズ』　*Ulysses*　*51*

[ら行]

ラシュディ, サルマン　Rushdie, Salman

索引　211

89
裸体　*6, 14, 33, 39, 44, 49, 55, 57, 59, 63-65, 107, 115, 138, 141, 149-150, 156-157*
リー対ワイスマン事件　Lee v. Weisman　*129, 130*
リノ事件　Reno v. ACLU　*139, 143-144*
リンカーン, レヴィ　Lincoln, Levi　*80*
ルース博士　Dr. Ruth　*68*
礼儀　*32, 69, 73*
令状　*94-95*
礼拝　*17-18, 79, 81, 87-88, 90*
レーガン, ロナルド　Reagan, Ronald　*103*
レジナ対ヒックリン事件　Regina v. Hicklin　*50*
『レッドブック』　Redbook　*150*
レモン対カーツマン事件　Lemon v. Kurtzman　*82*
レモンテスト　*82-84*
レーンキスト, ウィリアム　Rehnquist, William　*80*

連邦通信委員会　Federal Communications Commission (FCC)　*36, 62, 136-137, 140*
録音図書　*65*
ロス対合衆国事件　Roth v. United States　*51*
ロック, ジョン　Locke, John　*80*
ロードアイランド州青少年道徳向上委員会　Rhode Island Commission to Encourage Morality in Youth　*93*
『ロリータ』　Lolita　*59*

[わ行]

猥褻　*2, 4-8, 23, 31, 33, 35-36, 49-62, 65, 68, 93, 109, 111, 115-116, 123, 131, 137-139, 151*
『若きロニガン』　Studs Lonigan　*50*
『わが闘争』　Mein Kampf　*92, 147*
『ワシントン・ポスト』　Washington Post　*12*
『私のアニー』　Annie on My Mind　*120*
ワールド・ワイド・ウェブ　*21, 137*

【訳者紹介】

川崎　良孝（かわさき　よしたか）1949年生　Yoshitaka Kawasaki
　1998年　京都大学大学院教育学研究科教授　現在に至る
　主要業績：『図書館の自由とは何か』（教育史料出版会，1996），『検閲とアメリカの図書館』（翻訳，日本図書館研究会，1998），『ボストン市立図書館100年史』（翻訳，日本図書館協会，1999），『図書館の原則(新版)』（翻訳，日本図書館協会，1997），『図書館・インターネット・知的自由』（京都大学図書館情報学研究会発行，日本図書館協会発売，2000），『図書館・図書館研究を考える』（編著，京都大学図書館情報学研究会発行，日本図書館協会発売，2001）ほか。

前田　稔（まえだ　みのる）1968年生　Minoru Maeda
　1999年　筑波大学大学院博士課程（英米法・憲法）
　主要業績：「フィルターソフトを用いた公立図書館による『わいせつ物』インターネット利用規制の合憲性：ルーデューン判決の評価」『筑波法政』（29号，筑波大学，2000），「公立図書館とパブリック・フォーラム」（『図書館・図書館研究を考える』川崎良孝編著，京都大学図書館情報学研究会発行，日本図書館協会発売，2001）ほか。

図書館・表現の自由・サイバースペース－知っておくべき知識

2002年8月20日　初版第1刷発行
定価　2000円（税別）

著者　ロバート・S.ペック
訳者　川崎良孝，前田　稔
発行　(社)日本図書館協会
　　　〒104-0033　東京都中央区新川1-11-14　Tel 03-3523-0811㈹
印刷　アベイズム株式会社

JLA200217　　　　　　　　　　　　　　　　　　Printed in Japan
　　　　　　　ISBN4-8204-0211-0
　　　　　　本文用紙は中性紙を使用しています。